KB179271

모던 철도

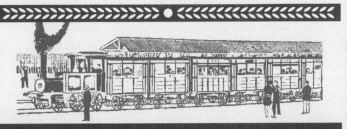

모던 철도

근대화, 수탈, 저항이 깃든 철도 이야기

김지환 지음

책과
함께

서문

인류 역사에서 가장 뛰어난 발명품은 무엇일까? 이에 대한 생각을 알아보고자 세계 각지에서 몇 차례에 걸쳐 설문조사를 실시했다. 가장 많은 답변 가운데 하나는 '바퀴'였다. 바퀴는 이천 년 전 로마를 서양에서 가장 강대한 제국으로 만들었다. 강력한 군단과 수많은 마차가 잘 닦인 도로 위를 질주했다. 시오노 나나미가 《로마인 이야기》에서 "로마군은 삽과 곡괭이로 이긴다"라고 말한 뜻이 바로 여기에 있다. 잘 짜인 도로망과 뛰어난 교통 시스템, 그리고 방대한 물류 수송 능력이야말로 로마가 강대한 제국으로 성장한 거대한 힘의 원천이었다. 이 때문에 "모든 길은 로마로 통한다"라는 말이 나오게 된 것이다.

기차 바퀴가 지나다니는 '철도' 역시 세상을 극적으로 바꿔놓은 이기利器로 꼽힌다. 철도는 근대의 산물인 동시에 근대화를 가속화해 전 세계에 퍼뜨린 일등 공신이었다. 철도가 등장하면서 전통적인 시간과 공간 개념에 큰 변화가 나타났다. 평생 자신이 태어난 지역을 거의 떠나보지 못했던 사람들에게 천 리 여행도 하루나 반나절에 가능한 시대가 열린 것이다. 철도가 탄생하면서 인류는 비로소 진정한 이동 능력을 갖게 되었다. 농경 시대의 평온한 시간은 저물고 산업사회의 촉박한 시간이 일상을 지배하게 되었다.

"철도에 의해 공간이 살해되었다." 독일 시인 하이네가 남긴 말이다. 철도가 초래한 시간과 공간 개념의 획기적인 변화가 이 한마디에 함축되어 있다. 1876년 수신사로 일본에 파견되어 한국인으로서는 최초로 기차를 탄 김기수는 이렇게 탄식했다. "오사카에서 기차를 타고 고작 담배 한 대를 태울 사이에 도쿄에 도착하고 말았다." 이 대목도 근대적 시간과 공간에 대한 충격을 보여준다.

철도는 근대화에 없어서는 안 되는 수단이었지만, 동시에 제국주의 열강이 자행한 침략의 전형적인 수단이었다. 서구 문명은 철도를 비롯한 문명의 이기를 통해 사람들에게 성큼 다가섰다. 편리함이 부각되었지만, 러시아 재무상 비테가 "철도야말로 식민지를 평화적으로 정복할 수 있는 효과적인 수단"이라고 강조했듯이 철도는 은행과 더불어 제국주의 열강이 식민지를 침탈하는 도구였다. 철도는 국민경제의 형성을 왜곡하고 현지의 주체적 성장을 억압했다. 널리 알려져 있듯이 우리나라에서 초기 철도는 대부분 일본 자본에 의해 부설되었다. 이러한 까닭에 한국인들은 철도의 유용성뿐 아니라 수탈과 침략의 속성을 일찍이 간파했다. 일제강점기 기차에 돌을 던지고 철도역을 습격하는 등 이른바 반철도운동이 활발하게 일어난 이유다.

21세기를 맞아 철도는 새로운 시대를 열어가고 있다. 20세기 중반 이후 세계 각국의 교통이 도로와 항공 운수로 집중되면서 상대적으로 철도에 대한 투자는 감소했다. 그러나 산업 발전의 고도화와 전문화로 하물과 승객의 운송량이 급증하면서 도로와 항공 산업은 한계에 이르렀다. 이에 운송량이 방대하고, 시간에 맞춰 안전하게 운송할 수 있으며, 환경오염도 적은 철도 운수가 다시 주목받기 시작했다. 따라서 21세기는 철도의 시대라 해도 과언이 아니다.

근래에는 남북한 철도 연결, 유라시아 이니셔티브, 철의 실크로드, 동아시아 철도 공동체, 일대일로 등이 국내외의 뜨거운 이슈로 떠올랐다. 이러한 움직임의 주된 목적은 철도를 통해 지역 간 교류와 공동의 발전을 도모하고, 이를 바탕으로 지역의 안정과 평화를 달성하는 데 있다. 만일 동아시아와 유럽을 연계하는 유라시아철도의 구상이 실현된다면, 우리는 부산이나 서울에서 기차를 타고 독일 함부르크까지 단번에 갈 수 있게 된다.

그런데 동아시아와 유럽을 연계하는 '철의 실크로드' 전략은 미래의 구상일 뿐 아니라 엄연히 과거에 있었던 역사적 사실이다. 1945년 해방 전에 부산에서 열차에 오르면 경성, 신의주를 거쳐 압록강철교를 통해 안동(단동), 봉천(심양)을 거쳐 시베리아횡단철도와 접속하여 유럽에 도달할 수 있었다. 1936년 베를린 올림픽에 참가했던 손기정 선수는 부산에서 열차에 올라 압록강철교를 넘어 시베리아철도와 연계하여 독일 베를린까지 갈 수 있었다. 유라시아철도의 구상은 허황한 담론이 아니라 충분히 실현 가능한 프로젝트인 것이다.

한국의 고속철도인 KTX만 하더라도 과거의 철도 노선을 바탕으로 발전이 이루어졌다. 현재의 철도가 일제강점기에 부설된 노선의 연속선상에 있는 셈이다. 물론 지금의 철도는 복선화되고 전기를 동력으로 사용한다는 점에서 과거와 구별된다. 하지만 이전의 철도 위에서 개량된 발전임은 숨길 수 없다. 이처럼 현재의 실상과 미래의 구상은 모두 과거의 역사적 경험과 자산의 연속선 위에 존재한다. 따라서 현재와 미래를 심도 있게 이해하려면 유구한 역정과 굴곡, 발전의 역사적 경험을 이해하는 데서 출발해야 한다.

근대 이후 우리 역사는 철도의 출현, 발전과 불가분의 관계를 가지고 전개되었다. 철도는 근대화와 자주독립이라는 양대 과제를 달성하는 데 불가결한 수단인 동시에, 일제가 한반도를 침략하는 효과적인 통로였다. 따라서 철도는 우리 근대사의 역사적 사건을 이해하는 데 매우 중요한 실마리가 될 수 있다. 이 책이 역사 전공자뿐 아니라 일반 독자들에게도 흥미롭게 우리 역사에 다가갈 수 있는 계기가 되기를 바라 마지않는다.

이 책은 철도를 통해 우리 근대사를 조망하고 있다. 사족을 달자면, 철도 자체에 초점을 맞추기보다는 철도라는 매개를 통해 우리 역사를 서술하려 했음을 밝혀둔다. 정치사, 군사사, 외교사, 경제사 등에 기반을 둔 전통적 역사 서술 방식과 달리, 철도와 교통 운수를 통해 근대사를 새롭게 바라보고 해석했다.

또한 독자들의 흥미를 고려하면서도 학문적 깊이와 사료적 근거를 충실히 갖추려고 노력했다. 예를 들면, 이토 히로부미가 열차를 타고 귀경하던 중 원태우 의사가 던진 돌에 차창이 깨지면서 얼굴을 다쳤는데, 이 사건과 관련하여 당시 일본 공사관이 자국 정부에 보고한 문건이 현재 일본 외무성 사료관에 보존되어 있다. 이 보고서에는 당시 상황에 대한 설명과 함께 이토의 열차 내 좌석 위치와 돌이 날아온 방향 등을 상세히 보여주는 도면도 포함되어 있다. 이 밖에도 강우규 의사가 사이토 총독의 부임에 맞춰 서울역 로비에서 폭탄을 던졌는데, 당시 현장의 상세한 도면 역시 일본에 보존되어 있다. 필자는 이러한 문서를 발굴해 두면을 통해 당시이 생생한 현장을 전하고 자세한 설명을 덧붙였다.

임진각 망배단의 왼쪽으로는 복원된 자유의 다리가 있고, 그 오른편에 한국전쟁 중 끊어진 복개다리가 있다. 경의선 철교 상행선이 지나던 다리이다. 그 앞에 경의선 철도 중단점을 알리는 기념비와 함께 '철마는 달리고 싶다'라는 글귀를 달고 증기기관차가 전시되어 있다. 몸체에 천여 개의 총탄 자국을 지닌 채 오랜 풍상에 녹슨 모습이다. 경의선을 달리던 기관차가 한국전쟁 중에 피폭되어 탈선한 후 반세기 넘게 비무장지대에 방치되어 있다가 이 자리로 옮겨와 전시되기에 이른 것이다. 구멍이 숭숭 나고 휘어져 있는 철길 파편은 분단의 상흔을 여실히 보여준다.

한국전쟁은 우리 역사에서 어느 한순간 우연히 발생한 사건이 아니다. 식민지의 질곡과 해방이라는 오랜 역사의 연속선상에서 다다른 한 지점에 불과하다. 요사이 러시아가 우크라이나를 침공한 사건이 연일 신문 지상에 오르내린다. 무력 침공 앞에서 속수무책인 현장을 뉴스로 보고 있자면, 과거 우리 역사에서 벌어진 수탈과 침략 속에서 고된 삶을 살았던 민초들이 떠오른다. 21세기를 사는 우리 역시 전쟁에서 자유로울 수 없다. 이 책을 읽으며 일상의 평화로운 삶도 거저 얻어지는 것이 아니며, 우리 역사의 질곡 속에서 많은 사람이 고된 삶을 살았음을 되새겨보길 바란다.

미래의 어느 날, 끊어진 경의선 철도가 연결되고 유라시아철도가 마침내 완성되어 철마가 다시 달릴 날을 상상해본다. 서울에서 기차를 타고 손기정 선수가 갔던 루트로 독일에 도착할 그날을 간절히 기다린다.

인천 송도 연구실에서
김지환

차례

일러두기

- 중국의 지명이나 인명은 한자음으로 표기했다. 단, 하얼빈, 하이라얼과 같이 중국어 발음이 한국인에게 더 익숙한 경우에는 외래어 표기법을 따랐다.
- 인용한 사료 중 일부는 가독성을 고려하여 문맥과 맞춤법을 바로잡았다.
- 인용문 속 ( )는 지은이가 덧붙인 해설이다.

1부
철도의 양면성, 근대화와 수탈

1
기차와 마주한 한국인의 첫 경험

세계를 뒤흔든 철도의 탄생

18세기 후반 영국에서 시작된 산업혁명은 점차 세계 곳곳으로 퍼져나갔다. 산업혁명은 전통시대의 수공업 생산을 기계를 이용한 근대적 대량 생산 시스템으로 바꿔놓았다. 그런데 기계의 제작과 가동, 제품 생산에는 철광석, 석탄 등을 기반으로 한 광업의 발전이 반드시 필요하다. 이러한 광업 발전을 뒷받침한 것이 바로 철도였다. 철도가 놓이고 발전하면서 비로소 방대한 물량의 화물을 저렴한 비용으로 실어 나를 수 있게 되었다. 이처럼 철도는 산업화를 추동한 견인차이자 근대화의 상징이었다.

철도는 어떻게 생겨났을까? 옛날 기차는 앞바퀴에서 증기가 뿜어져 나왔다. 물을 끓여 생기는 증기의 힘으로 달렸기 때문에 '증기기관차'라는 이름이 붙었다. 이러한 증기기관차는 산업혁명이 시작된 영국에서 발명되었다. 리처드 트레비식(1771~1833)이 1804년에 페니다렌Penydarren 기관차를 만들어 10톤의 철을 운송했지만, 이 기관차는 철도가 파열되는 문제를 해결하지 못했다.[1]

최초의 철도는 1825년에 개통된 스톡턴-달링턴 철도이다. 1814년에 개발된 조지 스티븐슨(1781~1848)의 증기기관차가 1825년에 스톡턴-달링턴 구간을 달렸다. 이때부터 대중용 증기기관차가 일상적으로 사용되기 시작했다. 그런데 이 구간은 그 전에 있었던 탄광 철도 선로를 연결한 것이었고, 주로 석탄을 실어 나르는 단선 철도였다.

복선 철도는 1830년에 리버풀-맨체스터 철도로 실현되었다. 이 철도는 리버풀의 목화를 맨체스터 공장으로 실어 나르기 위해 계획되었다. 이 철도가 개통하면서 화물은 물론이고 승객까지 양방향으로 실어 나르는 철도의 시대가 열렸다.[2]

이후 철도는 미국(1830년), 프랑스(1832년), 아일랜드(1834년), 벨기에(1835년), 이탈리아(1837년) 등 서양 각국으로 급속히 확산되었다. 아시아에서는 1853년 영국 동인도회사가 인도 뭄바이에 부설한 철도를 시작으로 1872년에 일본(도쿄-요코하마 구간), 1876년에 중국(상해-오송 구간), 1899년에 한국(인천-노량진 구간)에 철도가 등장했다.

충격적인 문명의 이기, 증기기관차

조선 후기까지 우리나라의 교통수단은 돛단배, 가마, 나귀, 조랑말 정도밖에 없었다. 공무를 수행하는 관리들이나 상류층은 말이나 가마를 탈 수 있었지만, 일반 백성들은 아무리 먼 곳이라도 걸어 다녀야 했다. 그러한 가운데 맞닥뜨린 철도, 그리고 기차의 탑승 경험은 엄청난 충격으로 다가 김기수의 《일동기유》. 철도박물관 소장.

왔다. 한국인들은 연기를 뿜으며 달리는 증기기관차를 화마, 화륜차, 불수
레, 쇠송아지라고 불렀다. 그만큼 기계문명의 상징, 증기기관차는 더없이
큰 충격이었다.

기차는 근대와 서구 문명을 경험하게 하는 가장 매혹적인 이기利器였
다. 19세기에 기차만큼 생생하고 극적인 근대성의 징표는 없었다. 기차는
산을 넘고 물을 건너 일정한 속도로 내달렸다. 그러면서 도시와 농촌, 도
시와 도시를 이어주며 사람들의 생활양식을 근본적으로 바꿔놓았다.

기차는 정해진 시간표에 따라 운행되고 일정한 시간에 출발한다. 그 결
과 여러 지역이 동일한 시간 규범에 묶였고, 농경 시대의 한적했던 시간
이 근대의 촉박한 시간으로 전환해갔다. 바야흐로 시간과 공간의 개념이
근본적으로 바뀌기 시작한 것이다. 19세기 말 주한 미국 공사로서 조선을
관찰한 알렌(1858~1932)은 "기차는 양반이라 해도 기다려주지 않는다. 양
반의 종이 요청하더라도 늑장을 부리지 않는다"라고 하며, "기차가 곧 훌
륭한 교육자 역할을 하게 되었다"라는 기록을 남겼다.[3]

한국인 중에 최초로 기차에 탑승한 사람은 1876년 수신사로 일본을

방문한 김기수였다. 그해에 조선은 일본과 강화도 조약(조·일 수호 조규)을 체결하고 부산, 인천, 원산 항구를 개방했다. 강화도 조약 제2관에는 "조선국 정부는 수시로 사신을 파견하여 일본국 도쿄에 가서 외무경外務卿을 직접 만나 교제하고 사무를 상의한다"라는 규정이 있다. 이 규정에 따라 조선 정부가 그해 4월 일본에 수신사를 파견한 것이다.

예조참의를 맡고 있던 김기수는 수신사에 임명되어 74명의 수행원을 이끌고 일본으로 향했다. 일본 입장에서 수신사는 112년 만에 맞이하는 조선 사절이었다. 김기수는 일본의 물정을 정확하게 탐지하는 임무를 맡았다. 그가 출발하기 전에 고종은 "보고할 만한 일은 빠짐없이 적어 오라"는 하교下敎를 내렸다. 이 분부에 따라 기록한 그의 행적은 《일동기유》라는 기행문에 고스란히 담겼다.

1876년 4월 29일 김기수 일행은 부산에서 일본 증기선 '황룡환'에 몸을 싣고 5월 7일 요코하마 항에 다다랐다. 조선 통신사가 4개월이나 걸려 당도하던 거리를 증기선을 타고 불과 일주일 만에 도착한 것이다. 수신사 일행은 악대를 선두로 하고 요코하마 역으로 향했다. 4년 전인 1872년에 일본 최초로 개통된 요코하마-도쿄 신바시 노선을 왕래하는 기차*에 탑승하러 가는 길이었다.

요코하마 역에 당도한 김기수 일행은 곧 기차와 마주했다. 김기수는 기차와의 첫 만남을 이렇게 기록했다. "기차가 역루 앞에서 기다린다고 하기

---

* 1872년 10월 14일 요코하마-도쿄 노선이 일본 최초로 개통되었다. 이 철도는 레일 궤간이 1067밀리미터밖에 안 되는 협궤철도로, 당시 기차는 시속 33킬로미터의 속도로 총 29킬로미터의 거리를 53분 만에 주파했다. 당시 일본은 자본이 충분치 않았을 뿐 아니라, 산악이 많은 지형도 고려해야 했다. 그래서 상대적으로 작은 부지에서도 부설이 가능하고 산악에서도 선로 부설이 용이하며, 커브를 크게 잡을 필요도 없고 부설 비용도 상대적으로 저렴한 협궤철도를 설치하기로 결정했다.

일본 최초로 개통되어 요코하마–도쿄 노선을 달린 기차

에 복도를 따라 수십 칸을 다 지났는데도 기차가 보이지 않았다. 긴 행랑이 길가에 있기에 기차가 어디 있느냐고 물었더니 이것이 바로 기차라 하였다. 조금 전에 긴 행랑이라 생각했던 것이 바로 기차였다."[4] 기차인 줄도 모르고 지나쳤던, 그날의 설렘이 전해지는 듯하다.

양쪽 가에 수레바퀴 닿는 곳은 편철을 깔았는데, 그 모양이 밖은 들리고 안은 굽어서 수레바퀴가 밟고 지나가도 궤도를 벗어나는 일이 없었다. 차마다 모두 바퀴가 있어 앞 차의 화륜이 한 번 구르면 여러 차의 바퀴가 따라서 모두 구르게 되는데, 천둥 번개처럼 달리고 비바람처럼 날뛰어 한 시간에 300~400리를 달리는데도 차체는 안온하여 조금도 요동하지 않았다. 다만 좌우의 산천, 초목, 가옥, 인물만이 앞뒤에서 번쩍번쩍하므로 도저히 걷잡을 수 없었다.[5]

하나같이 안경을 쓴 조선 고관들

당시 김기수 일행의 모습은 영국의 《일러스트레이티드 런던 뉴스The Illustrated London News》에 그림으로 실렸다. 이 그림에는 수신사 일행의 복장과 행렬의 모습이 세세히 드러나 있다. 김기수를 비롯해 가마를 탄 고관들은 하나같이 안경을 썼지만, 수행원 중에 안경을 쓴 이는 한 명도 없었다. 이런 광경을 보고 《도쿄일일신문》은 조선의 풍속에 안경이 신분의 존비尊卑를 구별하는 표식인지 알 수 없지만, 하나같이 안경을 쓴 것은 기이한 일이라고 보도했다.

안경은 우리나라에 언제 들어왔을까? 우리나라에서 가장 오래된 안경은 조선 선조 때 김성일이 외교 사절로서 중국 명나라에 갔다가 가져온 안경이다.[6] 17세기 이후 양반들이 안경을 권위의 상징으로 여겨 앞다투어 쓰기 시작했다. 19세기에는 기생들도 안경을 사치품으로 쓰고 다닐 정도

강화도 조약 체결 후 일본을 방문한 수신사 김기수 일행

로 안경이 각 계층으로 퍼져나갔다. 19세기 실학자 이규경은 대체로 명나라 만력 연간(1573~1620년) 이후 안경이 조선에 들어왔고, 순조 중엽부터 성행하여 시전 상인이나 푸주한*, 머슴까지 사용하고 있다고 기록했다.[7]

당시에는 안경을 쓰는 데도 위아래가 있어, 젊은 사람이 웃어른 앞에서 안경을 쓰면 예의에 어긋난다고 여겨졌다. 이규경은 젊은이나 사회적 지위가 낮은 사람이 안경을 걸치고 존귀한 사람을 쳐다보면 건방져 보이기 때문에 이러한 풍습이 생겼다고 적어놓았다.[8] 이러한 예법은 왕과 신하 사이에서 더욱 엄격했다. 헌종 때 왕의 외숙 조병구가 안경을 쓴 채 왕의 옆을 지나가다가 심하게 질책을 받은 일도 있었다.[9] 대한제국 외교 고문인 묄렌도르프는 근시가 심했는데 고종을 알현하러 어전에 나아갈 때 안경을 쓸 수 없어서 잘 보지 못하고 비틀거리자, 고종이 다음부터 안경을 써도 좋다고 허락했다고 한다.[10]

미국 기차에 탑승한 조선인들

미국은 1869년 5월 10일 대륙횡단철도를 놓기 시작하여 7년 만에 완공했다. 그 전에는 뉴욕과 샌프란시스코를 오가는 데 몇 개월이나 걸렸지만 대륙횡단열차가 생기면서 그 시간이 일주일로 단축되었다.[11]

머나먼 미국으로 건너가 이 기차를 타본 조선인들이 있었다. 1887년 초대 주미전권공사駐美全權公使(주미공사) 박정양은 미국 샌프란시스코에 도착한 후 대륙횡단열차를 타고 워싱턴으로 향했고, 귀국할 때에도 이 열차를 이용했다. 덕분에 박정양은 철도의 속도와 편의성을 직접 체험할 수 있었다. 박정양은 1889년 귀국하기 전까지 주미전권공사로서 활동한 기

---

* 소, 돼지 등 가축을 잡아서 파는 사람

미국의 기차를 묘사한 강진희의 〈화차분별도〉. 1887년 박정양의 수행원이었던 강진희는 한국인으로서는 최초로 미국의 풍경화를 그렸다. 이 그림도 그중 하나다.

록을《미행일기》에 남겼다. 그는 이 일기에서 미국은 국민의 편의를 위해 힘쓰기 때문에 철도와 도로가 전국에 걸쳐 부설되어 있을 뿐만 아니라 기차, 전차, 자동차 등이 값싸고 신속하다고 적어놓았다.[12]

　구한말 미국에 다녀온 유명한 조선인이 또 있다. 바로 유길준이다. 1856년 한양에서 태어난 유길준은 1870년 박규수의 제자로 들어가 일찍이 서양 문명에 눈떴다. 1881년 조사시찰단의 일원으로 일본에 간 유길준은 유학생이 되어 공부한 후 1883년 보빙사의 일원으로 미국에 건너갔다. 이후 그는 미국에 머물며 공부하다가 갑신정변 이후인 1885년에 귀국했다. 그는 1895년에 미국과 유럽을 둘러본 경험을 담은《서유견문》을 펴냈다. 이 책에 미국 대륙횡단열차에 탑승한 그의 감상, 그리고 기차와 철도

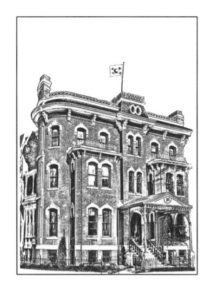

구한말 주미공사관. 워싱턴 백악관에서 약 1킬로미터 떨어진 지점에 있다. 초대 주미공사로 부임한 박정양이 고종이 하사한 2만 5천 달러로 당시 미국 국무차관 브라운으로부터 이 건물을 사들였다. 이 건물은 을사조약으로 대한제국의 외교권이 강제로 일본에 넘어갈 때까지 약 16년간 공사관으로 사용되었다.

에 대한 설명이 실려 있다.

멀리 가는 기차는 밤낮을 가리지 않기 때문에 차 안에다 침구를 갖춰 놓았는데, 낮에는 걷어서 차벽에 걸어두고 밤에는 내려서 평상처럼 된 상하 2층의 침대를 만든다. 또 음식차가 있어서 하루 세 끼를 제공하고, 세면실과 변소의 위치도 조리있게 배치하여 매우 편리하다. 레일과 차바퀴가 서로 맞물려 달리니, 만 리 밖까지 이르러도 한 치의 오차가 없다.[13]

기차는 증기기관의 힘을 빌어 움직이며 화륜차라고도 한다. 맨 앞차에 증기기관을 장착하여 기관차라 하고, 이것이 다른 차 20-30량을 끈다. 차량마다 각기 네 개의 쇠바퀴로 달리므로 보통 길에서는 달릴 수 없다. 기차가 달리기 위해서는 길을 닦은 후에 두 줄의 철선을 깔아 그 이름을 철로라 한다.[14]

철도는 평평하고 곧아야 하기 때문에, 남의 논밭이나 삼림에 관계치 않고 길을 닦게 된다. 철도회사가 땅 주인과 상의하여 시행하지만, 그 값을 절충하는 방법은 공평한 사람의 중립적인 결정에 따른다. 만일 주인이 불응하면 회사가 법원에 소송을 걸어 법관의 판결에 따른다. 철도는 대중에 이익을 주며 나라에 부강과 번영을 가져다 주기 때문에 법관도 반드시 회사의 청구를 허락해 준다.[15]

'근대'라는 압도적인 힘

조선 정부는 서구의 앞선 과학기술을 받아들이는 정책의 일환으로 전기, 철도, 전차, 기선 도입을 추진했다. 전통 사회에서 살아온 한국인들에게 근대 문명은 난생처음 겪어보는 빠른 속도로 각인되었다. 전기가 전보, 전신에 응용되면서 시골구석의 소식도 신속하게 도시로 전해졌다. 전보로 소식을 빨리 전할 수 있다는 소문이 퍼지자 재미있는 일도 일어났다. 한 시골 노인은 한성에 사는 아들에게 새 구두를 빨리 보내기 위해 구두를 포장한 다음 포장지에 주소를 정성껏 써서 전신주에 매달아두기도 했다.[16] 지식인 유길준에게도 이러한 신문물이 놀랍기는 마찬가지였다. 그는 증기 기관을 목격하고 다음과 같이 묘사했다.

> 증기는 물이 끓는 기운이니 김(氣)이라고도 한다. 냄비나 가마솥에 물을 끓이면 그 뚜껑을 들어 올리게 되는데, 이것이 바로 증기의 힘이다. 물 담는 그릇은 가마라고 한다. 증기를 폭발시켜 그 힘으로 기계의 동력을 일으키는 원동력이 된다. 수백 수천 명이 할 일을 다 할뿐더러 비용도 줄어들고 물품은 아주 정밀하고도 아름답게 만들어진다.[17]

교통수단에 증기가 적용되어 증기기관차가 출현했고 전기가 응용되면서 전차가 나타났다. 한국인들은 기차와 전차를 엄청난 속도로 질주하는 이미지로 받아들였다. 가마나 말을 타고 12시간 정도 걸리던 거리는 경인철도 개통 후 1시간 40분이면 거뜬히 주파할 수 있었고, 14일 정도 소요되던 서울-부산 간의 거리도 경부선 철도 개통 후 약 11시간 만에 도달할 수 있게 되었다.[18]

유길준은 《서유견문》에서 기차에 탑승한 경험을 이렇게 회고했다. "한 번 움직이면 몇 분의 촌각 안에 수십 리의 길을 가는 것이 신마보다 빠르고 축지법을 쓰는 것 같아 충격을 금할 수 없었다. 기차에 한 번 타기만 하면 차창 밖의 풍경이 아름답게 보이고, 마치 바람을 타거나 구름에 솟은 듯한 황홀한 기분을 맛보게 된다."[19] 기차가 '축지법'을 쓰는 것 같다는 표현은 김득련의 감상에서도 보인다. 김득련은 민영환을 따라 참사관 신분으로 캐나다를 방문했다가 기차에 타보고 다음과 같이 감상을 적었다.

카나다에서 기차를 타고 동쪽으로 구천리를 가면서
철로를 타고 가는 기차바퀴가 나는 듯 빠르구나
가건 쉬건 마음대로 조금도 어김이 없네
이치를 꿰뚫어 이 법을 알아낸 사람이 그 누구던가
차 한 잎을 달이다가 신기한 기계를 만들어냈네
바람과 번개같이 달리며 가파른 산 오르니
만 줄기 물, 천 줄기 산을 눈 깜짝할 사이에 지나가네
장방의 축지법도 오히려 번거로우니
열흘 동안 역마가 달려갈 길을 순식간에 가누나[20]

보빙사 사절단의 일원으로 박정양을 수행한 이하영은 미국 체류 중 기차를 타보고 그 편리함과 신기함에 감탄한 나머지 귀국할 때 쇠로 정교하게 만든 기차 모형을 가져와서 고종과 여러 대신에게 보여주며 철도의 효용에 대해 상세히 설명했다. 이하영이 가져온 기차 모형은 폭이 18~20센티미터, 높이가 25~30센티미터 정도의 크기로, 기관차와 객차, 화물차를 서로 연결해 레일 위로 달리는 장난감이었다. 백문이 불여일견이라는 말처럼, 조선 사람들이 말로만 듣던 기차를 모형이나마 실물로 처음 접하게 된 것이다. 이를 계기로 조선에서도 철도 부설을 둘러싼 논의가 본격적으로 시작되었다.

수신사로 일본에 파견된 김기수도 1876년 일본육군성 산하의 정조국精造局에서 증기기관으로 제품을 생산하는 모습을 목격한 후 다음과 같은 감상을 남겼다.

> 한쪽 모퉁이에 커다란 화륜(증기기관)이 절반쯤 땅에 묻혀서 돌고 있는데, … 바퀴가 돌면 바퀴 곁의 기계가 다 돌게 되는데, … 사람이 한 종목의 물건을 만들려면 한 성능의 기구 밑에서 만들고 싶은 대로 되지 않는 것이 없었다. 나는 한숨을 쉬면서 탄식하였다. "기교가 이럴 수가 있겠는가! 한 개의 화륜으로써 천하의 능사를 다 만들게 되니 기교가 이럴 수가 있겠는가! 공자께서 말씀하시지 않은 괴이이니, 나는 이것을 보고 싶지 않다."[21]

김기수는 전통적인 사상과 관념 속에서 서양의 이기를 바라보고 있었다. 그는 요코하마에서 도쿄 신바시에 이르는 기차를 타고 나서 이렇게 탄식했다. "사람들이 면면이 서로 보고 인사를 하자마자 기차는 불을 뿜고 회오리바람처럼 가 버린다. 눈 깜짝할 사이에 보이지 않게 되니, 그저 머리만 긁적거리며 서운하게 놀랄 뿐이다. 담배 한 대를 피울 사이에 벌써 신바시에 도착하니, 곧 90리 길을 온 것이다."[22] '근대'라는 압노적 힘이 잘 포착된 대목이다. 그는 기차를 통해 획기적으로 달라진 시간과 공간을 인식하고 충격에 휩싸였다. 그는 한일 관계에 드리울 어두운 그림자를 어렴풋이나마 예측하지 않았을까?

2
철길 따라 피어난 슬픈 꽃

수입 목재에 묻어 온 '왜풀'

한때 텔레비전에서 광고 배경음악으로 〈스몰 플라워스 니어 바이 더 레일로드Small Flowers near by the Railroad〉라는 곡이 흘러나왔다. 해금* 연주로 손꼽히는 꽃별이 직접 곡을 만들어 연주한 곡이다. 강의 시간에 이 노래를 들려주면 고운 선율에 매료되는 학생들이 적지 않다. 이 노래 제목을 번역하

---

* 해금은 깽깽 소리가 난다 하여 민간에서 깽깽이, 깡깡이 등으로 불려왔다. 김홍도의 풍속화 〈무동〉에서도 악사가 연주하고 있듯이 해금은 악단에서 빠지지 않는 악기였다. 중국에도 해금과 비슷한 이호二胡가 있다. 현이 두 줄이라 이二, 실크로드를 통해 서역 페르시아에서 전래되었다고 하여 오랑캐 호胡 자가 붙은 명칭이다. 원나라 때 마단림馬端臨이 지은 《문헌통고》에는 해금이 "오랑캐 중 해족이 좋아하는 악기"라고 했다. 우리의 전통악기 해금은 사실 중국 해족이 서역에서 들여온 악기를 개량하여 만든 악기인 것이다.

면 '철길 가에 피어난 작은 꽃들' 정도가 되겠다. 철길 가에 피어난 꽃이라면 대체 무슨 꽃일까? 아마도 망초, 개망초일 가능성이 크다. 망초는 북아메리카 원산으로 핑크 플리베인pink fleabane이라는 아름다운 이름을 가진 꽃이다.

구한말에 들어와 우리 땅에 뿌리내린 망초는 지금도 우리 주변에서 흔히 볼 수 있다. 조금만 땅을 묵혀두면 여지없이 흰 망초 꽃으로 뒤덮이고 만다. 농촌에서 제초제를 뿌려도 이 꽃은 생명력이 끈질겨 이내 되살아난다. 무덤가든, 해변이든 조금이라도 빈 터가 있으면 어느새 뿌리내린다. 본래 아름다운 이름을 지닌 이 꽃은 한국에 들어와 망할 망亡 자가 붙은 망초가 되어버렸다. 꽃의 입장에서 본다면 억울하기 그지없는 일이다. 어쩌다가 이렇게 슬픈 이름을 갖게 되었을까?

익히 알려져 있듯이 우리나라의 철도는 구한말에 일본이 부설했다. 처음 경인선 철도를 부설하면서 상당량의 레일과 침목이 필요했는데 조선에서 목재를 구하기란 결코 쉬운 일이 아니었다. 민둥산이 대부분인 데다가 백성들이 산에서 낙엽까지 남김없이 긁어가 연료로 쓰고 있었기 때문이다. 미국의 여행가인 버튼 홈스는 경인선을 타고 서울로 가면서 본 창밖의 풍경을 이렇게 묘사했다. "산은 벌거숭이였고 골짜기는 경작되지 않았으며, 길가에 있는 촌락들은 장래성이 없어 보였다."[1] 1910년대 일본 여행객이 기록한 한국의 풍경도 크게 다르지 않다. "기차의 창문 밖에 전개되는 조선의 들을 넘어 불규칙적으로 창공을 가르는 대머리산도 눈앞에 보니 일종의 감흥을 일으킨다. (중략) 연도에 늘어선 버섯이 겹쳐서 있는 것 같은 조선인 가옥을 보니 불쌍한 조선인의 생활을 안타깝게 여기지 않을 수 없다."[2]

이러한 기록을 통해 당시 조선은 연료 부족으로 인해 벌거벗은 민둥산

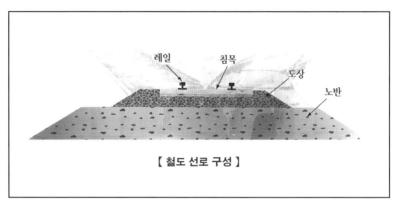

【 철도 선로 구성 】

철도의 침목과 레일 부설. 철도박물관 소장.

이 대부분이었음을 짐작할 수 있다. 사정이 이렇다 보니 자연히 침목으로 사용할 수 있는 수령이 오래되고 둥치 굵은 나무를 구하기가 어려웠다. 일본에서 들여오자니 거기도 나무가 흔치 않았다. 그래서 나무가 많고 가격이 저렴한 북아메리카로 눈을 돌려 미국에서 대량의 침목용 목재를 수입했다.

이때 나무에 묻어 함께 들어온 꽃이 바로 핑크 플리베인이다. 근대 이후 한 지역에서 돌림병이 발생하면 철도 노선을 통해 순식간에 전국으로 퍼지곤 했다. 이에 정부는 종종 철도역을 폐쇄하고 기차의 운행을 중단시키기까지 했다. 이 꽃도 돌림병처럼 일단 들어오자 지역을 가리지 않고 염치 없이 철도 노선을 통해 사방팔방으로 씨를 퍼뜨렸다. 초대받지 않은 꽃이 삼천리 방방곡곡에 자신의 존재를 거리낌 없이 과시한 것이다. 이러한 까닭에 핑크 플리베인은 일본이 부설한 철도를 따라 피어난 꽃이라 하여 '왜풀', '철도풀'이라고도 불렸다.

철도 개통과 함께 늘어난 탄식

1899년 9월 18일 오전 9시, 노량진에서 제물포로 가는 열차가 한국 최초
로 운행을 시작했다. 다음 날《독립신문》은 경인철도(경인선) 개통식의 풍
경을 다음과 같이 보도했다.

> 인천서 화륜거가 떠나 영등포로 와서 경성 내외국 빈객들을 수레에 영접
> 하여 앉히고 오전 9시에 떠나 인천으로 향하는데, 화륜거 구르는 소리는
> 우레 같이 천지가 진동하고 기관거에 굴뚝연기는 반공에 솟아 오르더라.
> 수레를 각기 방 한칸씩 되게 만들어 여러 수레를 철구로 연결하여 수미상
> 접하게 이엇는데 (중략) 수레 속에 앉아 영창으로 내다보니 산천초목이 모
> 두 활동하여 닿는 것 같고 나는 새도 미쳐 따르지 못하더라. 80리 되는 인
> 천을 순식간에 당도하였는데[3]

1908년 최남선은《경부철도가》에서 열차의 경이로운 속도를 문명의 상
징으로 다음과 같이 예찬했다.

> 우렁차게 토하는 기적汽笛 소리에
> 남대문을 등지고 떠나 나가서
> 빨리 부는 바람의 형세 같으니
> 날개 가진 새라도 못 따르겠네[4]

경인선을 시작으로 경부선, 경의선 등이 잇달아 개통했지만, 한반도의
철도 개통이 축하할 일만은 아니었다. 경의선이 개통된 1906년, 신문에는
다음과 같은 탄식이 실렸다. "철도가 통과하는 지역에는 빈 땅이 없고 기

력이 남아 있는 사람이 없으며, 열 집에 아홉 집은 텅 비었고 천리 길에 닭과 돼지가 멸종하였다."[5] 경부선과 경의선이 부설되면서 약 2천만 평의 토지가 철도 부지로 수용되었고, 연인원 1억 명이 부설 노동자로 동원되었던 것으로 추산된다. 한반도에 철도가 놓이는 과정에서 일제의 경제적 침탈, 착취가 자행되었던 것이다.

한국인들이 철도를 잘 몰라서 생기는 안타까운 일도 많았다. 이탈리아 여행자는 기차에 대한 한국인의 무지에 대해 이렇게 기록했다. "연속되는 가뭄으로 고통받게 되자 기관차의 연기가 하늘을 말려 빚어진 일이라 여겼다. 또한 산을 헐고 깎아 길을 내니 산신을 화나게 했고, 결국 가뭄이 초래된 것으로 여겼다."

철도가 부설된 후 무더운 여름밤이면 한국인들이 철도 레일이나 전차 레일을 시원한 목침으로 여겨 베고 잠이 드는 경우가 많았다. 여름에 해가 지고 나면 철제 레일이나 침목, 자갈로 만든 철길은 온도가 빨리 내려가 시원하기 마련이다. 늦은 밤 열차가 끊겼을 거라고 생각한 사람들은 아예 철길에 자리를 깔고 누워 더위를 피하곤 했다. 일정이 변경되어 늦은 시간에 기차가 운행될 경우 피서 중인 사람을 미처 발견하지 못하고 덮쳐 사망에 이르게 하는 사고가 적지 않았다. 이러한 까닭에 사고를 예방하기 위해 정시 운행이 무엇보다도 중요했다.

더운 여름밤 새벽 기차가 다가오는 줄도 모르고 레일 위에서 죽는 사고가 자주 일어나자, 각지의 철도국은 철도 전단지를 배포하는 등 열차 사고를 미연에 방지하기 위한 캠페인을 전개했다. 용산 철도국이 배포한 전단지에는 철도를 베개 삼아 잠들지 말라는 내용을 담은 아리랑 노래 가사가 실려 있었다.

철도길 베개에 단잠이 드니

날 밝자 집안이 울음판이라

아리랑 아리랑 아라리요

한여름 밤에 철도 레일을 베고 자다가 사고를 당하는 경우는 철도가 지나는 곳이라면 어느 곳에서나 비일비재했다. 다음의 신문 기사도 이러한 상황을 보도하고 있다.

1930년 8월 10일 상주를 떠나 경주로 가던 열차가 상주역에서 조금 떨어진 초산을 지날 즈음에 레일을 베고 잠든 사람이 열차에 깔려 참혹한 최후를 맞이하고 말았다. 평소에는 상주역을 떠나는 마지막 기차가 밤 7시 40분에 출발하였는데, 마침 이날은 연착하여 오후 9시 40분이나 되어 출발한 것이다. 마지막 기차가 떠났다고 생각한 사람이 레일을 베고 자다가 사고를 당하고 만 것이다.[6]

황현은 《매천야록》에 다음과 같이 적었다. "경부철도 부설 공사를 하는데 … 가옥을 철거하고 분묘를 파내며 길을 곧게 하여 강을 끊기도 했는데, 분묘 1기에 3원씩 지급하여 이장비移葬費로 충당하도록 했다. … 일본인들이 또 우리 백성을 뽑아 고용하여 후한 값을 주었으나, 게으름을 부리고 힘을 쓰지 않는 자에 대해서는 때려 죽여 구덩이에 처박고 흙을 메워 평평하게 만들기도 했다."[7] 이런 일을 겪으며 자연히 한국인들 사이에서는 철도를 부설하는 주체인 일본과 일본인에 대한 원한의 골이 나날이 깊어갔다.

일본이 경부선을 부설하기 위해 수용한 토지는 한국 정부가 무상으로 공급하도록 하는 합의가 있었다. 1898년 9월 8일에 체결된 '경부철도합동'의 제3조는 "철도의 선로 노반과 정거장, 창고, 공작창 등을 부설하기 위한 토지는 한국 정부가 제공하여 철도의 부설에 편리하도록 한다. 만약 선로에 분묘가 있을 때에는 우회하여 그 분묘를 범하지 말아야 한다"라고 규정했다.[8] 이 합의의 골자를 살펴보면, 토지는 한국 정부가 제공하며 자본과 기술은 일본이 부담한다는 내용이었다. 이에 일본은 철도 부지의 무상 증여라는 이점을 최대한 이용하여 가능한 한 많은 철도 용지를 확보하려 했다. 이는 경부철도주식회사와 일본외무성, 일본참모본부가 철도 용지는 한국 정부로부터 빌려 받도록 되어 있으므로 될 수 있는 한 넓은 지역을 얻어내고, 정거장 내에는 창고와 상관을 설치하여 상업을 융성시킬 것이라고 지시한 대목에도 잘 나타나 있다.[9]

그 결과 일본은 서울의 남대문(11만 평 요구, 5만 2천 평으로 결정), 영등포(6만 평 요구, 4만 1천 평 결정), 부산의 초량(8만 평과 해수면 8만 평 요구, 5만 평 결정), 부산진(21만 평 요구, 3만 평 결정) 등 광대한 토지를 거의 무상으로 획득할 수 있었다.*

일본 자본에 잠식되어간 한국

재정 부족에 시달리던 한국 정부는 일본에서 들여온 차관으로 민간인 소유지를 헐값에 사들여 일본에 제공할 수밖에 없었다. 일본군이 직접 부설한 경의선 철도 부지도 저렴한 가격에 강탈하다시피 수용되었다. 러일전쟁 중 일본의 임시군용철도감부가 지급한 보상비는 시가의 10분의 1밖에

---

*　당시 도쿄, 신바시, 우에노 등 일본의 주요 기차 역사와 철도 부지의 면적은 기껏해야 3만 평도 되지 않았다. 김백영, 〈러일전쟁 직후 서울의 식민도시화 과정〉, 《지방사와 지방문화》 8권 2호, 2005, 123쪽.

안 되었다. 내부대신 이지용조차 이토 히로부미 통감에게 "그 금액은 너무 소액이기 때문에 거의 배상에 착수할 수 없다"고 호소할 정도였다.

가옥은 시가의 10분의 1 정도에 불과한 6~10원의 보상비가 지급되어 철거 비용을 제외하면 남는 돈이 거의 없었고, 분묘는 75전~4원의 이전비만 지불되어 가난한 사람은 이장조차 불가능한 실정이었다.[10] 당시 세계 각지에서 1마일의 철도 노선을 부설하는 데 평균 건설비가 16만 원 내외로 들었는데, 일본은 한국 철도를 부설하면서 1마일당 6만 2천 원의 저렴한 비용만을 지출했다.[11] 주한 러시아 공사를 지낸 베베르는 1903년 한국을 방문하여 이미 일본에 잠식된 한국의 상황을 다음과 같이 기록했다.

> 대한제국을 떠난 지 5년 만에 다시 와 보니 거리의 남루한 복장은 이전보다 두 배나 많았고, 일본인들이 절대적인 영향력을 행사하고 있었다. 한국인은 러시아, 일본 기타 열강의 정치적 의도를 제대로 이해하지 못하고 있었으며 나라가 어떤 처지에 놓였는지 제대로 몰랐다. 고종은 공적과 능력에 따라 관직을 임용하지 않고 뇌물의 액수에 따라 결정했다. 대한제국에 거주하는 일본인은 2만 명을 넘었으며, 한국 연간 무역액의 72퍼센트를 일본이 차지할 정도였다. 1898년 9월 경부선 철도 부설권 협정서 가운데 '철도에 필요한 역사, 창고 등 대한제국 측이 제공하는 부지는 철도회사에 귀속되며, 역사는 필요한 곳에 건설하되 역 앞에는 일본인 이외 타민족의 거주를 금한다'는 불평등조항 때문에 철도 부설과 동시에 철도 및 역사 주변 땅은 일본의 소유물로 전락했다.[12]

베베르가 지적한 매관매직의 부패상에서 엿볼 수 있듯이 대한제국은 이미 국내 통치 시스템이 크게 흔들리고 있었고, 고종의 통치력도 제대로 기능하지 못했다. 당시 대한제국의 부패상은 황현의 《매천야록》에서 과거 시험과 관련된 고종과 민응식의 대화 내용에서도 확인할 수 있다.

> 거듭 식년과를 치렀는데 열에 아홉은 돈냄새가 나는 것이었다. … 서울의 부상富商·대고大估들이 별계別契를 담당하여 과거 값으로 바칠 것을 마련 해주는 데 새벽부터 밤중까지 세고 들어 내가고 하느라 난리를 만난 것 같 았다. 추가로 합격자를 뽑으라는 명령이 또 내려오자 민응식은 민망하게 여 겨 임금에게 말했다. 그러자 임금은 "여러 말 말라. 속담에 이르기를 '조선 말기에는 마을마다 급제자요, 집집마다 진사'라 했는데, 그대는 듣지도 못 했는가? 대운大運이 그러한데 어찌하겠는가? 내가 과거를 팔지 않는다 하여 어찌 나아지겠는가?" 했다.[13]

나라가 어지러운 가운데 철도를 부설한다는 명목으로 가옥과 분묘를 헐값에 빼앗아 갔으니 백성의 원성이 자자할 수밖에 없었다. 더욱이 철도 를 부설하면서 자행된 노동자의 동원과 강도 높은 사역으로 일본과 철도 에 대한 한국인들의 반감이 날이 갈수록 고조되었다.

일본 침략과 수탈의 첨병, 철도
일제강점기 한국인들의 비참한 상황은 1929년에 발표된 김병호의 시 〈나는 조선인이다〉에 다음과 같이 담겼다.

> 나는 조선인이다
> 나라도 없으면 돈도 없다
> 즐거운 일이라곤 물론 없지만

애처로운 눈물도 없애버렸다

도덕이란 도대체 무엇인가!

일조융화日朝融和란 어떤 것인가!

우리들은 너무나 속고 있다

조상 대대로 살아온 집은 누군가가

조상 대대로 전해온 논밭은 누군가가

걸신들린 듯이 앗아가 버렸다

지금은 몸둥아리 하나뿐인 이 몸이 남아있을 뿐이다[14]

일제는 1910년 한국의 국권을 강탈한 뒤 한 달이 지나지 않아 서울-원산을 잇는 경원선 부설에 착수했다. 경원선은 군용 철도로 구상되었지만 부설의 주된 목적은 철광석을 비롯한 천연자원 수탈에 있었다. 국권 강탈에 분노한 의병들은 경원선을 부설하는 4년 동안 철도와 일본 기술자, 측량업자를 끊임없이 공격했다. 이에 일본인 철도 기술자들은 일신을 보존하기 위해 한복을 입고 한국인인 척 위장하기도 했다.

경원선은 용산에서 원산까지 32개의 기차역을 거치는 총연장 227.7킬로미터의 노선이었다. 경원선을 통해 일제는 북방 함경도에 주둔한 일본 육군 병참 기지에 물자를 보급하고 북한과 만주의 풍부한 자원을 수탈할 수 있었다. 한마디로, 전형적인 식민지 철도였다. 일제는 1914년에 경원선과 호남선을 완공한 데 이어 1928년 9월에 함경선을 완공하여 한반도의 X자형 철도 체계를 완성했다.[15]

신고산이 우루루 함흥차 가는 소리에 / 구고산 큰애기 반봇짐만 싸누나 /
어랑어랑 어허야 어허야 디야 내 사랑아

함경도의 대표적 민요 〈신고산 타령〉이다. 신고산은 함경도 안변군에 있는 지역이다. 기차역이 생기면서 기존의 고산마을은 '구고산'이 되고 역 주변은 '신고산'으로 구분되어 불렸다. 경의선이 생기면서 기존 의주와 구별하여 역 주변을 신의주라 부르게 된 것과 마찬가지다.

이 노랫말에는 기차의 기적 소리와 바퀴 소리에 들뜬 시골 처녀의 마음이 담겨 있다. 야심한 밤, 기차 소리를 듣고 잠에서 깬 처녀가 부모 몰래 봇짐을 싸서 화려한 도시로 떠나고픈 심정을 표현한 곡이다. 1970년대에 무작정 상경하던 시골 처녀의 마음과 크게 다르지 않다.

그런데 이 노래의 다른 가사에는 조선의 자원과 인력을 수탈해 간 경원선 철도의 속성이 잘 드러나 있다. 일제강점기에 조선의 젊은 여성들은 임금이 헐값인 데다 인내심이 강해서 중노동도 무던히 견뎌내는 까닭에 일본 자본 공장에서 환영받았고, 가난 때문에 팔려가는 여성도 허다했다.

신고산이 우루루 화물차 가는 소리에
지원병 보낸 어머니 가슴만 쥐어뜯고요
어랑어랑 어허야
양곡 배급 적어서 콩 깻묵만 먹고 사누나

신고산이 우루루 화물차 가는 소리에
정신대 보낸 어머니 딸이 가엾어 울고요
어랑어랑 어허야
풀만 씹는 어미소 배가 고파서 우누나

신고산이 우루루 화물차 가는 소리에

금붙이 쇠붙이 밥그릇마저 모조리 긁어 갔고요

어랑어랑 어허야

이름 석자 잃고서 족보만 들고 우누나

일제는 태평양전쟁(1941)을 일으킨 후 군수동원령을 반포했다. 이 명령에 따라 학병, 보국대, 정신대 등 갖가지 명목으로 수많은 조선 젊은이들이 열차에 몸을 싣고 전쟁에 동원되었다. 일제의 징용과 수탈은 박석정의 시 〈日本(일본)간 언니〉에 잘 나타나 있다.

작년겨울 모진바람 불든아침에

명예스런 징용이라 속혀가면서

우리집엔 농사까지 못짓게하고

종놈같이 일본으로 다리고가서

편지마다 고생고생 하신다드니

그후에는 소식조차 끈어젓지요[16]

이러한 까닭에 한국인들 사이에서는 철도를 문명의 이기보다는 침략과 수탈의 도구로 받아들이는 풍조가 만연했다. 서구에서 들어온 근대가 편리함보다 제국주의 열강이 우리나라를 수탈하는 수단으로 인식된 것이다. 이러한 원망이 반철도투쟁, 항일투쟁으로 폭발하자, 일제가 군경을 동원하여 무자비한 탄압을 가하면서 수많은 사람들이 희생되었다. 애꿎은 핑크 폴리베인은 망초라는 오명을 뒤집어쓰고 한국인들의 원망을 끌어안은 채 피고 지며 수많은 세월을 지내왔다. 지금도 이름 모를 들녘에서 개망초가 홀로 피었다가 홀로 지며, 한국 철도에 얽힌 서글픈 역사를 떠올리게 한다.

3
한반도에서 불붙은 철도 궤간 전쟁

철도의 가장 중요한 요소, 레일

철도*의 역사와 기차의 발전은 레일의 출현, 발전과 궤를 같이해 왔다. 철도란 레일 위를 달리는 교통기관을 뜻한다. 따라서 레일은 철도의 가장 기초이자 중요한 구성 요소다. 레일과 레일 간의 폭, 즉 간격은 철도의 궤간 rail gauge이라고 하며, 레일 두부 상면에서 하방으로 16밀리미터 지점에서 양쪽 레일 머리 부분 내측 간의 최단 거리로 정한다. 궤간은 기차의 수송

＊　철도를 칭하는 단어는 국가마다 조금씩 다르다. 철도의 발상지인 영국에서는 철도를 레일웨이railway, 미국에서는 레일로드railroad라고 한다. 이 단어를 우리말로 옮기면 '레일로 조성된 길道'이 된다. 우리나라와 일본에서는 철도鐵道라고 쓰지만, 중국에서는 철로鐵路가 일반적인 명칭이다.

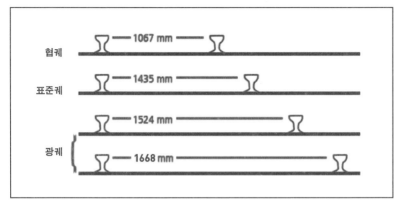

철도 궤간 구분

량, 속도, 지형, 안전도 등을 고려하여 결정되며 철도의 건설비, 유지비, 수송 능력 등에 영향을 준다. 표준궤와 비교해 넓거나 좁은 폭에 따라 광궤, 협궤로 나뉜다.

영국 등 유럽 국가 대부분과 미국, 한국, 중국 등이 표준궤를 채택하고 있다. 러시아, 카자흐스탄, 몽골, 인도 등의 철도 궤간은 표준궤보다 넓은 광궤wide gauge다. 일본, 이탈리아, 스코틀랜드 등은 표준궤보다 좁은 협궤 narrow gauge를 채택했다. 현재 전 세계의 철도 가운데 60퍼센트 내외가 표준궤에 속한다.

대표적인 협궤로 1067밀리미터, 1372밀리미터, 1000밀리미터, 891밀리미터, 763밀리미터 등이 있다. 협궤는 레일과 그 위를 달리는 기차의 구조물을 작게 만들 수 있으므로 상대적으로 좁은 철도 부지만으로도 부설이 가능하다. 또한 곡선 반경의 제한이 적기 때문에 급곡선에서 곡선저항이 적고 산악 지대에서도 선로의 부설이 용이하며, 표준궤나 광궤에 비해 부설 비용도 저렴하다.

그러나 협궤는 열차의 운행 속도에 제한이 있고, 표준궤나 광궤에 비해 안전도가 낮은 편이다. 한국에서는 수원과 인천 송도역 사이를 잇는 수인선과 수원-여주 간의 수려선이 협궤에 해당된다. 경제성이 악화되면서 수려선은 1972년 3월 31일에, 수인선은 1995년 12월 31일에 운행이 중단되었다.

광궤로는 러시아를 포함한 구舊 소비에트 연방 국가의 1524밀리미터, 아일랜드와 오스트레일리아, 브라질 일부 등에서 사용되는 1600밀리미터, 포르투갈과 스페인 등에서 사용되는 1668밀리미터, 인도 일부와 아르헨티나, 칠레, 파키스탄, 스리랑카 등에서 사용되는 1676밀리미터 등이 있다. 광궤는 부설 비용이 많이 드는 반면, 고속으로 운행할 수 있을 뿐만 아니라 여객과 화물의 대량 운송이 가능하다. 이 밖에 차륜이 커서 승차감이 좋고, 운행에서도 안정성이 상대적으로 높은 장점이 있다.

마차 선로에 맞춰진 철도의 표준궤

사회심리학에 '경로 의존성path dependency'이라는 개념이 있다. 일상생활에서 반복하다가 자연스럽게 굳어져 일정한 경로에 의존하게 되는 생활 방식을 가리키는 용어이다. 이렇게 본다면 경로의존성이란 관행과 습속의 넓은 의미와 표현으로 이해할 수 있겠다.

증기기관차가 발명되기 전에 영국에서는 이미 석탄 운반용 마차 선로가 일반 도로에 부설되어 운행되고 있었다. 영국에서는 왜 도로에서 마차를 끌지 않고 전용 궤도를 설치하여 마차를 견인했을까? 궤도를 조성해 마력을 이용하여 견인할 경우, 한 마리의 말이 끄는 견인 능력이 도로에서 말 열 마리가 끄는 능력에 필적했기 때문이다.

1765년 영국의 제임스 와트는 증기기관을 발명해 동력 혁명을 선두했

스티븐슨의 증기기관차

다. 증기기관차는 증기기관을 교통 운수에 도입한 것이다. 당시 영국에서 말 한 마리를 사육하는 데 드는 사료 값이 노동자 여덟 명이 소비하는 식료품 값에 맞먹었다. 이렇게 막대한 교통 운수 비용을 줄이려는 노력 끝에 경제적이고도 효율적인 증기기관차가 발명된 것이다. 운송용으로 부리던 100만 마리의 말을 증기기관으로 대체할 경우 노동자 800만 명에게 그 혜택이 돌아갔으니, 엄청난 혁신이 아닐 수 없었다.[1]

1825년 영국 뉴캐슬에서 광산 엔지니어로 일하던 조지 스티븐슨은 스톡턴과 달링턴 사이 약 40킬로미터 구간에서 자신이 발명한 증기기관차를 시속 7~13킬로미터 속도로 운행함으로써 새로운 철도 교통 시대를 열어젖혔다.

증기기관차는 동력이 마력에서 증기로 바뀌며 속도의 혁명을 이끌어내기는 했지만, 바퀴가 지나는 선로는 기본적으로 마차 선로와 동일했다. 물론 육중한 열차가 달리기 위해서는 이전보다 내구성이 한층 강화된 레일이 필요했지만, 기본적으로 종래의 노선 위에서 이루어진 발전에 불과했다. 즉 1435밀리미터의 마차 선로 폭과 동일하게 철도의 선로가 부설된 것이다. 철마iron horse라는 말은 처음에 영국인들이 기차를 아주 큰 마차 정도로 생각했음을 보여준다.[2]

영국에서 1435밀리미터의 레일 간격이 표준궤간으로 결정되기까지는 치열한 논쟁과 경쟁이 있었다. 산업혁명은 증기기관과 증기기관차가 선도했기에, 막대한 자본이 철도 개발에 투입되었다. 영국에서는 1830~1850년 사이에 산업혁명으로 축적된 자본이 철도에 투입되어 무려 6천 마일에 이르는 레일이 부설되었다. 약 20만 명의 노동자들이 철도 부설에 동원됨에 따라 철강 산업도 유례없는 호황을 누렸다.

많은 철도사업자들이 다양한 궤간과 그에 적합한 열차를 개발하여 신규 노선의 경쟁에 뛰어든 결과, 철도가 등장한 초기에는 여러 궤간이 혼재했다. 철도와 철도가 서로 연계되지 못하자, 노선이 변경될 때마다 승객은 매번 열차를 갈아타야 비로소 목적지에 도달하는 극심한 혼란이 초래되었다.

이 중에서도 가장 경쟁력을 갖춘 두 노선이 바로 스티븐슨의 1435밀리미터 궤간과 브루넬이 제작한 2140밀리미터의 궤간으로, 표준궤의 지위를 획득하기 위한 경쟁이 치열했다. 철도 궤간을 둘러싼 이러한 경쟁은 '궤간 전쟁'이라 불렸다. 철도의 혼란상을 해결하기 위해 영국 의회는 궤간표준위원회를 소집하여 이 문제를 논의하도록 했다.

이러한 과정에서 마차 선로와 동일한 1435밀리미터를 궤간으로 채택하고 있던 대다수 철도 회사들은 브루넬의 2140밀리미터 궤간 철도의 경우 부설·유지 비용이 지나치게 높다는 이유로 의회에 적극적인 영향력을 행사했다. 이에 궤간표준위원회는 논의 끝에 1435밀리미터를 영국 철도의 표준궤간으로 결정했다. 이와 함께 597, 610, 686, 762, 914, 1067밀리미터 등 다양한 궤간을 사용하고 있던 철도 회사들에게 1435밀리미터로 통일하라고 지시했다. 그 결과 약 500킬로미터에 달하는 2140밀리미터 등 여러 궤간이 1892년까지 모두 1435밀리미터의 표준궤로 개조되었다.[3]

그렇다면 영국의 마차 선로는 왜 1435밀리미터 궤간으로 제작되었을까? 과거 로마제국은 전 유럽에 걸쳐 방사형 도로망을 구축했다. 일찍이 2천 년 전 영국을 정복한 로마군이 자국의 마차 폭에 맞추어 영국의 마차 도로를 건설했다. 당시 도로의 폭은 두 필의 말이 나란히 달릴 수 있는 말 엉덩이 폭에 맞추어 결정되었다. 이후 짐마차가 중량화, 대형화하면서 차륜이 도로에 박히지 않도록 탄광 주인은 차륜이 닿는 부분에 목탄이나 돌을 깔아 견인 저항을 줄여 운송 능력의 향상을 도모했다. 이러한 과정에서 일부 탄광에서는 두 가닥의 줄기를 도로에 묻고 군데군데를 횡재橫材로 연결하여 그 위로 짐마차를 주행시켰다.

1673년에 런던을 기점으로 역마차가 달리기 시작했다. 궤도도 단순한 목재에서 벗어나 주철판을 붙이거나 레일을 개량, 강화하면서 차량의 대형화, 중량화가 가능해졌다. 1801년에는 세계 최초의 공공 마차철도회사가 설립되었고, 1805년에는 약 17킬로미터의 선로가 개통되었다. 따라서 어떤 사람이라도 1435밀리미터 궤간의 마차를 가지고 오면 통행료를 지불하고 궤간 위를 주행할 수 있었다.[4]

이와 같이 로마의 마차가 영국의 도로 폭을 결정했고, 다시 마차 철도의 궤간과 철도의 레일 폭을 결정한 것이다. 이러한 경로 의존성은 비단 개인의 영역을 넘어 역사와 법률, 제도, 관습, 문화, 과학적 지식과 기술에 이르기까지 폭넓게 적용되는 개념이라 할 수 있다. 관행이 사회의 환경과 조건을 기반으로 생성되어 고유한 성격을 지니게 된 이상 이러한 관성이 쉽게 변화되기는 어려운 법이다.

철도, 제국주의 열강의 침탈 수단이 되다

제국주의 열강이 약소국을 침략하는 전형적인 방식은 '철도와 은행을 통한 정복'이었다. 이처럼 철도는 침략의 유력한 수단이자 지표였다. 철도의 부설과 발전은 제국주의 열강이 식민지를 개척하고 경영하는 데 매우 효과적인 수단이었다. 중국의 경우 철도 부설은 단순한 교통 운수를 넘어 석탄, 목재, 광물 등 철도 연선 지역에서 열강의 자원 개발권과 자국 거류민의 안전을 위한 치외법권, 철도 수비를 위한 군대와 경찰의 주둔권, 철도 연선의 사법, 행정, 외교에 대한 일정한 권리 등을 모두 포괄했다.

예를 들어 일본은 만주에서 남만주철도를 부설하면서 철도를 수비한다는 명목으로 중국 정부로부터 철도 연선 10킬로미터마다 수비병 열다섯 명을 둘 수 있는 권리를 획득했다. 그 결과 1907년부터 철도 연선에 1개 사단과 6개 철도수비대 총 1만여 명을 주둔시킬 수 있게 되었다. 이 병력이 바로 대륙 침략의 선봉에 선 일본관동군의 전신이 되었다.

1931년 만주사변 당시 3개 사단에 불과했던 관동군은 다음 해에 6개 사단, 1937년에는 7개 사단, 1938년에는 9개 사단, 1939년에는 11개 사단, 1940년에는 12개 사단으로 점점 늘어났다. 1941년 말 진주만 사건 당시 관동군의 병력은 이미 31개 사단, 85만여 명에 달했다. 철도의 수비병이 사실상 중국 침략의 주력군이 되고 만 것이다.

근대 이후 구미 열강은 철도를 통해 아시아, 아메리카, 그리고 중동·근동에서 식민지 확보와 세력 확대를 꾀하며 철두 부설권을 둘러싼 치열한

만주에서 일본군이 철도를 부설하고 경비하는 모습이 묘사된 일본 카툰

경쟁에 뛰어들었다. 그렇게 철도 제국주의 시대가 찾아왔다. 19세기 후반부터 20세기 초반에 걸쳐 미국-스페인 전쟁, 중국의 의화단 운동, 남아프리카의 보어전쟁, 러일전쟁, 제1차 세계대전 등 약 20년간 철도는 제국주의 체제를 둘러싼 국제적 대립의 한복판에서 첨병 역할을 담당했다.

철도 부설권은 단순한 교통 운수 차원의 문제가 아니라, 철도가 관통하는 지역에 대한 광범위한 세력권의 형성과 배타적 지배를 의미했다. 철도는 근대화와 자주독립이라는 양대 과제를 달성하기 위한 불가결한 수단인 동시에, 제국주의가 식민지나 반식민지를 침략하는 전형적인 방식이었던 것이다.

일찍이 중동철도(동청철도)*의 부설을 통해 중국과 만주의 침략에 앞장

---

* 1896년에 체결된 청러밀약의 결과 러시아에 동청철도Chinese Eastern Railway 부설권이 주어

섰던 러시아 재무상 세르게이 비테Sergei Y. Witte는 철도야말로 중국을 평화적으로 정복할 수 있는 유력한 수단이라고 역설했다. 러시아의 차르(황제)도 중동철도가 완공되면 10년 내지 20년 안에 만주가 잘 익은 과일처럼 러시아의 손으로 떨어지게 될 것이라고 낙관했다.[5]

이처럼 철도는 문명의 이기로서 근대의 전파자인 동시에 국민경제의 형성을 왜곡하고 현지의 주체적 성장을 억압하는 속성을 본래부터 지니고 있었다. 철도를 도입하는 과정에서 경제·군사적 유용성과 함께 열강의 수탈이라는 침략적 성격이 병존했던 것이다. 따라서 한국과 중국 등에서는 철도의 부설에 대해 자연히 그 필요성과 위험성이 동시에 제기되고 논의될 수밖에 없었다.

철도의 침략성은 경제 침략의 구체적인 내역을 분석해보면 쉽게 이해할 수 있다. 예를 들어 아편전쟁이 발발한 1840년부터 청일전쟁이 발발한 1894년까지 중국에 대한 제국주의 열강의 경제 침략은 상품 수출이 주요한 방식이었다. 즉 자국의 상품을 수출해 중국을 상품 시장으로 확보하는 전략이었다. 그러나 청일전쟁이 끝난 후 1895년에 체결된 시모노세키조약에서 중국은 일본을 비롯한 열강에게 자국에 대한 자본의 투자와 개항

졌다. 러시아는 1898년 동청철도 부설에 착수하여 1902년에 준공했다. 러시아 시베리아 남동부의 도시인 치타赤塔에서 시작하여 만주리, 하이라얼, 치치하얼, 하얼빈, 목단강, 수분하를 거쳐 블라디보스토크에 이르는 총연장 1760킬로미터의 시베리아철도 만주 통과 노선이다. 이 철도는 동청철도, 동지철도, 동성철도, 중동철도, 북만철도, 장춘철도 등 여러 명칭으로 불렸으며, 1911년 신해혁명 이후 중국에서는 중동철도, 일본에서는 동지철도라는 명칭이 많이 사용되었다. 그럼에도 동아시아 각국에서는 동청철도라는 명칭이 여전히 관행적으로 함께 쓰였다. 우리나라에서도 동청철도, 동지철도, 북만철도 등 다양한 명칭으로 불렸으며, 신해혁명 이후에도 《동아일보》 등 각종 언론에서 중동철도와 동청철도라는 용어를 함께 썼다. 이 철도는 처음에는 러시아가 소유했으나 이후 중국(1927~1929), 만주국(1935)에 귀속된 바 있으며, 제2차 세계대전 종전 이후 소련과 중국이 공동으로 소유하다가 1952년 중국으로 귀속되었다.

대련의 남만주철도주식회사

남만주철도를 운행하던 기관차

시모노세키조약을 체결하는 모습. 1895년 4월 17일 청일전쟁의 전후 처리를 위해 일본 시모노세키에서 청일 간 강화조약이 체결되었다. 청국의 이홍장과 일본의 이토 히로부미가 조약에 서명했으며, 이 조약을 통해 일본은 실질적으로 조선에 대한 지배권을 장악하게 되었다.

장에서의 설창권(현지에서 공장을 설립하여 경영할 수 있는 권리)을 보장하지 않을 수 없었다.

그 결과 열강은 중국을 자본 수출 시장으로 확보할 수 있게 되었다. 말하자면 중국의 식민지적 성격이 한층 강화된 것이다. 중국에 대한 열강의 자본 투자 가운데 가장 눈에 띄는 항목이 바로 철도 투자였다. 중국 철도는 국내에서 생산된 화물을 운송하기 위한 목적에서 부설된 것이 아니라, 중국을 분할하려는 제국주의 열강의 경쟁 과정에서 발전한 것이었다.[6]

한반도에서 불붙은 궤간 전쟁

근대 이후 철도는 국내 및 국제 정치의 역학 관계에서 매우 중요한 의미를 지니고 있었다. 특히 철도의 부설 과정에서 궤간의 규격을 정하는 일은 매우 중요한 함의를 가졌다. 궤간이 일단 결정되면 기차는 반드시 그 궤간에 맞는 기종만 운행될 수 있기 때문이다.

궤간의 결정에는 철도의 수송 능력 등 경제적 효용성뿐만 아니라 인접한 타국 철도와의 상호 연계 문제와 불가분의 관계를 갖는 국제 정치적 문제까지 내포되어 있다. 철도가 세계로 보급되면서 각국은 지형과 운송 수요, 인접국과의 관계, 식민지 지배와 피지배 등 역사적 연유에 따라 각기 다른 규격의 궤간을 사용했다.

강대국은 자국 철도를 타국 철도와 적극 연계함으로써 침략의 주요한 수단으로 활용하려 했다. 반면에 약소국은 열강의 침략을 회피하기 위해 의도적으로 상대국 철도와 다른 철도 궤간을 채택하려 했다. 일찍이 러시아는 시베리아철도를 부설하는 과정에서 과거 유럽 각국으로부터 침략을 받았던 경험에 비추어 이를 미연에 방지하기 위해 프랑스나 독일 등의 표준궤와 다른 1524밀리미터의 광궤를 채택했다.

스페인 역시 여러 서유럽 국가와 달리 1668밀리미터의 광궤를 채택하여 철도를 부설했다. 이른바 '나폴레옹 트라우마'라 할 수 있는 프랑스의 침략을 우려했기 때문이다. 1848년 프랑스에서 철도가 개통된 후 10년이 지나서야 스페인에 철도가 부설되었다. 이때 스페인은 프랑스가 군수 물자를 철도로 운송할까 봐 프랑스의 표준궤와 다른 궤간을 채택했다.

1899년 한국 최초로 부설된 경인철도의 궤간을 어떻게 결정할 것인가도 아주 중요한 문제였다. 1872년 동아시아 최초로 철도를 부설한 일본은 청일전쟁 후 조선에 대한 배타적 지배권을 확립하기 위해 안간힘을 쓰고 있었다. 한반도에서의 세력 확대와 부동항 개척에 골몰하고 있던 러시아도 시베리아횡단철도와 한반도 철도의 상호 연계에 굉장한 관심을 가지고 있었다. 따라서 협궤인 일본 철도와 광궤인 러시아, 그리고 중국 대륙의 표준궤 사이에서 한국 철도의 궤간 결정은 동아시아 열강 간의 세력

관계를 그대로 반영할 수밖에 없었다. 이러한 가운데 한반도에서 이른바 '궤간 전쟁'이 시작되었다.

1945년 8월 15일 해방을 맞이한 한국에서 철도의 총연장은 6407킬로 미터에 이르렀다. 이 가운데 1435밀리미터의 표준궤 선로가 5038킬로미 터로 약 79퍼센트를 차지했고, 762밀리미터의 협궤 선로가 801킬로미터 로 약 12.5퍼센트를 차지했다.[7] 이를 통해 한국 철도는 당시 일본이 채택하 고 있던 협궤 선로가 아니라 중국의 간선 철도와 직접 연결할 수 있는 표 준궤 선로를 기본으로 채택하고 있었음을 알 수 있다.

한국 철도의 궤간을 결정하는 데에는 열강 중에서도 일본과 러시아 간 의 경쟁이 매우 중요한 요인으로 작용했다. 러시아는 광궤인 시베리아철 도를 부설하면서 한반도의 철도와 연계하여 부동항을 확보하는 데 큰 관 심을 가지고 있었다. 러시아로서는 중동철도의 부설을 통해 시베리아로부 터 만주로 진출한 후, 다시 압록강을 넘어 한반도로 세력을 확장하려는 의도를 노골적으로 드러낸 것이다.

1892년 러시아는 시베리아철도의 종착역인 블라디보스토크와 동해 안의 원산항을 잇는 함경철도의 부설을 계획한 바 있었고, 서울-원산, 서 울-목포 간의 철도 부설권을 요구하는 프랑스를 지속적으로 지원했다.[8] 더욱이 러시아는 프랑스에게 경의선 부설권을 부여하도록 한국 정부에 압력을 행사했다. 경의선 철도가 완공된 후 시베리아철도와 경의선을 연 결시켜 두 철도의 경제적 이익을 늘리고, 한반도와 동아시아로 세력을 확 대하려는 러시아의 의도가 숨겨져 있었던 것이다.[9] 그러나 1898년을 전후 하여 시베리아철도의 종착역을 요동반도 남단에서 구하려는 방향으로 전 환하면서 러시아가 주도적으로 경의선을 부설해야 할 필요성과 긴급성은 현저히 감소되었다.

일본 역시 한국 철도에 적극 개입하려는 의지를 숨기지 않았다. 1885년 1월 일본 미야자키 현 출신의 마쓰다 고조松田行藏는 약 4년에 걸쳐 한국의 지세, 교통, 경제 현황과 민정, 풍속 등을 면밀히 조사했다. 이 밖에 마에지마 히소카前島密도 일본의 철도를 조선을 거쳐 만주와 중국 대륙으로 연장하고, 다시 시베리아철도를 통해 유럽에 이르게 하는 한반도 종관철도를 일본의 역량으로 조속히 부설해야 한다고 주장했다.[10]

러시아가 시베리아철도 부설에 착수한 바로 다음 해인 1892년 4월에 일본은 서울-부산 간 경부철도를 부설하기 위한 측량 조사에 착수했다. 부산 주재 일본 총영사 무로다 요시아야室田義文의 주선으로 철도 기사 고노 아마미즈河野天瑞의 책임하에 측량을 진행하여, 같은 해 10월에 완료했다. 고노 일행은 철도 측량에 대한 조선 측의 반발을 우려해 사냥꾼 복장으로 위장했다. 이들은 조랑말을 타고 장총을 멘 채 서울에서 부산에 이르는 철도 부설 예상 지역을 면밀히 답사한 후 보고서를 작성하여 측량 도면과 함께 일본 정부에 제출했다.

한국에서의 철도 부설은 일본 제국주의의 침략 정책과 표리 관계에 있었다. 한반도에서 철도 노선의 선정은 청일전쟁 이후 일본의 대륙 침략 정책의 구상 속에서 이루어졌다. 주한 일본 공사 오토리 게이스케大鳥圭介는 자국 정부에 서울과 주요 항구를 잇는 철도의 부설이 시급하다고 보고했다.

일본은 1894년 8월 20일 오토리 게이스케와 조선 외무대신 김윤식 사이에 조일잠정합동조관을 체결하고, 경인철도와 경부철도를 부설하기 위한 협정 초안에 서명했다. 조일잠정합동조관의 내용은 《조선왕조실록》에 다음과 같이 기록되어 있다.

고종 31년 7월 20일 조일잠정합동조관朝日暫定合同條款이 체결되었다. 대조선국과 대일본국은 경성과 부산 사이, 경성과 인천 사이에 철도를 건설하는 문제는 조선정부 재정이 넉넉하지 못함을 고려하여 본래 일본정부 또는 일본국 공사公司와 합동할 것을 약속하고 제때에 공사를 시작하려고 하였으나 조선정부의 현재 복잡한 사정으로 처리하기 어렵다. 다만 좋은 방법을 계획하여 될수록 기약한 바를 빨리 성취시켜야 한다. (중략)

이상의 잠정합동조관 안에서 영원히 준수할 것은 뒷날 다시 조약을 맺고 준수한다. 이를 위하여 두 나라 대신들은 이름을 쓰고 도장을 찍어서 증빙 문건으로 삼는다.

대조선국 개국 503년(1894년) 7월 20일 외무대신 김윤식

대일본국 메이지明治 27년 8월 20일 특명전권공사 오토리 게이스케

-《조선왕조실록》고종실록 32권, 고종 31년(1894년) 7월 20일

1894년 9월 주한 일본군사령관 야마가타 아리토모山縣有朋는 총리 이토 히로부미에게 제출한 글에서 부산-의주 사이의 철도는 동아대륙으로 통하는 대도大道로서, 장래 중국을 횡단하여 인도에 도달하는 도로(철도)가 될 것이라고 주장했다. 더욱이 의주로부터 철도를 연장하여 만주를 횡단하는 것은 군사적으로나 경제적으로나 매우 중요한 현안이라고 강조하며, 조선 철도와 만주 철도를 통일적 지휘 및 관리하에 두어 경영하고, 설비를 일치시켜 전시의 요구에 부응해야 한다고 주장했다.[11]

이 글에서 야마가타 아리토모는 한반도 철도가 대륙 침략 정책의 일환임을 명확히 규정하고 있다. 또한 '설비의 일치'라는 대목에서 알 수 있듯이, 중국의 대륙 철도와 상호 연결하기 위해 한반도 철도의 선로 궤간을 표준궤로 통일하여 부설해야 한다는 지향성을 명확히 했다.

일본이 청일전쟁 승리를 발판으로 한국 철도의 부설권에 적극 개입하

려 하자 조선 정부도 이를 견제하기 위한 대응책을 강구하지 않을 수 없었다. 조선 정부는 러시아 공사 베베르와 손잡고 친일 세력을 배제하기 시작했는데, 그 정점에는 사실상 명성황후가 있었다. 명성황후는 러시아와 연합하여 일본의 세력 팽창을 저지하려는 정책을 주도했다.

1895년 7월 친일의 거두인 박영효가 명성황후를 시해하려는 음모를 획책하다가 발각되어 일본으로 도주한 후 친일파의 기반이 급속히 동요되기 시작했다. 이에 조선 정부는 이범진, 이완용 등 친러 세력을 널리 등용하여 친러 내각을 구성했다.

그러자 무인 출신의 미우라 고로三浦梧樓 주한 일본 공사가 명성황후 시해 계획을 세워 1895년 10월 8일 새벽에 이를 결행했다. 이 사건이 바로 을미사변이다. 그날 새벽 일본은 군대와 낭인을 동원해 경복궁 건청궁 옥호루에서 명성황후를 시해하고, 시신에 석유를 뿌려 불태우는 만행을 저질렀다. 유해는 황후가 시해자들과 다투는 사이에 방 여닫이창에 걸린 채 발견된 손가락 하나 외에는 완전히 소실되었다.[12]

이 사건으로 한국인들 사이에 일본에 대한 분노와 반감이 팽배했다. 이와 같은 분위기 속에서 조선 정부는 일본과 경쟁 관계에 있던 러시아에 힘을 실어주면서 일본을 적극 견제하기 시작했다.

한국 철도 궤간을 표준궤로 밀어붙인 일본

일본이 위협적으로 세력을 확장해 오자 조선 정부는 철도 부설권을 서구 열강에 허용하는 방식으로 이를 견제했다. 그 결과 1896년 3월 경인철도 부설권을 미국인 모스James R. Morse에게, 그리고 같은 해 7월 경의철도 부설권을 프랑스인에게 부여했다. 1894년 이미 조일잠정합동조관에서 일본의 경인철도 부설권을 인정했는데 어째서 미국인 모스에게 경인철도 부설권을 부여했을까? 그 배경에는 동아시아 정세 변화라는 주요한 원인이 있었다.

일본은 청일전쟁을 염두에 두고 경인철도 부설에 관심을 쏟았다. 그러나 청일전쟁에서 중국의 군사적 허점이 백일하에 드러나면서 예상보다 빨리 인천보다 훨씬 북쪽인 압록강 너머의 만주 지역에서 싸우게 되자, 경인철도가 가지는 군사적 효용성이 떨어지고 말았다. 그뿐만 아니라 청일전쟁 이후 러시아, 독일 등이 일본에 독점적으로 철도 이권을 부여하지 말도록 조선 정부에 요구했다. 이러한 결과 경인철도에 대한 일본의 관심과 추진 계획이 늦춰지면서 결국 미국인 모스에게 부설권이 주어진 것이다.

그럼에도 일본 공사 고무라 주타로小村壽太郞는 조일잠정합동조관을 근거로 경인철도 부설권을 미국인에게 부여한 데 대한 항의 서한을 외무대신 이완용에게 제출했다. 이에 이완용은 "잠정합동조관은 문자 그대로 잠정적인 성질의 조약으로서 더 이상 효력이 없으며, 더욱이 철도 문제는 조선과 일본 간에만 적용되어야 할 성격이 아니기 때문에 이에 구애받을 이유가 없다"는 회신을 보냈다.[13]

조선 정부는 1896년 7월 17일 철도국을 설치하고 국내철도규칙(칙령 제31호)을 반포했다. 이와 관련된 자세한 내용은 《조선왕조실록》에 기록되어 있다.

칙령 제31호, '국내철도규칙'을 재가하여 반포하였다.

제1조. 국내 인민들의 왕래와 물품 출입의 편리를 위하여 국내 각 지방에 철도를 설치한다.

제2조. 국내 각 지방 철도의 규격을 일정하게 하여 이 길로 다니는 기차가 저 길에도 서로 지장 없이 통행하게 한다.

제3조. 국내 각지 철도의 넓이를 외국의 현행 규정을 따라 두 철로의 사이를 영척英尺 4척尺 8촌寸 반半으로 확정한다.

제4조. 관립 철도 기차로 왕래하는 사람의 표 값과 운반비는 농상공부 대신이 정한다.

제5조. 본국인이나 외국인이 철도회사를 국내 각 지방에 설치할 때에도 이 규칙을 일체 준행하고 표 값과 운반비도 농상공부와 협의하여 타당하게 정한다.

제6조. 철도세칙鐵道稅則은 농상공부 대신이 추후로 정한다.

－《조선왕조실록》고종실록 34권, 고종 33년(1896년) 7월 15일

이상의 칙령에 따르면 한국에서 부설되는 모든 철도는 원활한 물자의 수송과 상호 연계를 도모하기 위해 4척 8촌 반(1435밀리미터)의 표준궤로 부설한다고 규정되었다. 당시 경인철도 부설권을 소유한 미국이 표준궤를 채택하고 있었고, 한반도 철도가 뻗어 나가 연계할 공간은 당연히 중국 대륙이었다. 중국의 철도가 모두 표준궤를 채택하고 있는 상황에서 한반도 철도는 당연히 표준궤를 채택해야 한다는 의지가 반영된 것이다.

한편 1896년 1월 1일 러시아의 태평양 함대 사령관 알렉세예프 제독은 마산포를 확보하여 시베리아철도를 원산을 거쳐 마산과 연계시키는 방안을 자국 정부에 건의했다. 시베리아철도 부설에 참여했던 철도 기사 톨마체프는 블라디보스토크의 단점을 보완할 수 있는 항구뿐 아니라, 경제적으로 한국에 침투하기 위해 한반도에 위치한 부동항을 확보해야 한다고 주장했다. 더욱이 한반도 항구를 시베리아철도와 연계할 경우 유럽과 아시아를 잇는 세계 무역의 주축으로 시베리아철도가 부상할 수 있을 것이며, 나아가 친러적 조선을 이용할 경우 대한해협의 통제권까지도 장악할

수 있는 가능성까지 내다봤다.

1896년 6월 22일 러시아 초대 대리공사 베베르는 시베리아철도의 한 반도 연결과 관련하여 자국 정부에 보낸 비밀 전문에서 조선의 철도 레일 폭을 러시아와 같은 5피트로 하도록 조언하려 한다고 보고했다. 마침 고종이 러시아 공사관에 피신해 있었기 때문에(아관파천, 1896년 2월 11일~1897년 2월 20일) 베베르가 조선 정부의 정책에 큰 영향력을 발휘한 시기였다.

독일의 대한제국 외교 고문 묄렌도르프는 《조선 철도 부설에 관한 수기》에서 조선 항구는 부동항으로 좋은 조건을 갖추고 있으며, 조선 철도를 러시아철도와 상호 연결하면 조선 남부의 항구 중 하나를 시베리아철도의 종착역으로 삼아 일본과 청국의 화물 및 여객을 수송할 수 있어 동아시아 해안에서 가장 번창한 항구가 될 수 있을 것이라고 주장했다.

이와 같은 러시아의 희망은 한국의 철도를 시베리아철도와 연결하려는 러시아 재무상 세르게이 비테의 정책으로 구체화되었다. 1896년 10월 10일 러시아 재무부가 파견한 러청은행장 뽀꼬찔로프는 조선의 철도 궤간을 유럽식 표준궤가 아닌 러시아식 광궤로 변경할 것을 조선 정부에 요구하도록 자국 정부에 촉구했다.[14]

비테는 11월 10일 자국 외무성에 러시아가 만주에서 중동철도를 건설할 때 러시아 철도와 같은 5피트의 궤도 폭을 적용하기로 확정했고, 조선은 아직 철도 부설을 시작하지 않았으므로 고종의 칙령을 변경하여 러시아의 만주 노선과 동일한 궤도 폭으로 부설하도록 조선 정부에 강력히 요청하도록 건의했다.[15] 이러한 배경에서 1896년 11월 15일 한국 철도의 규격을 표준궤가 아닌 러시아식 광궤로 채택한다는 고종의 칙령이 반포되었다. 이에 따라 한국 정부도 1897년 1월 15일 한국 철도의 궤간을 시베리아횡단철도와 동일한 1524밀리미터의 광궤로 개정할 것임을 공식화했다.

1897년 8월 신임 러시아 공사 쉬뻬이에르Shpeyer가 자국 외무성에 보낸 보고서에 따르면, 경인철도의 부설권을 보유한 미국 모스 회사의 대표도 러시아 측에 철도 부설권의 양도와 관련하여 적극적인 의사를 전달해 왔다. 즉 일본과 어떠한 사전 약조도 없었으므로 경인철도를 러시아에 양도하기 위해 논의할 준비가 되어 있으며, 철도의 궤간 변경을 비롯해 러시아의 요구에 따라 공사를 완료할 의사를 전달했다.

마침 모스사는 경인철도 부설에 필요한 자금이 부족해 매우 곤란한 지경에 처해 있었다. 협상을 진행하던 쉬뻬이에르는 1898년 1월 31일자 비밀 전문에서 모스사의 대리인이 주식을 비밀리에 매입하든지, 혹은 일본 은행에서 빌린 채무액의 일부라도 상환해주면 일본의 그늘에서 벗어날 수 있다고 호소했다. 그는 이미 설치가 끝난 노면은 150만 달러에 러시아에 양도할 수 있으며, 선로 폭의 조정은 최소한 주식을 매입한 뒤에 가능하다고 보고했다.[16]

그러나 러시아 세력의 남하를 우려한 미국과 일본이 이에 강력히 반발했다. 일본 정부는 한국 정부에 500만 원의 차관을 제공하기로 약속했고, 결국 한국 정부는 다시 표준궤 채택을 선언하지 않을 수 없었다. 1898년 9월 8일 한국 정부는 일본에 경부철도 부설권을 부여하는 '경부철도합동'을 체결했고, 여기서 철도 궤간을 4척 8촌 5분의 표준궤로 부설할 것임을 명시했다. 한국 철도를 시베리아철도의 광궤와 연결하려는 러시아의 계획이 미국의 세력을 등에 업은 일본에 의해 좌절되고 만 것이다.*

---

* 앞서 언급한 바와 같이 1898년 이후 러시아는 시베리아철도의 종착역을 요동반도 남단에서 구하는 방향으로 정책을 전환했다.

4
대륙 침략의 발판, 한국 철도

대륙 침략을 염두에 둔 일본의 구상

일본은 어떠한 논의를 거쳐 한국 철도의 궤간을 표준궤로 결정했고, 이는 무엇을 지향했을까? 일본에게 한국에서의 철도 사업은 '한국 경영의 골자' 였다. 일본 통치자들에게 철도는 한국의 식민지 지배뿐만 아니라 종국적 으로는 중국 대륙과 러시아 침략을 위한 발판으로 인식되고 있었다.

1898년 경인철도 부설 공정이 절반 정도 진행된 상황에서 부설 자금의 부족으로 곤경에 처한 모스는 12월 7일 한국 정부와 상의도 없이 180만 원에 경인철도 부설권을 일본에 양도했다. 이미 전년도인 1897년 4월, 일 본 재계의 거물인 시부사와 에이이치澁澤榮一는 모스를 도쿄로 불러들여 외무대신을 비롯해 도쿄, 요코하마 등 주요 도시의 유력 이사들과의 협의를 통해 경인철도 부설권을 양도한다는 데에 대한 기본적인 합의를 이루었다. 이에 따라 1897년 5월 4일 '경인철도인수조합'을 설립하고, 이후 인수조합을 합자회사로 변경하여 시부사와 에이이치를 사장으로 세워 등기를 마쳤다. 마침내 1899년 9월 13일 제물포와 노량진을 잇는 경인철도가 완공되어 영업을 개시했다. 다음 해인 1900년 6월에 한강철교가 준공되었고, 같은 해 11월 서대문에서 경인철도 전 노선의 개통식이 거행되었다.

경인선 개통과 더불어 미국으로부터 모가Mogul 탱크형 기관차를 비롯해 객차와 화물차를 수입하여 운행했다. 모가형 기관차는 당시 미국에서 생산된 최신형 기관차로 350마력의 견인력을 갖추었고, 최고 속도는 시속 60킬로미터에 달했다.

경인철도가 개통되기 전에 외국인들은 인천항에 내려 하루 묵은 후, 다음 날 가마나 말 등의 교통수단을 이용해 12시간 정도 걸려 서울에 당도했다. 경인선 철도가 개통된 후 열차는 33킬로미터 구간을 1시간 40분 만에 주파했다. 제물포와 노량진 사이를 기관차 4대, 객차 6량, 화물차 28량 등의 설비로 오전과 오후 하루 두 차례 왕복했고, 하루 평균 366명의 여객과 12톤의 화물을 실어 날랐다.[1]

경인선 열차의 운임은 1마일당 3등석 1전 5리, 2등석은 3등석의 두 배, 1등석은 3등석의 세 배로 규정되어 있었다. 노량진-제물포 사이는 약 20마일(33킬로미터)로 운임은 3등석 30전, 2등석 60전, 1등석 90전으로 정해졌다.

일제는 왜 한국 철도 부설에 적극 나섰을까? 군사적 목적도 있었지만 자국 상품을 수출하고 원료와 식량을 수탈하기 위해서였다. 경인철도 부설권을 획득한 일본은 수도 서울과 개항장 인천을 관통해 한국의 명맥을 장악하게 된다. 러일전쟁을 위해 서둘러 부설에 착수한 경부철도, 경의철

한국 철도의 운행 노선 변천 (출처: 철도박물관)

운행 시작일	구간	열차 명칭	총 소요 시간	속도(km/h)	
				평균	최고
1899. 9. 18	노량진-인천		1시간 40분	20	60
1908. 4. 1	남대문-부산	융희호	11시간	40	70
1933. 4. 1	부산-중국 봉천	히카리	17시간 45분	60	90
1934. 11. 1	부산-중국 봉천	노조미	17시간	62	90
1936. 12. 1	경성-부산	아카쓰키	6시간 45분	67	90
1938. 10. 1	부산-중국 북경	대륙호	38시간 45분	67	90
1939. 11. 1	부산-중국 북경	흥아호	38시간 45분	67	90
1946. 5. 20	경성-부산	조선해방자호	9시간 40분	50	70
1954. 8. 15	서울-부산	통일호	9시간 30분	47	80
1960. 2. 21	서울-부산	무궁화호	6시간 40분	67	95
1962. 5. 15	서울-부산	재건호	6시간 10분	72	100
1966. 7. 21	서울-부산	맹호호	5시간 45분	77	100
1969. 2. 10	서울-부산	관광호	4시간 50분	92	110
1985. 11. 16	서울-부산	새마을호	4시간 10분	107	150
2004. 4. 1	서울-부산	KTX	2시간 40분	153	300
2010. 3. 2	서울-부산	KTX-산천	2시간 40분	153	300

경인철도 노선을 운행한 모가형 증기기관차의 모형, 철도박물관 수장

도는 군사적 목적 달성을 위한 수단일 뿐 아니라 일본의 상품 판매 시장을 확대하고 한국의 식량과 자원을 수탈하기 위한 대동맥이 되었다.

일본에서는 러일전쟁 이전부터 이미 러시아와의 군사적 충돌을 예상하고, 이에 대비하기 위해 한반도 철도를 조속히 부설해야 한다는 공감대가 형성되어 있었다. 이러한 과정에서 한반도 철도의 궤간을 둘러싼 논의가 심도 있게 진행되었다. 이에 따라 철도 부설 자금의 부족과 한정된 여객, 화물 등을 이유로 궤간 1미터의 협궤를 채택해야 한다는 주장이 먼저 제기되었다.

일본 참모본부 등 군부 측에서는 일본 국내와 동일한 1067밀리미터의 협궤 궤간을 채택해야 한다는 주장을 제기했다. 이 주장에는 자국의 레일이나 차량 등의 자재를 신속히 가져다 쓸 수 있는 장점이 있었다. 러시아와 일본 간의 경쟁이 전쟁으로 비화될 경우 신속히 대응해야 할 필요성에서 이러한 주장이 나온 것이다.

그러나 경부철도주식회사 사장 시부사와 에이이치는 경부철도가 대륙철도와 연결할 수 있는 국제 간선으로서의 위상을 갖추어야 하며, 이를 위해 궤간을 반드시 표준궤로 부설하지 않으면 안 된다고 주장했다. 이러한 주장은 1902년 일본내각회의가 한반도 간선철도를 만주로 연장하여 아시아 대륙 철도의 간선으로서 위치시킨다는 국책과도 합치되었다. 즉 한반도 철도와 대륙 철도의 연계를 명확히 지향한 것이다. 결국 일본 군부와 철도 당국이 시부사와의 주장을 승인하여 표준궤간이 채택되었다.

한국 철도를 장악한 일본의 속내

일본의 압력과 회유 끝에 고종은 경부선 철도의 부설을 일본에게 허가했다.《조선왕조실록》에는 다음과 같이 기록되었다.

1898년 대한 광무 2년 일본이 설립한 경부철도회사의 대리인 사사키 기요

마로佐佐木淸麿, 호시나가 지로乾長次郎에게 경부철도 부설권을 허락하였다.

－《조선왕조실록》고종실록 38권, 고종 35년(1898년) 9월 8일

경부철도 부설권을 획득한 일본은 정치가와 결탁하여 이익을 꾀하는 자본가들을 주축으로 1901년 6월 경부철도주식회사를 창립했다. 이 회사는 외견상 민영을 표방했지만 사실상 일본 정부의 대리기관이었다. 일본 정부가 자본금의 4분의 1을 국고에서 보조했고, 이자 지급의 보증은 물론 불입자본의 열 배에 달하는 사채 모집도 승인했다.

철도를 경영하기 위해 외견상 주식회사라는 기업의 형식을 취한 것은 지배 야욕을 노골적으로 드러내지 않으면서도 실질적으로 일본 정부의 직접적 개입을 관철하기 위한 방안이었다. 영국이 식민지 인도를 지배하기 위해 동인도회사를 전면에 내세운 것과 마찬가지였던 셈이다.[2]

시부사와 에이이치 사장을 비롯한 회사 간부들은 경부철도가 한국에서 일본이 보유한 혈맥이자 사활이 걸린 현안이라 주장하며 황족, 귀족, 부호, 촌부에 이르기까지 회사의 주식을 매입하여 애국행위에 동참할 것을 선동했다. 그 결과 각계각층을 망라한 국민주 모금 운동이 일본 열도를 뒤흔들었고, 덕분에 경부철도회사는 2500만 원의 자본금을 어렵지 않게 조달할 수 있었다. 당연히 일본인이 경부철도 주주 가운데 99퍼센트를 차지하게 되었다.

1904년 5월 10일 일본 원로회의는 '대한 방침에 관한 결정'을 의결하여 같은 달 31일 일본내각회의에서 통과시켰고, 6월 11일 일본 천황이 이를 최종 승인했다. 그 내용은 다음과 같다. "경부철도는 한국 남부를 관통하는 핵심 철도 노선이므로 계획대로 조속히 완선한다. 경이철도는 경부철

도와 연계하여 한반도를 종관한 이후 그 연장선상에서 중동철도 및 만주철도와 접속하여 대륙간선의 일부를 형성하는 중요한 노선이다. 현재 군사적인 필요로 말미암아 군대에서 부설에 착수하고 있으며, 평화가 도래한 이후 본 철도의 경영 방식과 관련해서는 한국 정부와 논의한다."[3]

러시아와 일본의 대립이 격화되자 양국 간의 전쟁은 불가피한 것으로 널리 인식되었다. 이에 1904년 한국 정부는 국외중립을 대내외에 널리 선포했다. 그럼에도 러일전쟁이 시작된 직후인 1904년 2월 23일 일본은 한국을 강박하여 일본특명전권공사 하야시 곤스케林權助와 대한제국 외무대신 이지용 사이에 다음과 같이 한일의정서를 체결했다.

대한제국 황제폐하의 외부대신 임시서리 육군참장 이지용과 대일본제국 황제폐하의 특명전권공사 하야시 곤스케는 각각 상당한 위임을 받고 다음의 조목을 협정한다.

제1조. 한일 양국 사이의 항구적이고 변함없는 친교를 유지하고 동양의 평화를 확고히 이룩하기 위하여 대한제국 정부는 대일본제국 정부를 확고히 믿고 시정 개선에 관한 충고를 받아들인다. (중략)

제4조. 제3국의 침해나 혹은 내란으로 인하여 대한제국 황실의 안녕과 영토의 보전에 위험이 있을 경우에는 대일본제국정부는 속히 정황에 따라 필요한 조치를 취할 수 있다. 대한제국정부는 위 대일본제국의 행동을 용이하게 하기 위하여 충분한 편의를 제공한다. 대일본제국정부는 전항의 목적을 성취하기 위하여 군략상 필요한 지점을 정황에 따라 차지하여 이용할 수 있다.

제5조. 대한제국정부와 대일본제국정부는 상호 간에 승인을 거치지 않고 뒷날 본 협정 취지에 어긋나는 협약을 제3국과 맺을 수 없다. (중략)

광무光武 8년 2월 23일 외부대신 임시서리 육군참장 이지용

메이지明治 37년 2월 23일 특명전권공사 하야시 곤스케

-《조선왕조실록》고종실록 44권, 고종 41년(1904년) 2월 23일

한일의정서는 한국 영토의 안전을 보장하는 대가로 전시 일본이 필요로 하는 장소를 수시로 이용할 수 있도록 하는 내용을 골자로 했다. 이 조약은 결국 러일전쟁 이후인 1905년 11월 17일 한국을 이른바 '보호국'으로 전락시킨 을사조약 체결과 외교권 강탈로 이어졌다.

1901년 8월 20일 일본은 영등포에서 경부철도 기공식을 거행했다. 1904년 12월 27일에 경부철도를 완공한 후 다음 해인 1905년 1월 1일 전 구간을 개통했다. 같은 해 9월에는 부산과 시모노세키를 오가는 관부연락선을 개통하여 경부철도와 일본 철도가 상호 연계 운수를 실시할 수 있게 되었다.

한반도 간선철도망의 완성

1905년 경부철도는 프레리 탱크기관차와 터우형 기관차를 수입했고, 임시군용철도감부도 미국으로부터 기관차와 화물차를 수입하여 조립했다. 아직 기관차의 제작 기술 수준이 낮았던 일본은 군용 철도를 시급히 발주하느라 서둘러 수입에 의존할 수밖에 없었다.

일본 내각회의는 경의철도 부설과 관련해서도 논의를 진행했다. 이 논의의 골자는 경의철도를 부설하여 경부철도와 연결한다면 한반도 종관철도가 완성되며, 이 간선철도를 일본이 소유할 수만 있다면 한국은 손쉽게 일본의 세력 범위로 전환될 것이라는 데 있었다. 나아가 이 철도를 만주로 연장하여 러시아의 준동철도나 중구 철도와 연결한다면 아시아 대륙

경부철도 노선에서 운행된 터우형 기관차 모형. 철도박물관 소장.

철도 간선의 주요 구간을 형성하게 되므로, 정책적으로나 경제적으로나 매우 중요하고도 시급한 사안이라는 데 의견이 모였다.

1906년 4월 3일 서울 용산과 신의주를 연결하는 경의선이 개통되면서 부산-신의주 간 직통열차가 운행되기 시작했다. 1906년 6월 29일 일제는 통감부 철도관리국을 설치하여 한국 철도망을 국유화했다.[4] 마침내 일본 철도-(관부연락선)-경부철도-경의철도로 이어지는 대륙 침략을 위한 한반도의 간선 철도망이 완성된 것이다.

이후 한국의 국권은 일본에 넘어가고 말았다. 1909년 3월 30일 일본 총리가 제출한 '한국 병합에 관한 건'은 최종적으로 7월 6일 일본내각회의에서 결정되었고 같은 날 일본 천황의 재가를 받았다. 이 안건의 제3조는 "한국 철도를 제국철도원의 관할로 편입하고, 철도원의 감독하에 남만주 철도와 긴밀히 연계시켜 일본과 대륙 철도의 통일 및 발전을 도모한다"라고 규정했다. 이는 한반도 철도와 만주, 중국 철도와의 연결을 지향한 것으로, 그 배후에는 일본 제국주의의 강력한 의지가 있었다.

한반도와 만주를 잇는 국제선을 달리던 미카3호 기관차. 이 열차는 일본에서 제작되어 조선통감부 철도국 경성공장에서 조립된 증기기관차로 한반도와 만주를 잇는 국제철도 노선에서 운행되었다. 현재 철도박물관에 보존되어 있다.

1910년 일본 제국주의는 이미 '보호국'으로 전락한 한국의 주권을 박탈하고 강제병합을 통해 식민지화하는 경술국치를 단행했다. 1910년 8월 22일 일본은 한일합병조약을 강박하여 체결했고, 8월 29일 순종 황제가 조칙을 발표했다.*

1911년 1월 주한 일본군사령관 야마가타 아리토모는 〈군사상의 요구에 기초한 조선, 만주에서의 철도 경영 방책 의견서〉를 제출했다. 야마가타는 이 의견서에서 시베리아철도가 복선화된 후 만주에서 전쟁이 일어나면 러시아는 개전 후 140일 만에 100만 명의 병력을 하얼빈까지 수송할

---

* 이날 일본은 '조선귀족령'을 반포하여 한일강제병합에 공이 큰 한국인들에게 귀족 작위를 수여하고, 후손에게도 세습할 수 있게 했다. 아울러 이들에게 일본 천황 명의로 2만 5000~50만 4000엔 상당의 은사금도 주었다. 작위 수여는 후작 6명, 백작 3명, 자작 22명, 남작 45명에 달했다. 뒤이어 9월 9일에는 일본의 화족회를 모방하여 박영효를 초대 회장으로 하는 조선귀족회가 설립되었다.

수 있지만, 일본의 능력은 50만 명의 병력과 병참을 수송하는 데 불과하다는 우려를 표했다. 그는 이러한 열세를 만회하기 위해 일본이 한반도 종관철도, 나아가 만주 북부 철도를 병력 수송을 위한 일대 간선으로 조성해야 한다고 주장했다.[5] 철도 경영에 숨은 일본의 야심이 드러나는 대목이다.

일제는 이러한 야심을 행동으로 옮겨갔다. 한일강제병합 직후인 1911년에 압록강철교 가설 공사가 완공되어 일본과 한반도, 중국 대륙이 하나의 교통·운수권역으로 연결되었다. 1914년에는 호남선과 경원선이 부설되면서 호남 곡창 지대와 북부 광공업 지대가 일제의 손아귀에 들어갔다. 한국 철도는 일본 군대의 이동을 신속하고 편리하게 해주면서, 수탈한 자원을 끊임없이 일본으로 실어 날랐다. 또한 일본 국내의 과잉 인구와 만성적인 식량 부족 문제를 해소하는 데에도 크게 기여했다.

1910년 8월 29일 한국을 강제병합한 일본은 조선총독부에 철도국을 설치하고, 1910년에는 평남선, 1914년에는 대전-목포 간의 호남선, 그리고 서울-원산 간의 경원선을 개통했다. 1915년에는 한국 철도 1000마일을 달성하고, 1917년에 한국 철도의 경영을 남만주철도주식회사에 위탁했다.

원산에서 회령에 이르는 함경선은 일본이 함경남도와 함경북도의 지하자원과 삼림을 개발하고, 만주 북부로의 군사 수송을 강화할 목적으로 1914년 10월 착공하여 1928년 11월 개통했다. 함경선이 개통되면서 최소 3~5일 걸리던 서울-회령 구간이 26시간, 서울-청진 구간이 22시간으로 단축되었다. 이렇게 경부·경의·호남·경원·함경선이 모두 완성되면서 비로소 한반도의 X자형 철도 체계가 완성되었다.[6]

1925년 일본은 조선총독부 직영으로 대대적인 철도망 확장 사업에 뛰어들어 '조선 국유철도 12개년 계획'을 수립했다. 1927년부터 12년 동안 총 3억 2천만 원의 자본을 투자하여 1060여 마일의 국유철도를 부설하고, 210마일의 사설철도를 매수하여 표준궤로 개축하고 복선화한다는 계획이었다.

이처럼 한반도 철도 부설에는 일본의 정책적 이해가 깊이 반영되었고, 일본의 대륙 침략 정책의 일환으로 만주 및 중국과의 연계가 전제되어 있었다. 일본–한국–중국 동북 지역(만주)–유럽으로 이어지는 철도 네트워크는 일제의 침략 정책을 위한 중요한 토대가 되었다.

5
철도, 러일전쟁의 승패를 가르다

한반도에서 격돌한 일본과 러시아

'을씨년스럽다'라는 우리말이 있다. 날씨나 분위기가 쌀쌀하고 스산함을 가리키는 말이다. 구한말 신소설에는 '을사년스럽다'라는 표현이 보인다. 이 말이 1920년에 출판된《조선어사전》에 '을시년스럽다'라고 표기되더니, 1957년 출판된《큰사전》에서는 '을씨년스럽다'로 바뀌었다. 이 중 신소설에 보이는 '을사년'이라는 표현이 눈길을 끈다. 여기서 알 수 있듯이 '을씨년스럽다'의 어원을 을사년이었던 1905년 일본의 강요로 체결된 을사조약에서 찾기도 한다.

을사조약이 체결된 날은 11월 17일이었다. 늦가을 스산한 거리에 인적

이 끊기고 매서운 바람만이 구슬픈 소리를 내며 휑한 길 위를 오갔을 것이다. 이렇게 허망한 분위기를 빗대어 당시 사람들이 '을사년스럽다'라고 한 말이 이후 '을씨년스럽다'로 굳어졌을지도 모른다.

일본은 어떻게 을사조약을 밀어붙였을까? 한국을 노리는 열강이 하나 둘이 아니었고, 무엇보다 중국이 사대 관계를 빌미로 한국의 종주국임을 자처했으니 한국을 집어삼키기가 쉽지는 않았을 것이다.

중국 사람들과 대화하다 보면 중국, 한국, 일본의 땅 모양이 닭의 형상처럼 생겼다는 이야기를 많이 듣게 된다. 한중일의 지도를 크게 놓고 보면, 마치 닭 모양을 한 중국이 한반도를 부리로 삼아 벌레 모양의 일본을 쪼아 먹는 형상이라는 것이다. 근대 일본외무성 자료를 살펴보면, 조선은 흡사 예리한 칼처럼 대륙에서 일본 제국을 향해 돌출해 있는 반도로 그 첨단이 대마도와 그리 멀지 않은 거리에 있다. 따라서 근대 일본에서는 강국들이 한반도를 차지하면 일본 제국이 위태로워진다거나, 조선은 일본의 옆구리에 들이댈 수 있는 비수라고 기록했다.[1] 그러나 역사의 실상은 정반대였다. 오히려 일본이 한반도를 통해 대륙으로 침략의 마수를 뻗쳤다. 일본은 먼저 한국을 식민지로 전락시킨 후 한반도의 지정학적 효용성을 적극 활용하여 대륙 침략을 위한 교두보로 삼았던 것이다.

19세기 말부터 20세기 초까지는 영국과 러시아 간의 패권 쟁탈전이 전 세계적으로 전개되고 있었다. 한반도와 만주 등 동아시아 지역에서는 영국 대신 일본이 러시아와 대립각을 형성했다. 러시아는 크림전쟁 (1853~1856)에서의 후퇴를 계기로 동방으로 세력을 확장하기 시작했고, 조선에서 부동항을 개척해 자국 세력의 근거지로 삼으려 했다.

청일전쟁 후 일본은 조선을 손아귀에 넣기 위해 러시아의 세력 확장을 막아야 했다. 영국도 인도와 중국에서 실리를 지키려면 러시아의 남진을 저지할 필요가 있었다. 따라서 영국은 동방에서 러시아를 저지할 동맹으로 일본에 주목했다. 그 결과 일본은 러시아의 전통적 라이벌인 영국과의 동맹 관계를 발판으로 한반도에 대한 독점적 침탈에 적극 나서게 되었다. 결국 일본과 러시아는 한반도를 비롯해 만주 등 동아시아에서의 패권을 두고 충돌하게 되었다. 그 결과 일어난 사건이 바로 러일전쟁이다.

전쟁에서 부각된 철도의 중요성

러일전쟁은 교통과 군수의 확보가 근대 전쟁에서 얼마나 중요한지를 단적으로 보여주었다. 교통과 군수 확보는 철도에 달려 있다. 철도의 출현으로 새로운 개념의 전술과 전쟁이 가능해졌고, 전쟁의 양상이 획기적으로 바뀌었다. 이러한 측면에서 국가 권력과 철도는 군사적 효용 가치를 매개로 전략적으로 결합했다. 쉽게 말해서 제국주의 열강은 약소국을 침략하는 과정에서 철도를 아주 요긴하게 써먹었던 것이다.

일본이 철도 부설에 힘을 쏟은 과정을 먼저 살펴보자. 일본 도쿠가와 막부는 쇄국 정책을 견지해왔지만 19세기 중엽에 큰 위기를 맞았다. 1853년 미 해군 제독 페리가 군함을 이끌고 와서 미국과 통상조약을 맺을 것을 요구했다. 강압에 못 이겨 일본은 1854년 미국과 통상조약을 체결하고 시모다下田, 하코다테函館 두 항구를 열고 문호를 개방했다. 1858년에는 영국, 프랑스 등 유럽 각국과도 통상조약을 체결했다. 이렇게 해서 200여 년간 지속되던 일본의 쇄국정치가 막을 내렸다.

문호가 개방되자 바로 철도가 전해졌다. 1854년 미국 페리 제독이 양국 간 통상조약을 협의하려고 일본을 방문했을 때 실물 크기의 4분의 1 정도 되는 모형 증기기관차를 선물로 가져왔다. 페리가 일본 정부에 선물하려고 특별히 주문해 만든 이 증기기관차는 모형이었지만 실제로 선로

1854년 미국의 페리 제독이 일본에 가져온 기차 모형

위에서 운행이 가능한 것이었다. 기관사가 이 기관차를 타고 운전할 수 있었고, 대여섯 살 정도 되는 아이라면 안에 탈 수 있는 정도의 크기였다. 페리는 이 기차 모형을 통해 미국의 선진 기술을 일본에 과시하려고 했던 것이다.[2]

철도는 19세기 중반 크림전쟁 때부터 군사적으로 이용되기 시작했다. 일본은 철도의 군사적 효용성에 비상한 관심을 갖고 모든 역량을 쏟아부었다. 일본은 1871년 프로이센이 프랑스와의 전쟁 때 철도를 군수에 적극 활용한 점에서 큰 시사점을 얻었다. 이후 일본 육군은 독일 육군을 모범으로 삼아 군사 제도와 군사 시설, 장비를 정비하기 시작했다.

일본은 1880년대 중반에 이미 청일전쟁에 대비해 육해군을 증설하면서 군비 확장에 온 힘을 쏟았다. 일본 참모본부는 1888년 3월에《철도론》을 정리한 후, 군대의 이동과 군수품 보급을 철도 부설과 결합하는 전략

을 세웠다. 1894년 일본은 아오모리青森에서 히로시마廣島에 이르는 종관
철도를 개통하고, 히로시마의 우지나宇品항을 군대의 출항지로 정해 병력
수송 체계를 확립했다. 이러한 원칙은 바로 청일전쟁에서 그대로 적용되
었다. 러일전쟁 시기인 1904~1905년에는 아사히카와旭川에서 구마모토熊
本까지의 종관철도 부설을 통해 약 100만 명에 달하는 병력을 수송할 수
있었다.

러일전쟁의 승패는 군대의 이동과 군수품 보급, 물류를 위한 철도 등
교통운수가 좌우했다고 해도 과언이 아니다. 러시아는 동아시아에서의
세력 확장에 힘을 쏟기로 결정한 후, 군대 이동과 물류 수송을 위해 철도
부설이 시급하다는 점을 인식하기 시작했다. 러시아의 차르는 중동철도
가 완공되고 나면 10~20년 안에 만주를 차지하게 될 것이라고 낙관했다.
러시아 재무상 비테도 철도야말로 중국을 평화적으로 정복할 수 있는 수
단이라고 주장했다.[3]

러시아는 크림전쟁에서 패배한 후 유럽으로의 팽창을 지양하고 극동
에 역량을 쏟아붓기 시작했다. 1861년 3월 러시아의 차르인 알렉산드르
2세는 농노 해방을 단행하고 4월 27일 이민법을 반포한 후 러시아 농민들
을 유럽령 러시아로부터 동방으로 이주시키기 시작했다. 그리고 식민 정책
을 추진하기 위해 시베리아횡단철도 부설을 적극 추진했다.

1890년 7월 아무르 구역 행정장관 코르프Korff는 차르에게 빨리 시베리
아철도를 놓아 블라디보스토크와 남우수리 지역을 방어해야 한다고 보
고했다. 이에 알렉산드르 3세는 우선 우수리 노선만이라도 부설해야 할
필요성을 인정했다. 1890년 8월 31일 러시아 대신위원회는 육군대신의 제
안에 따라 전략상 다른 철도보다 시베리아철도 부설에 역량을 집중하기
로 합의했다. 1891년 2월 21일 러시아 내각회의에서 차르는 시베리아철도

를 시급히 부설하도록 지시했고, 마침내 3월 31일 서둘러 공사에 들어갔다.

바로 그다음 해인 1892년 4월 일본은 서울에서 부산에 이르는 경부철도를 부설하기 위한 측량 조사에 서둘러 착수했다. 측량은 철도 기사 고노 아마미즈의 주도로 1892년 10월에 완료되었다. 일본은 시베리아철도가 완공된 후 한반도 철도와 연계될 것을 우려해 먼저 한반도에서의 철도 부설을 주도하려고 한 것이다.

1894년 동학농민운동이 일어나자 조선 정부는 중국에 원군을 요청했다. 이에 일본이 톈진조약을 근거로 조선에 출병하면서 청일전쟁이 일어났다. 청일전쟁이 끝나자 조선은 청일 양국 군대의 철병을 요구했다. 그러나 일본은 이를 거부하고 7월 23일 경복궁을 점령해 친일 정부를 세우고, 이틀 후인 7월 25일에 중국 군대를 공격했다. 그해 8월 20일 일본은 조선 정부를 압박해 조일잠정합동조관을 체결했는데, 주요한 내용은 조선이 경부철도와 경인철도의 부설권을 일본에 넘긴다는 것이었다.

삼국 간섭 후 10년에 걸친 일본의 와신상담

이 무렵 한반도를 둘러싼 열강 간 세력 구도에 큰 변화가 일어났다. 일본이 조선, 대만 등을 침략하면서 세력을 확대해나가자, 영국은 만주 등에서 러시아와 맞서고 있는 일본을 동방의 맹방으로 키우기로 결정했다. 이와 같은 영국의 움직임은 중국의 외교 전략에 직접적인 영향을 미쳤다. 중국은 전통적인 외교 전략인 이이제이以夷制夷 정책, 즉 러시아를 끌어들여 영국과 일본을 견제하려는 외교 정책을 구사했다.

청일전쟁에서 패한 중국은 일본의 세력 확장을 막고자 러시아와의 협력을 적극 모색했다. 이를 위해 직예총독 겸 북양대신 이홍장을 러시아에 파견해 군사동맹의 가능성을 타진했다. 이 과정에서 러시아는 만주에서 중동철도를 부설할 수 있는 권리를 요구했다. "청일전쟁이 일어나자 우리는 블라디보스토크에 군대를 파견해 중국을 도우려고 했다. 그러나 철도가 없어서 군대가 수개월에 걸쳐 도착했을 때에는 이미 전쟁이 끝나버린 상태였다." 이렇게 러시아는 철도 부설의 필요성을 힘주어 말했다.

그런데 러시아가 청일전쟁에 적극 끼어들지 않은 이유는 따로 있었다. 러시아는 시베리아철도가 완성되기 전까지는 현상을 유지한다는 정책을 견지했다. 청일전쟁에서 승리한 일본은 전후 체결된 시모노세키 조약에서 중국에 요동반도의 조차를 요구했다. 이 요구가 받아들여진다면 일본은 만주에서 독점적으로 세력을 뻗어나갈 수 있었다. 이러한 국제 정세 변화에 직면한 러시아는 프랑스, 독일과 함께 '삼국 간섭'을 단행해 일본을 저지했다.

러시아는 시모노세키 조약에서 일본이 요구한 요동반도의 조차가 사실상 러시아를 겨냥하고 있으며, 특히 시베리아철도 부설과 불가분의 관계가 있다고 받아들였다. 실제로 1895년 4월 11일 러시아 어전회의에서 재무상 비테는 일본이 청일전쟁을 일으킨 이유는 러시아가 시베리아철도를 부설하고 있기 때문이며, 따라서 일본이 남만주를 점령하려는 시도는 러시아에 엄중한 위협이 된다, 일본이 남만주를 점령하는 사태를 결코 받아들일 수 없다고 주장했다.[4]

삼국 간섭에 나선 러시아, 프랑스, 독일은 자신들의 요구가 받아들여지지 않을 경우 병력을 동원하겠다며 일본에 엄포를 놓았다. 이에 일본은 어전회의를 열어 대책을 숙의한 결과 동양 평화를 위해 요동반도의 영유를 포기한다는 의사를 러시아 등 삼국 앞으로 발송했다.

1895년 5월 13일 일본 천황은 전 국민에게 조칙을 반포하면서, 러시아가 시베리아철도 부설 등 동아시아 침략 정책의 일환으로 삼국 간섭에 나섰다고 말했다. 이 자리에서 일본 천황은 일본의 가상 적국이 러시아라는 사실을 잊어서는 안 되며, 10년의 와신상담을 통해 러시아를 제압할 수 있는 국력을 충실히 하도록 강조했다. 그리고 10년 후 실제로 러일전쟁이 일어났다.

1899년 일본은 제물포와 노량진을 잇는 33.2킬로미터 구간에 걸쳐 경인철도를 완공했다. 뒤이어 1901년 8월 20일 서울 영등포에서, 9월 21일에는 부산 초량에서 일본 자본의 경부철도주식회사가 경부철도 부설에 착수해 1904년 12월 27일 완공했다. 게다가 1904년 일본은 서울에서 의주에 이르는 군용철도 노선의 부설에 착수했다. 1904년 3월 용산에서 개성에 이르는 구간의 노반 공사에 착수했고, 1905년 평양에서 의주에 이르는 구간이 완공되어 용산에서 의주에 이르는 경의선에서 열차가 운행되기 시작했다. 철도가 완공된 후 일본은 의주 지역에서 종착역 일대를 신의주로 명명했다.

일본은 경부철도를 비롯해 철도 부설권을 장악함으로써 한국에 대한 지배권을 강화해나갔다. 한편 러시아는 시베리아철도 부설을 추진함으로써 서에서 동으로 이어지는 대륙횡단철도를 통해 동아시아에 대한 패권 전략을 강화해나가고 있었다. 양국 간의 협상에서 일본은 만주에 대한 러시아의 세력권을 인정하는 대신 한반도에 대한 일본의 권리를 인정하도록 제안했다. 그러나 러시아는 만주 독점권뿐 아니라 한국에서 북위 39도 이북에 대한 중립 지역의 설정과 한반도의 군사적 이용 불가를 주장했다. 물론 일본은 러시아의 요구를 받아들이기 어려웠다.

러일전쟁이 일어나다

1904년 2월 8일 일본이 요동반도 여순旅順에 정박하고 있던 러시아 극동 함대를 기습하면서 러일전쟁이 시작되었다. 일본은 기습을 감행하기 전에 전략적으로 교통과 보급로를 판단했을 것이다. 1904년 2월 당시는 러시아가 오랜 기간에 걸쳐 부설해왔던 시베리아횡단철도가 아직 완성되기 전이다. 따라서 군사력 면에서는 발틱 함대를 비롯해 러시아의 해군력이 일본보다 우세했지만, 병력의 이동과 군수의 보급이라는 교통의 관점에서 보면 러시아가 상대적으로 불리했다.

러시아는 일본의 기습에 맞서 자국 최강의 발틱 함대를 동아시아로 파견하기로 결정했다. 발틱 함대는 로제스트벤스키 사령관의 지휘하에 1904년 10월 15일 라트비아 서쪽의 리바우 군항을 출발하여 아프리카 희망봉을 돌아 무려 3만 4000킬로미터를 이동한 끝에 7개월여 만에 대한해협에 도달할 수 있었다. 수에즈 운하를 거친다면 항로를 크게 단축할 수 있었겠지만, 러시아는 그럴 수 없었다. 전통적인 러시아의 적대국이자 일본의 동맹국인 영국이 수에즈 운하를 실질적으로 통제하고 있었기 때문이다.*

일본과 러시아는 대마도(쓰시마섬) 부근에서 이틀에 걸쳐 격돌했다. 이 쓰시마 해전에서 러시아 함대의 3분의 2가 격침되었고 여섯 척이 나포되었다. 도고 헤이하치로東鄉平八郎 제독 휘하의 일본 해군이 입은 피해는 어뢰정 세 척에 불과했다. 러일전쟁의 승패가 갈리는 순간이었다.

대외 중립 의지를 밝힌 대한제국의 속내, 그리고 좌절

러일전쟁이 일어나자 대한제국은 대외 중립 의지를 밝혔다. 그런데 《조선왕조실록》의 다음 기록은 그 이면을 보여준다. 사실상 대한제국은 러일전

---

* 발틱 함대가 수에즈 운하를 통과하지 못한 이유의 하나로 영국의 견제보다는 당시 러시아 해군이 보유한 전함의 깊이가 수에즈 운하의 통행 제한 수심보다 깊었기 때문이라는 설명도 있다.

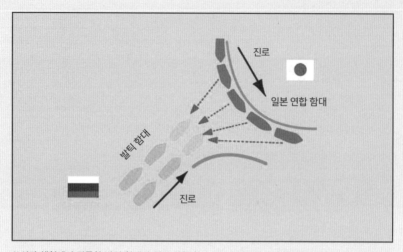

쓰시마 해협에서 격돌한 발틱 함대와 일본 연합 함대. 쓰시마 해전 당시 일본 함대가 T자 전법(丁자 전법)을 통해 러시아 함대를 공격하는 모습이다. 일본 연합 함대는 가로 방향으로 진을 치고 세로 방향으로 접근해 오는 발틱 함대에 포격을 가했다. 함선의 포가 가로 방향으로 설치되어 있어서 발틱 함대는 불리한 위치에 있었다.

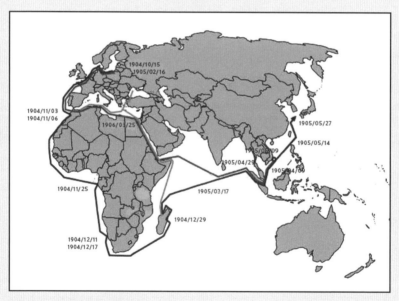

러일전쟁 당시 발틱 함대의 이동 경로

쟁에서 일본을 지지하는 입장을 견지하고 있었다.

권중현을 위문사로 파견하여 러일전쟁의 일본군을 위문하도록 하다

의정부참정 심상훈이 아뢰기를, "일본 군사들이 먼 땅에서 전쟁을 시작해 여러 달째 비바람을 맞고 있으니 친선 관계를 맺은 의리상 위문해 주는 조치가 있어야 할 것입니다. 육군부장 권중현을 위문사로 특별히 파견하여 가서 위문하게 하고 이어 관전觀戰하고 오게 하는 것이 어떻겠습니까" 하니, (고종이) 윤허하였다.

－《조선왕조실록》고종실록 44권, 고종 41년(1904년) 7월 13일

당시 서구 열강들은 대부분 이 전쟁을 어른과 아이의 싸움으로 규정해 러시아의 압승을 예측했다. 발틱 함대를 비롯해 해군력에서 러시아가 절대적으로 우세했기 때문이다. 당시 러일전쟁을 묘사한 유럽 여러 나라의 카툰에서 이러한 사실을 엿볼 수 있다.

그러나 적지 않은 대한제국의 지식인들은 러일전쟁에서 일본의 승리를 예측하거나 기대했다. 일본에 대한 지지는 그들에게 어디까지나 대한제국의 독립을 유지하고 영토를 보존하기 위한 수단이었다. 그 바탕에는 '동양의 일원인 일본'과 '서양의 러시아'라는 이분법적 인식이 가로놓여 있었다. 기존 전쟁들이 제국주의 열강의 경쟁 구도에서 일어난 것이라면, 러일전쟁은 비서구인 황인종 일본과 백인종 러시아 간의 인종 전쟁으로 널리 받아들여졌다. 즉 황인종의 대표인 일본이 백인종 러시아의 침략주의에 맞선 자위전쟁으로 이해되기까지 했다.

증산교를 창시한 강일순은 "이제 만일 서양 사람의 세력을 물리치지 않으면 동양은 영원히 서양에 짓밟히게 되리라. 그러므로 서양 세력을 물리

서양 각국의 신문과 잡지에 실린 러일전쟁을 묘사한 삽화. 두 그림에서 러시아와 일본의 충돌은 성인과 아이의 대결로 묘사되어 있다. 이를 통해 당시 서양 여러 나라가 러일전쟁에서 러시아의 절대적 우세와 승리를 예견하고 있었음을 알 수 있다.

치고 동양을 붙잡음이 옳으니, 이제 일본 사람을 천지의 큰 일꾼으로 내세워 일러전쟁에서 일본을 도와 러시아를 물리치려 하노라"라고 말했다. 이와 같은 인종주의적 전쟁관은 러일전쟁이 한국 침략을 위한 제국주의 열강 간의 전쟁임을 명확히 인식하는 데 지장을 초래하기도 했다.

1903년에 이르러 한반도를 둘러싼 러일 간의 전운이 깊어가자 손병희는 두 나라의 전쟁이 한국과 만주에 직접적인 영향을 미칠 수밖에 없음을 예감했다. 결과적으로 한국은 승리한 나라에 예속될 수밖에 없는 운명이라고 판단한 것이다. 따라서 만일 이러한 시기에 수수방관으로 일관할 경우 한국은 풍전등화의 운명에 처할 것이라고 예측했다. 이에 손병희는 한국이 전승국 측에 가담하여 패전국을 공격함으로써 종전 후 전승국의 지위를 확보하여 국가 만전의 대계를 세우는 한 가지 길밖에 없다고 생각했다. 그는 러일전쟁에서 일본의 승리를 확신한 근거로서, 지리적으로 러시아는 수만 리나 멀리 떨어져 있어서 불리하며 교통과 보급의 문제가 승패의 관건이라는 사실을 지적했다. 그는 일본의 승리를 기대하며 일본군에 1만 원의 군자금을 기부하기도 했다. 그는 러일전쟁에서 일본군을 도와서 일본이 승리하면 동학군의 힘으로 정부를 장악하여 국정의 일대 개혁을 시도한다는 복안을 가지고 있었다.

하얼빈 의거 후 여순감옥에 수감된 안중근은 《안응칠 자서전》과 《동양평화론》의 저술에 몰두했는데, 러일전쟁에 대해서는 다음과 같이 소회를 밝혔다.

만일 한국과 청나라 두 국민이 일본을 배척하고 러시아를 도왔다면 일본은 큰 승리를 거둘 수 없었을 것이다. 한, 청 양국 국민들은 일본군대를 환영하고, 그들을 위해 짐을 지고 나르고, 길을 닦고 앞장서서 정탐을 돕는 등 수고를 아끼지 않았다. 일본과 러시아가 개전할 때 일본천황은 선전포고문 중에서 '동양평화를 유지하고 대한독립을 공고히 한다'고 했으니, 이와 같은 대의에 모두가 일치동심해서 복종하였으며, 또한 황백인종 간의 경쟁이라 할 수 있으므로 그리한 것이다. 그러나 승리 이후 한국을 억압하여 점거하니, 일본은 러시아보다 더 못된 나라로 보이게 되었다.[5]

안중근은 여순지방법원에서의 공판 기록 가운데 러일전쟁과 이후 체결된 을사조약이 이토를 저격하게 된 주요한 동기라고 다음과 같이 진술한 바 있다.

나의 국가사상은 수년 전부터 가지고 있었으나 비상히 성하게 되기는 5년 전 일러전쟁 당시였소. 그리고 그 후에 5개조의 일한조약(을사조약)이 되고 그 뒤 3년 전에 7개조의 조약이 체결이 되었소. 그에 의하여 점점 분격하여 본국을 떠나 외국에 나온 것이오.[6]

그러나 한국인들의 기대는 철저히 짓밟히고 말았다. 대한제국이 대외 중립을 천명했음도 불구하고 일본은 1904년 2월 23일 대한제국을 강박해 한일의정서를 체결하고, 같은 해 8월 22일에는 제1차 한일협약을 체결하여 대한제국의 재정과 외교의 실권을 박탈했다.

을사조약이 체결되다

고종 42년(1905) 11월 15일 일본 대사 이토 히로부미는 일본 공사 하야시 곤스케와 함께 고종을 찾아와 을사조약의 협약문 초안을 느닷없이 들이밀었다. 이틀 후, 일본군사령관 하세가와 요시미치長谷川好道를 대동하고 나타난 이토 히로부미는 일본군을 동원해 궁성을 포위한 공포 분위기 속에서 어전회의를 소집했다. 그러고는 고종이 불참한 가운데 을사오적(박제순, 이지용, 이근택, 권중현, 이완용)을 앞세워 '한국을 보호국으로 하는 조약'을 통과시켰다. 이른바 을사조약으로 한국의 외교권이 박탈되는 순간이었다. 12월 14일, 을사오적 중 한 사람인 이완용은 고종에게 각국에 주재하고 있는 우리나라 공사들을 모두 즉시 소환할 것을 건의했다. 고종은 그렇게 하도록 윤허할 수밖에 없었다.

이 소식은 순식간에 삼천리 방방곡곡으로 퍼져나갔다. 배성들은 분노와 울분을 참을 수 없었다. 종로의 상인들은 가게 문을 닫았고, 학교도 문을 걸어 잠갔으며, 집집마다 통곡하는 소리가 들렸다. 1905년 11월 20일, 《황성신문》 사장이자 주필인 장지연은 유명한 논설 〈이날에 목 놓아 통곡하노라是日也放聲大哭〉를 써서 울분을 토했다.

위로는 고위직 관리부터 아래로는 기생에 이르기까지 을사조약의 부당성에 항의하는 배일운동이 일어났다. 진주 기생 산홍山紅은 조약 체결에 앞장선 이지용이 자신을 첩으로 삼으려 하자, "세상 사람들이 모두 대감을 을사오적의 우두머리라고 하는데, 내 비록 천한 기생이나 어찌 역적의 첩이 될 수 있겠소"라며 거절했다. 을사오적의 처단을 요구하는 상소문도 전국 각지에서 끊임없이 올라왔다.

을사조약의 이면, 제국주의 열강의 뒷거래

망국의 군주가 될 운명에 처한 고종은 자괴감으로 잠을 이루지 못했을 것이다. 11월 22일 고종은 황실 고문이자 선교사인 미국인 헐버트에게 을사조약이 일본의 위협과 강요의 결과 체결되었다는 사실을 미국 정부에 전해달라고 부탁했다. 고종은 주한 미국 공사 안렌에게도 1만 달러를 주며 미국의 유능한 변호사를 찾아가 조약의 불법성과 부당성을 미국 정부와 일반에 널리 알려달라고 부탁했다.

그러나 이러한 시도는 버스가 떠난 뒤에 손 흔드는 격이었다. 러일전쟁에서 승리한 일본은 이미 포츠머스 조약이 체결되기 한 달 전인 1905년 7월 27일 미국 시어도어 루스벨트 대통령이 파견한 육군 장관 태프트William Taft와 일본 총리 겸 외상 가쓰라 타로桂太郎 사이에 이른바 가쓰라 태프트 밀약을 체결해두었다. 일본은 이 조약을 통해 필리핀에서 미국의 지배권을 인정하는 대가로 한국을 일본의 세력권으로 편입하는 데 대한 미국의 동의를 얻을 수 있었다.

을사조약 체결 전에 일본이 깔아둔 포석은 여기에 그치지 않았다. 8월 12일 일본은 영국과 제2차 영일동맹을 체결해 한국에 대한 일본의 지배권을 승인받았다. 을사조약이 체결되기 직전인 1905년 9월 5일, 러시아는 포츠머스 조약을 통해 한국에 대한 일본의 보호권을 승인했다. 포츠머스 조약이 체결된 직후 미국의 시어도어 루스벨트 대통령*은 일본이 한국의 외교권을 인수하는 데 아무런 이의가 없다고 말했다. 이렇게 일본은 영국, 러시아, 미국 등 열강으로부터 한국에 대한 독점적 지배권을 이미 인정받았던 것이다.

1905년 9월 시어도어 루스벨트 대통령의 딸인 앨리스 루스벨트Alice Lee Roosevelt Longworth는 육군 장관 윌리엄 태프트를 따라 한국, 일본, 중국, 필리핀 등의 순방에 나섰다. 앨리스 루스벨트는 중국에서는 서태후를 만나 동아시아 정세를 논의하고, 일본에서는 메이지 천황과 즐겁게 이야기를

---

* 그는 포츠머스 조약을 잘 중재해 평화를 이루었다는 공적을 인정받아 미국인으로서는 처음으로 노벨평화상을 수상했다. 그러나 그의 중재안은 실제로는 미국의 필리핀 지배와 일본의 한국 지배를 주고받은, 제국주의 열강 간의 이해를 바탕으로 한 거래에 불과했다.

고종이 내어준 가마를 타고 행진하는 앨리스 루스벨트

나누고 사진 촬영을 했다. 그녀는 순회 일정 중에 한국을 경유해 고종을 접견했다. 이미 7월 29일 미국과 일본 사이에 가쓰라 태프트 밀약이 체결된 사실도 모른 채, 고종은 지푸라기라도 잡는 심정으로 앨리스 루스벨트를 극진히 대했다. 고종은 자신의 가마를 친히 앨리스에게 내어주고 성대한 만찬을 베푸는 등 열과 성을 다했다.

9월 29일 서울을 출발한 앨리스는 일본으로 향하면서 회고록에 다음과 같은 기록을 남겼다. "환송회견장에서 황제(고종)와 황태자(순종)는 각각 자신들의 사진을 건네주었다. 황제는 황제다운 존재감이 없었고 매우 슬퍼 보였다. 나라가 이미 일본의 수중에 넘어가고 있었고, 궁을 출입하는 일본군 장교들은 민첩하고 유능해 보였다."

주한 미국 공사를 역임한 알렌은 회고록에서 러일전쟁에서 승리한 일본을 다음과 같이 높이 평가했다. "일본은 1882년 임오군란에서 청나라에게 밀린 후 10년의 와신상담 끝에 마침내 1894년 청일전쟁에서 청나라를 물리칠 수 있었다. 그러나 러시아 등 열강의 삼국 간섭으로 중국으로부터 후퇴하게 되자 다시 10년의 오랜 인고와 준비 끝에 결국 러시아에 승리할 수 있었다." 반면에 조선에 대해서는 다음과 같이 비판했다. "조선은 스스로 운명을 개척하지 못하였으며, 충고를 들으려 하지도 않았다. 오히려 열강에 의지하려다가 스스로 열강의 침입을 자초하였다."

'약소국에게 외교는 없다'라는 격언은 제국주의 열강의 침입 속에 풍전등화의 운명에 처한 대한제국에 딱 어울리는 말이었다. 11월 17일 을사조약이 체결되고 대한제국의 외교권이 박탈되자 미국은 가장 먼저 주한공사관을 철수하고 국교를 단절했다. 그해 겨울에는 유난히 을씨년스러운 날이 많았다.

6
손기정 선수의 여정 속 압록강철교

국제철도와 연계된 압록강철교

철도를 통해 유라시아를 하나의 경제권으로 연계하려는 '철의 실크로드'가 뜨거운 이슈로 부각되고 있다. 그런데 이러한 구상은 엄연한 과거의 역사적 사실이기도 하다. 경부철도와 경의철도가 중국 철도를 거쳐 시베리아철도와 연계해 유럽으로 나아가는 노선은 압록강철교가 없이는 불가능했다. 이는 1936년 베를린 올림픽에 참가했던 손기정 선수의 여정을 통해 분명히 드러난다.

손기정 기념재단은 손기정 선수의 유품을 정리하던 중 베를린 올림픽 참가 당시의 기차표를 발견했다. 이 기차표의 뒷면 맨 위에는 손글씨로 '382番 孫基禎'이라고 적혀 있는데, 382번은 베를린 올림픽에 참가한 손기

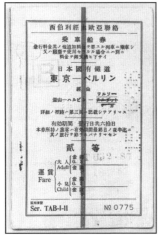

시베리아를 거쳐 베를린으로 간 손기정 선수의 기차표 앞면과 뒷면. 손기정기념관 소장.

정 선수의 등번호였다. 일본철도원이 발행한 이 기차표에는 '시베리아 경유 유라시아 연계 승차선권' 2등석, 요금 32.87$로 선명하게 표기되어 있다. 열차의 행선지는 '도쿄-베를린'으로 되어 있으며, 부산, 하얼빈과 폴란드의 바르샤바가 경유 역으로 적혀 있다.

손기정은 도쿄에서 기차를 타고 시모노세키로 가서, 관부연락선으로 부산에 이른 후 경부철도에 탑승했다. 이 철도는 경성역을 지나 경의철도를 거쳐 손기정의 고향인 신의주를 지나 압록강철교를 넘어 안동(현재의 단동)에서 봉천(현재의 심양) 간을 운행하는 중국의 안봉철도를 거쳐 남만주철도로 연결되었다. 이후 하얼빈을 지나 중·소 국경에 위치한 치타역에서 시베리아횡단철도와 접속한 후 모스크바, 바르샤바를 거쳐 베를린에 도달하는 장거리 여정이었다.

손기정이 가지고 있던 기차표에는 '시베리아 경유 유라시아 연계 승차선권'이라고 명확히 기재되어 있듯이 열차편과 배편을 결합시킨 국제철도의 승차표였다. 관부연락선의 본래 명칭은 '관부철도연락선'으로 일본철도 원이 관할하고 있었다. 이 여정에서 알 수 있듯이 관부연락선과 압록 강철 교는 일본 본토로부터 한반도를 거쳐 만주와 중국, 나아가 러시아, 유럽으로 연결되는 국제철도 네트워크를 구성하는 불가결한 요소였다.

식민지 한국의 두 청년이 이룬 쾌거

손기정은 평안북도 신의주 출생으로 16세 되던 해에 중국 단동에 있는 회사에 취직했는데, 매일 신의주-압록강철교-단동에 이르는 20리 길을 달려서 출퇴근했다고 한다. 1932년 신의주 제2회 경영마라톤대회에 참가해 2위를 차지하면서 육상 명문으로 알려진 양정고보에 입학했다. 베를린 올림픽에 손기정과 함께 참가한 남승룡도 양정고에 다닐 때 하숙비가 모자라 전차비를 아끼느라 혜화동에서 경성역 뒤에 위치한 학교까지 뛰어다녔다고 회고했다. 두 사람이 이룬 베를린 올림픽의 쾌거는 암울한 식민 지배 아래 신음하던 우리 민족에게 일대 낭보를 선사했다.

베를린 올림픽에 임한 손기정의 마음은 1936년 1월에 표현한 감회에 잘 드러나 있다. 그는 베를린 올림픽이 개최되기 전 해인 1935년 3월 21일 일본에서 개최된 도쿄 신궁神宮 마라톤 대회에서 대회 신기록을 세우며 우승을 차지했다. 당시의 우승에 대해 손기정은 다음과 같이 감회를 표현했다.

지난 3월 21일 도쿄에서 열리었든 신궁경기대회神宮競技大會에서 나는 일본 내지에서 유명한 모든 선수들을 물리치고 우승하였을 때였습니다. 경기운동장 한쪽 구석에서 수많은 사람 속에 싸여서 환호와 갈채를 받던 그 순간의 일이었습니다. 나는 어쩐지 마음 한 구석에 서운하고 쓸쓸한 생각이 일어나며 나도 모르게 저절로 눈물이 분명히 내 눈썹에 어리어져 나옴을 깨달았습니다. 물론 이 말을 듣는 여러분은 너무나 기뻐서 솟아 오르는 눈물이어니 생각하실 분들도 계시리다마는, 그때의 내 가슴속에는 어쩐지 기쁨보다는 슬픔이 더 많이 용솟음쳤던 것이 사실입니다. 그 이유는 내가 이 자리에서 구구히 말하고 싶지도 않습니다마는, 구태여 말한다고 하면, 나도 상상하던 바 뜻밖에 호기록을 내어 기뻤던 것도 사실이었습니다마는, 이러한 예상 이외의 기록을 깨뜨리고 제자리에 돌아왔을 때, 내 눈앞에는 많은 신문사 기자들이 와서 감상을 말하라거니, 어떤 사람들은 싸인을 받아가기도 하고 카메라를 돌리기도 하였습니다. 모든 주위의 환호는 나에게 있어 무상의 영광이오, 기쁨뿐이었습니다. 그러나 그 많은 군중들 가운데서 나는 한 사람의 조선말 하는 사람을 못 대해 보았습니다. 나는 여기에서 쓸쓸한 느낌을 가지게 되었습니다.[1]

베를린 올림픽이 개최되기 직전인 1936년 5월 21일 도쿄의 신궁 경기장에서 올림픽 마라톤 대표로 파견하기 위한 최종 선발전이 개최되었다. 그 결과 올림픽 출전권이 주어지는 3명 안에 손기정과 남승룡이 포함되었다. 당초 일본육상연맹은 일본인 위주로 팀을 편성할 심산이었으나, 울며 겨자 먹기로 한국인 2명을 포함시키지 않을 수 없었다. 선수단은 적응 훈련을 위해 미리 6월 1일 열차편으로 도쿄를 출발하여 유라시아철도를 통해 6월 17일 아침 최종 목적지인 베를린에 도착했다. 보름여 만에 현지에 도착하자, 마중 나온 일본대사관 직원은 왜 한국인이 2명이나 포함되었냐며 투덜거렸다.

1936년 8월 9일에 개최된 제11회 베를린 올림픽 마라톤 대회에서 손기정은 2시간 29분 19초의 올림픽 신기록을 세우고 우승했으며, 남승룡은

3위로 동메달을 획득했다. 심훈은 손기정의 올림픽 우승 소식을 당일 급보로 전해 듣자마자 감격에 겨워 바로 붓을 들고는 8월 10일 새벽에 원고를 완성하여 《조선중앙일보》에 〈오오 조선의 남아여! 마라톤에 우승한 손남 양군孫南兩君에게〉라는 글을 발표했다.

그대들의 첩보를 전하는 호외 뒷장에 붓을 달리는 이 손은 형언 못할 감동에 떨린다. 이역의 하늘 아래서 그대들의 심장 속에 용솟음 치던 피가 이천삼백만의 한 사람인 내 혈관 속을 달리기 때문이다. 오늘밤 그대들은 꿈 속에서 조국의 전승을 전하고자 마라손 험한 길을 달리다가 절명한 아테네의 병사를 만나보리라. 오오 나는 외치고 싶다. 마이크를 쥐어잡고 전 세계의 인류를 향해 외치고 싶다. 인제도, 인제도 너희들은 우리를 약한 족속이라고 부를 터이냐.[2]

손기정과 남승룡은 일본 선수단이 개최한 우승 축하연에 참석하지 않고, 한국인들끼리 몰래 축승회를 열었다. 축승회를 준비한 사람은 베를린에서 두부 공장을 운영하며 독립운동을 후원하던 안봉근*이었다. 그는 당시 독일의 방송국에서 베를린 올림픽 마라톤 대회에서 우승한 손기정과 남승룡의 국적을 일본이라고 소개하자, 직접 방송국을 찾아가 두 사람

---

* 안봉근은 안중근 의사의 사촌동생이다. 안중근의 백부인 안태진은 슬하에 아들 셋을 두었는데, 장남이 바로 안봉근이었다. 안봉근은 1891년 5월 1일 황해도 해주에서 태어났으며, 일찍이 가톨릭 세례를 받았다. 1914년 4월 성당 신부가 프랑스, 독일에서 성금을 모금하기 위해 출국할 당시 함께 독일로 갔다. 독일에서 전기공학을 공부한 후 1920년에 베네딕트회 소속 신부의 도움으로 독일에 망명할 수 있었다. 일본 경찰의 추적을 피하기 위해 한봉근韓奉根이라고 개명하고 영어 이름도 'Fonken Han'이라고 바꾸었다. 이후 베를린에서 독일 여성과 결혼해 콩나물을 키우고 두부를 만들며 생계를 유지했다.

이 한국인이라고 정정을 요청하기도 했다.

축하 파티에 차려진 음식은 김치와 두부에 불과했지만, 벽에 태극기가 걸려 있어 분위기가 자못 엄숙했다. 손기정은 "이때 나는 평생 처음으로 태극기를 보았다. 선명한 색깔로 나뉜 음과 양, 그리고 태극을 감싼 괘, 저 것이 태극기로구나. 우리의 깃발이로구나. 온몸에 뜨거운 전류가 흐르는 듯 나는 몸을 부르르 떨었다"고 회고했다.

압록강 철교 부설을 밀어붙인 일본

손기정 선수가 베를린에 갈 때 경유한 압록강철교는 어떻게 가설되었을 까? 1909년 일본내각회의는 '한국병합에 관한 건'을 의결했다. 이 안건의 제3조는 "한국 철도를 일본철도원의 관할로 편입시키고, 일본의 감독하 에 남만주철도와 긴밀히 연계시켜 일본과 대륙 철도의 통일 및 발전을 도 모한다"라고 명시했다. 즉 일본 철도를 한국 철도를 매개로 대륙 철도와 연계하기 위한 정책을 강제병합 전 해에 이미 의결한 것이다.

압록강철교가 가설되기 전에 한국과 만주 지역 간의 물류 유통은 주로 압록강 양안 간의 수운을 통해 이루어지고 있었다. 그런데 선박에 의한 물류 유통은 자연지리, 기후 때문에 장애를 겪을 때가 많았다. 압록강은 통상 7월 초순부터 8월 하순까지 우기에 해당되어 홍수가 빈번했다. 이때 목재나 가옥 등이 유실되어 떠내려오는데, 유속이 매우 빨라 선박의 운행 이 어려웠다. 또한 매년 12월 초순부터 다음 해 3월 말까지는 동계의 결빙 으로 인해 선박의 운행이 불가했다. 이 밖에도 결빙기와 해빙기를 전후한 각각 10일 동안에는 거대한 유빙이 떠다니며 흘러 내려오는데, 서로 부딪 쳐 깨지는 소리가 천지를 뒤흔들 정도였다. 이렇듯 1년 중 절반 정도는 사 실상 선박을 운행하기 어려운 실정이었다.[3] 따라서 한중 국경 간 화물 운송의 안정성을 기하기 위해 철교의 가설과 직통 철도의 부설이 반드시 필요했던 것이다.

이러한 이유에서 조선총독부는 "경의선 철도를 부설하였으나, 이 철도의 종단인 압록강은 만주와 한국 간의 교통에 다대한 장애가 될 뿐 아니라, 안동현과 봉천 간의 철도 부설을 통해 유럽과 아시아 교통을 연계하는 정책에 일대 장애가 되고 있다. 따라서 하루라도 조속히 압록강철교를 부설해야 한다"라고 주장했다.[4]

1905년에 일본은 압록강철교를 가설하기 위한 제반 계획을 수립하고, 하저 지질 조사, 수심 측량, 유수량 관측 등을 실시한 결과를 바탕으로 철교의 설계도 및 예산서를 작성하여 일본참모본부에 제출했다. 이후 일본 정부는 압록강철교의 부설 방법과 관련하여 세 가지 방안을 마련하여 심의에 부쳤다.

첫 번째, 단선 철도교로 가설한다.
두 번째, 복선 철도교로 가설하고, 이 중 한 선로를 인도로 대용한다.
세 번째, 단선 철도의 양측에 인도를 가설한다.[5]

이 가운데 첫 번째 방안은 사람의 왕래를 위해 인도교를 별도로 가설해야 하는 필요성으로 말미암아 반대에 직면했다. 두 번째 방안은 후일 열차의 왕래가 증가하여 복선의 필요성이 대두될 경우 바로 이에 대응할 수 있어 편리한 반면, 거액의 예산과 오랜 시일이 소요되어 바람직하지 않다는 의견이 제기되었다. 세 번째 방안은 가설 비용이 적지 않지만 후일 복선이 필요할 경우 인도의 폭을 늘려 복선화할 수 있으며, 경비도 두 번째 방안보다 저렴하다는 점이 긍정적으로 고려되었다. 이러한 이유에서 세 번째 방안으로 철교를 가설하기로 결정했다.

더욱이 압록강철교는 유빙과 홍수의 압력에 견딜 수 있도록 견고하게 가설되어야 했다. 이에 따라 교각의 기초를 모두 철근 콘크리트로 통을 만들어 땅속에 묻고 기초를 시공하는 잠함공법潛函工法으로 가설하기로 계획을 수립했다. 이를 위해 먼저 평균 50척에 달하는 견고한 지반 위에 통형 상자 구조물을 침하시켜 여기에 '이형 연와석煉瓦石'*을 채워 넣고, 상부 5-6척은 단단한 석재를 사용하여 축조한 후 틈새를 콘크리트로 메웠다. 상부는 반원형의 아치형 곡면 구조로 연결한 후 교각을 축조했다.[6]

압록강철교는 당초 고정식 철교로 설계되었으나, 이후 설계를 변경하여 개폐식 철교로 가설했다. 북경 주재 미국 공사와 영국 공사가 일본 공사에게 철교의 가설 지점이 안동 시가 및 각국 거류지의 하류에 위치하고 있어 이곳을 출입하는 선박에 지장을 초래할 우려가 크다며 철교를 개폐식으로 변경해 달라고 요청했기 때문이다. 이 의견을 존중하는 취지에서 일본 정부는 1909년 3월 설계 변경을 완료하고, 1909년 8월에 가설 공사에 착수해 1911년 11월에 완공하기에 이르렀다. 11월 1일 조선과 만주의 관계자들이 모여 먼저 압록강 남안에서 성대한 개통식을 거행한 후 다시 안동에서 남만주철도주식회사가 개최한 기념식을 거행했다.

회전교는 평일 오전과 오후에 한 차례씩 직각으로 열렸으나, 풍속 25미터 이상일 경우에는 회전을 중지했다. 회전교를 개폐하기 위해 12마력의 석유 발동기를 설치했으나 45도로 회전하여 개폐하는 데 불과 2~3분이 소요되었기 때문에 안전을 위해 수동으로 개폐하는 것으로 변경하고 발동기는 예비 동력으로 삼았다.[7]

---

* 규격이 일률적으로 정해진 형태의 치수가 아닌 아치형, 방사형 등 특수 용도의 벽돌.

개폐식으로 가설된 압록강철교. 압록강철교는 영국과 미국 측의 요구에 따라 당초의 설계를 변경하여 개폐식으로 완성되었다. 배가 지나갈 때가 되면 옆으로 돌아 철교가 열려 통행이 가능하도록 했다.

국제철도 네트워크를 염두에 둔 압록강철교 가설

압록강철교 가설에는 안봉철도의 개축이 전제되어 있었다. 안봉철도는 러일전쟁 중 일본이 군사적 목적에서 부설한 안동과 봉천을 연결하는 경편철도*였다. 일본은 중국 정부를 압박하여 기존의 협궤로 부설된 안봉철도를 한반도 철도 및 중국 철도와 상호 연계할 수 있는 표준궤로 개축할 수 있도록 허가를 받아냈다. 안봉철도가 개축되고 압록강철교가 완공된 1911년 10월 이후 신의주와 안동 양 지역에 일본과 중국이 각각 세관을 설치하여 필요한 수속에 착수했다.

　대륙 침략을 염두에 둔 일본의 한반도 철도 구상은 몇 년에 걸쳐 현실화되고 있었다. 1899년 제물포-노량진 구간의 경인철도가 부설된 후 이듬

---

* 철도 궤간이 762밀리미터로 표준궤보다 좁고, 소형 기관차나 차량을 운행할 수 있는 규모가 작고 간단한 철도를 가리킨다. 부설비나 운행비가 적게 들지만 속도가 상대적으로 느리고 안전도도 높지 못하다. 교통량이 적은 지방 철도나 전쟁 철도 등의 용도로 많이 부설되었다.

한국 철도와 국제철도의 연결[8]

일시	국제철도
1908년 4월 1일	경부선과 관부연락선의 연결(도쿄-시모노세키-부산)
1911년 11월 1일	부산-봉천 직통운전 개시(일본-한국-만주 간의 철도 연결)
1913년 6월 10일	한국과 시베리아 경유 유럽 주요 도시와 여객, 수하물 연계 운송 개시
1934년 11월 1일	부산-봉천(심양) 간 노조미호 부산-신경(장춘) 간 히카리호 직통 급행열차 신설
1939년 11월 1일	부산-북경 간 직통 급행열차 흥아호 신설

해인 1900년 노량진-남대문역 구간이 완성되었다. 또한 1905년 1월 경부철도가 완성된 데 이어 1906년 4월 경의철도가 완공되어 운행되었다. 일본은 1911년 압록강철교의 완공을 통해 마침내 신의주와 만주의 안동을 연결했다. 이로써 1905년 시모노세키와 부산을 연결하는 관부연락선이 개통된 지 6년 만에 일본과 한반도, 대륙을 연결하는 철도 네트워크가 완성된 것이다.*

일제는 부산-봉천 구간에서 직통 급행열차를 운행하기 시작했다. 1932년 3월 1일 만주국이 수립된 후 일본과 만주, 대륙을 연결하는 한반도의 철도는 일본에게 더욱 중요한 의미를 갖게 되었다. 일제는 1933년 4월 1일 조선과 일본 사이의 교통 소요 시간을 단축하기 위해 부산-시모노세키

---

* 일본 철도는 근대화와 산업 개발에 크게 기여했고, 제2차 세계대전을 통해 전쟁을 수행하는 철도로서의 성격이 강화되었다. 한국 철도는 일본과 대륙을 연결하는 지정학적 위치로 남북 종관철도가 우선 부설되어 대륙과의 연결 통로 역할을 했다. (이용상, 정병헌, 〈한국, 일본, 만주의 철도현황 비교연구: 1920년대 중반 일제강점기를 중심으로〉, 《한국 철도학회논문집》 18권 2호, 2015, 160쪽).

구간을 취항하는 관부연락선의 운항 시간을 단축했다. 이와 함께 부산발 만주행 급행열차의 속도를 향상시켜 부산-안동 구간에서 2~4시간 정도 시간을 단축할 수 있었다. 그 결과 도쿄에서 신경(장춘)에 이르는 철도 네트워크의 운행 소요 시간을 이전보다 10~12시간 줄여 55시간에 주파할 수 있게 되었다.[9]

이는 국제철도 네트워크를 구성하는 데 압록강철교의 가설이 얼마나 중요했는지를 말해준다. 압록강철교가 완공된 후 비로소 열차가 한국과 안동 사이를 직통 운행할 수 있게 된 것이다. 압록강철교의 완성은 일본 철도-관부연락선-경부철도-경의철도-압록강철교-안봉철도-남만주철도-중동철도-시베리아횡단철도의 연계를 통해 러시아, 유럽으로 나아갈 수 있는 철도 네트워크를 구축하는 시발점이 되었다. 일본은 이를 바탕으로 대륙 침략 정책에 본격적으로 뛰어들게 된 것이다.

7
관부연락선과 국제철도 네트워크

선박과 수상 운수에 나타난 변화

근대는 전기, 철도, 전차, 기선 등 문명의 이기로 한국인들에게 성큼 다가섰다. 그러한 가운데 선박과 수상 운수에서도 큰 변화가 나타났다. 전통시대 수상 운수에서는 조운선과 황포돛단배, 나룻배, 뗏목 등이 여객과 화물을 실어 나르는 주요 교통수단이었다. 구한말 이후 한강, 압록강, 대동강, 금강, 낙동강 등에 기선이 나타났다. 국내 연안 해운의 운송을 위해 부산과 울릉도 사이와 목포와 제주도 사이에서는 1000톤 내외의 기선이 운행되었다.

국제 해운 노선으로 대표적인 것이 바로 부산에서 일본 시모노세키下關 사이 구간을 운행하는 관부연락선이었다 이 밖에도 신의주를 출발하여 서해안을 거쳐 인천과 부산에 이르거나, 웅기를 출발하여 청진, 나진, 원산을 거쳐 부산으로 가는 기선이 있었다. 부산에서 출항한 기선은 다시 일본 각지로 연결되었다.

이와 함께 중국의 천진, 대련을 출발한 기선이 신의주, 진남포, 인천을 거쳐 일본으로 향했고, 상해, 청도를 출발한 기선은 인천, 마산, 부산을 거쳐 일본 각지로 연결되었다. 선박 내부에 식당과 침대 등 최신의 시설을 갖춘 1000톤에서 3000톤에 이르는 대형 기선이 쉬지 않고 승객과 화물을 실어 날랐다.

경부철도와 일본 철도의 연계 고리, 관부연락선

관부연락선은 하관下關(시모노세키)의 '관'과 부산의 '부'를 따서 붙여진 명칭이다. 러일전쟁에서 승리한 일본은 포츠머스 조약을 통해 러시아로부터 한국에 대한 배타적 지배권을 승인받았다. 그 직후인 1905년 9월 25일 취항을 시작한 관부연락선은 대륙 경영을 기치로 한 일본인에게 중요한 통로가 되었다. 이 경로를 통해 수많은 일본인이 한반도로 쏟아져 들어왔다.

최초로 이 노선을 운행한 관부연락선은 대기환臺岐丸(이키마루)으로 1692톤에 달했다. 일본 선박의 명칭에는 메이지明治 33년(1900년)에 제정된 '선박 취급에 관한 수속'이라는 법령에 따라 일률적으로 환丸(마루)이 붙었다. 뒤이어 11월 5일에 1691톤의 대마환大馬丸(쓰시마마루)이 취항하고 매일 1회 부산과 시모노세키항을 운항했다. 일본은 약 40년 동안 총 13척의 연락선을 운항했고, 필요에 따라 임시 배편을 편성하기도 했다.

관부연락선의 명칭을 살펴보면 처음에는 일본의 섬 이름을 사용했으나, 이후 점차 한국의 지명이나 왕조의 명칭으로 확대되더니 마지막에는 중국의 지역 명칭으로 확대되었다. 최초로 현해탄을 운행한 이키마루와

쓰시마마루의 명칭은 모두 현해탄 부근의 일본 섬에서 따온 것이다. 1913년
에 취항한 연락선은 우리나라의 왕조 명칭에서 따와 각각 신라환과 고려
환이라는 명칭이 붙었다. 1923년에 운항한 경복환, 창경환, 덕수환은 왕궁
명칭에서 따온 명칭이다. 1936년에는 금강산에서 이름을 따온 금강환을
운항했다.

1937년 중일전쟁이 일어나 일본의 대륙 침략이 본격화된 후에는 관부
연락선이 점차 중국 지명으로 이름 붙여졌다. 1937년 취항한 흥안환은 만
주의 흥안령산맥에서 따왔고, 1942년에는 중국 천산산맥에서 따온 천산
환, 그리고 1943년에는 곤륜산에서 따온 곤륜환을 취항했다.[1]

일본은 경부철도주식회사를 창설하여 한국 정부로부터 경부철도 부
설권을 획득하고, 1901년 8월 20일 영등포에서 기공식을 거행했다. 1904년
12월 27일에 경부철도를 완공한 후 다음 해인 1905년 1월 1일 전 구간을
개통했다. 그리고 같은 해 9월에 부산과 시모노세키를 오가는 관부연락
선을 개통하여 경부철도와 일본 철도가 상호 연계 운수를 실시할 수 있
게 된 것이다. 뒤이어 1906년 4월 3일 서울 용산과 신의주를 연결하는 경
의선이 개통되면서 부산-신의주 간 직통열차의 운행이 시작되었다. 이와
함께 1906년 6월 29일 일제는 통감부 철도관리국을 설치하여 한국 철도
망을 국유화했고, 이에 따라 경부철도주식회사는 1906년 6월 30일 해산
되었다.

관부연락선의 중요한 거점, 부산역

경의선 개량 공사와 압록강철교 가설 공사, 안봉철도 개축 등을 완료함으
로써 비로소 만주와 조선 사이를 직통으로 연결할 수 있는 조건이 마련되
었다. 그리고 1911년 준일협약이 체결되면서 남대문-장춘 구간에서 주 3 회

에 걸쳐 직통 급행열차의 운행이 시작되었다.

일본 철도와 경부철도를 잇는 관부연락선은 일본과 한반도, 만주와 중국 대륙, 나아가 시베리아철도와 연계하여 유럽으로 나아갈 수 있는 국제철도 네트워크에서 빠질 수 없는 한 구간이었다. 관부연락선은 도쿄와 고베를 잇는 산요선山陽線, 도카이도선東海道線을 시발점으로 일본과 한반도, 만주, 대륙, 유럽으로 나아가는 철도 네트워크의 주요한 구간이 되었다.

관부연락선이 운행되고 철도를 통해 일본과 한국, 만주와 러시아, 유럽이 연계되는 철도 네트워크가 만들어진 후 부산은 국제철도의 출발점이자 관부연락선이 도착하는 중요한 거점 역으로 떠올랐다. 국제철도 네트워크의 요충으로서 부산의 중요성이 부각되면서 당연히 부산역을 신축해야 한다는 요구가 대두했다.

이에 따라 1907년 부산역의 신축에 착수하여 1910년 3월 30일 건평약 355평, 2층 225평의 새로운 역사를 준공하고, 1910년 10월 30일 낙성식을 거행했다. 역사의 외벽은 붉은 벽돌로 조성했고, 실내에 철도 안내자 대기실, 구내매점, 티켓 발매소, 대합실, 서양식 변소, 개찰구 등을 두었으며, 2층에는 철도호텔, 매품실, 식당 배선실과 욕실, 화장실을 설치했다. 1912년부터는 부산역 내 철도호텔을 개업하고 철도국 직영으로 운영했다.[2]

부산이 해양 일본과 대륙 중국을 연결하는 교통의 요충지로 발전하면서, 경부선의 정차역인 초량과 부산진, 구포가 크게 발전했다. 부산역 주변에는 부산세관, 부산우체국 등 공공시설이 속속 들어섰고, 부산역 역사 내에는 화폐교환소, 파출소, 전화소 등이 설치되었다.[3] 1910년만 해도 부산의 무역량은 인천과 거의 비슷했으나, 1939년에는 국내 전체 무역량에서 부산이 차지하는 비중이 31퍼센트에 달했다. 이러한 부산의 발전은 화물 발착의 종단항인 동시에, 일본의 경제권과 가까운 지리적 특성의 결과

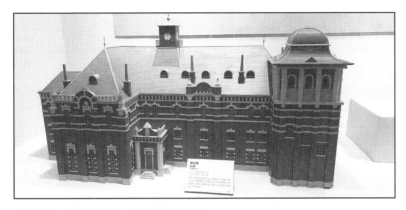

경부선의 출발역인 부산역의 모형. 철도박물관 소장.

라 할 수 있다.[4]

　부산역의 신축과 더불어 해양과 육지를 연결하는 부산항만의 제반 설비도 새롭게 조성되었다. 1905년 관부연락선이 취항을 시작하면서 경부선의 종착역인 부산역에서 선로를 연장하여 부산 제1부두까지 잔교를 설치하고 열차와 선박의 연계를 도모했다. 승객과 화물의 이동 양이 해마다 증가함에 따라 통감부 내무국은 대형 잔교와 돌제[*]공사를 시행하여 1912년 10월 완공함으로써 바다와 육지 간의 연계에 편의성을 높였다. 1913년 4월에는 돌제 위에 철골 구조물을 가설하여 건물 안에 창고와 대합실, 역장 및 귀빈실을 설치함으로써 해상과 육상 간 연락 설비가 완성되었다.[5] 당시 관부연락선을 타고 부산에 도착한 일본 여행객은 부산항과 잔교 앞의 풍경을 다음과 같이 기록했다.

---

* 　바닷물과 함께 흘러드는 흙모래의 유입을 막기 위한 목적으로 해안에서 직각 방향으로 설치하는 구조물

잔교의 문을 나오니 지게를 짊어진 조선의 아이가 죽 늘어서 있다. 젊은 사람도 있다. 닳고 더러운 조선풍의 옷이 헐렁하여 바람에 펄럭거리고 먼지를 쓴 머리카락은 쑥처럼 되어 있다. 정거장에 가는 길에도, 정거장에도 그런 사람들이 많이 어슬렁거리고 있었다.[6]

이후 부산-시모노세키 간의 여객과 화물 수량이 해마다 늘어나 제1잔교만으로 방대한 물류를 감당할 수 없자, 제2잔교를 건설하기 위한 공사에 착수해 1917년에 완공했다. 1918년 3월에는 잔교 위까지 철도 선로를 연장했다. 1919년에는 세 차례에 걸쳐 반입선 증설 공사를 시행하는 한편, 선로의 배치를 조정하여 선박과 철도를 연계하는 화물과 여객을 각각 별도의 동선으로 처리했다.[7]

일본에서 유럽까지 이어진 철도 네트워크

1912년 6월 15일 일본철도원은 일본 국내철도 노선인 시모노세키-신바시 간 열차를 신설하고, 이에 맞추어 부산-시모노세키 연락선의 운항 시각도 조정했다. 이와 동시에 열차 운행 구간을 부산-장춘 구간으로 변경하고, 전체 노선에 걸쳐 열차 운행 시간도 조정했다. 당시 평균 시속 49킬로미터로 달리던 열차는 부산-안동 간 19시간 20분, 부산-장춘 간을 33시간 50분에 주파했다.[8]

1914년 11월 1일에 일본과 만주, 러시아 여객 및 수하물을 시베리아를 경유해 유럽과 연결할 수 있는 길이 열렸다. 그러나 제1차 세계대전의 영향으로 아시아-유럽 간 연결이 일시 중단되기도 했다. 1927년 아시아-유럽 연결 노선이 부활되고 1932년 만주국이 세워지고 대륙의 치안이 회복되면서 일본과 대륙을 연결하는 요충으로서 한반도 철도의 역할이 더욱

주목받게 되었다.

부산과 시모노세키 구간을 운행하기 위해 이전보다 속도가 빠른 신형의 경복환, 덕수환 등이 1922년 5월부터 1923년 3월에 걸쳐 취항하면서, 이를 계기로 조선과 일본, 만주 철도를 운행하는 열차의 속도를 향상시키기 위해 운행 시각을 조정했다. 관부연락선의 고속 운항이 가능해지면서 1923년 7월 조선-만주 간을 운행하는 열차의 운행 시각도 변경되었다.

일본의 오랜 염원이었던 부산-봉천(심양) 구간의 직통 급행열차 왕복 운행을 부활시키는 동시에 열차의 속도를 향상시켜 도쿄-봉천 구간의 총 소요 시간을 약 8시간 단축할 수 있었다. 1924년에 들어 부산-시모노세키 간 연락선의 야간 이용객이 증가하면서 경성-부산 간을 운행하던 급행열차를 5월 1일부터 봉천까지 연장했다.

1932년 3월 1일 만주국이 수립된 후 일본과 만주, 대륙을 연결하는 한 반도의 철도는 한층 중요한 의미를 갖게 되었다. 1933년 4월 1일 일본철도성은 한국과 일본 사이의 교통 소요 시간을 단축하기 위해 부산-시모노세키 구간을 취항하는 관부연락선의 운항 시간을 단축했다.

이와 함께 부산에서 관부연락선과 열차의 연결 시간을 종래의 1시간 40분에서 40~50분으로 단축했다. 또한 부산발 만주행 급행 여객열차의 속도를 경부선과 경의선에서 선로 강도가 허용하는 한 향상시켜 이전에 비해 부산-안동 구간에서 2~4시간가량 운행 시간을 단축했다. 그 결과 도쿄-신경(장춘) 구간의 교통 소요 시간을 이전보다 10~12시간 단축된 55시간 만에 주파할 수 있게 되었다.[9]

관부연락선의 역할은 한일 간 열차의 운행 시간을 단축하는 데 그치지 않았다. 1936년 도쿄에서 기차를 타고 베를린까지 간 손기정 선수의 여정에서 알 수 있듯이, 관부연락선은 일본과 한국을 이어주며 유라시아철도의 한 구간으로서 역할을 수행하고 있었다. 소설 《관부연락선》에는 일본 시모노세키를 출발하여 부산, 경성, 신의주, 안동을 거쳐 만주, 러시아, 유럽으로 이어지던 국제철도 네트워크가 다음과 같이 묘사되어 있다.

> 부산항에는 혼잡을 이룬 사람들이 빚어내는 소란 위로 '봉천행 열차를 타실 손님은…' 하고 라우드 스피커가 울려 퍼졌다.
> 봉천행 열차라. 그렇지, 여기가 바로 대일본제국의 대륙에 이르는 관문이 아닌가. 대륙으로 뻗은 일본의 실력을 처음으로 실감했다는 놀라움이 섞여 있었다. 어디 봉천뿐인가, 여기서 시작해서 하르빈(하얼빈)으로도 가고 치타로도 가고 페테스부르크에도 가고 바르샤바에도 가고, 그리곤 베를린으로 해서 파리까지라도 갈 수 있지.[10]

1938년 조선총독부 철도국이 출판한 책에는 관부연락선에 대해 다음과 같이 기록되어 있다. "예전에는 파도가 잔잔했을 때조차 이틀간 항해했다고 하는데 오늘날에는 7시간 반밖에 안 걸리며, 아침과 저녁 두 차례에 걸쳐 정기편이 있어 교통이 한층 편리해졌다. 부산항에 도착하면 배는 선착장에 접안하는데, 배에서 내려서 수십 보만 걸으면 조선에서 만주로 가는 직통 급행열차가 기다리고 있다."[11] 이와 같이 관부연락선은 일본과 한반도, 만주를 잇는 철도 네트워크의 주요한 구간으로서 적극 활용되었다.

관부연락선 뱃길에 남은 슬픈 사연

관부연락선은 당시 한국과 일본을 잇는 유일한 교통수단이었다. 이 배편을 통해 수많은 사람과 화물이 오갔다. 자연히 이 길에는 헤아릴 수 없이 많은 사람들의 애환과 이야기가 고스란히 담겨 있다. 그중에서도 현해탄의 정사情死로 화제를 뿌린 윤심덕과 김우진, 그리고 〈사의 찬미〉*라는 노래를 빼놓을 수 없다.

사의 찬미

광막한 광야에 달리는 인생아
너의 가는 곳 그 어데이냐
쓸쓸한 세상 험악한 고해에
너는 무엇을 찾으려 하느냐
눈물로 된 이 세상에 나 죽으면 고만일까
행복 찾는 인생들아 너 찾는 것 설움

웃는 저 꽃과 우는 저 새들이
그 운명이 모두 다 같구나
삶에 열중한 가련한 인생아
너는 칼 위에 춤추는 자로다
눈물로 된 이 세상에 나 죽으면 고만일까
행복 찾는 인생들아 너 찾는 것 설움

허영에 빠져 날뛰는 인생아
너 속혔음을 네가 아느냐

---

* 〈사의 찬미〉는 우리나라 최초의 여류 소프라노 가수 윤심덕이 직접 가사를 쓰고 1926년에 레코드로 취입한 번안곡이다. 원곡은 루마니아 작곡가 이바노비치의 왈츠곡 〈다뉴브강의 잔물결〉이다. 이 노래는 윤심덕의 삶과 죽음을 운명적으로 암시하고 있으며, 식민지 시기 지식인들의 나약함을 그대로 부여주는 허무와 죽음의 찬미가이기도 하다.

세상에 것은 너에게 허무니

너 죽은 후는 모두 다 없도다

눈물로 된 이 세상이 나 죽으면 고만일까

행복 찾는 인생들아 너 찾는 것 설움

일제의 서슬이 퍼렇던 1926년 8월 3일 시모노세키를 출발한 관부연락선 '덕수환'이 다음 날 4일 새벽 4시경 쓰시마섬 인근을 지날 무렵 두 남녀가 부둥켜안은 채 현해탄의 검푸른 물결 속에 몸을 던졌다. 배는 4시간 가량 운항을 멈추고 인근을 샅샅이 수색했으나 종적을 찾을 수 없었다.

승객 명부에 남자는 전남 목포부 북교동 김수산(30세), 여자는 경성부 서대문정 2정목 273번지 윤수선(30세)으로 기록되어 있었다. 두 사람은 윤심덕과 김우진으로 밝혀졌다. 윤심덕의 호인 수선水仙과 김우진의 호인 수산水山으로 기록되어 있었던 것이다. 윤심덕과 김우진은 서로 사랑했으나 현실의 벽에 부딪혀 함께 자살했다. 이 사건은 일제에 억눌리고 봉건제도에 신음하던 한국 사회에 일대 파란을 불러왔다. 바로 다음 날《동아일보》,《조선일보》,《매일신보》등 각 신문은 앞다투어 이 사건을 '청년남녀 정사'라는 제목을 붙여 대대적으로 보도했다. 이후 비슷한 사건이 일대 유행처럼 한국 사회를 휩쓸었다.

윤심덕과 김우진의 이야기 속으로 한 걸음 더 들어가 보자. 윤심덕은 1897년 평양의 가난하지만 독실한 기독교 가정에서 태어났다. 그녀는 경성여자고등보통학교(현재 경기여고) 사범과를 우등으로 졸업하기까지 항상 찬송가와 창가 독창으로 주변을 압도했다.

소프라노 가수로 명성을 얻은 윤심덕은 1926년 7월 일본 오사카의 닛토日東레코드회사에서 음반을 취입했다. 한 달 후 윤심덕이 현해탄에서 생을 마감하자 이 음반은 그녀의 마지막 유품이 되어 불티나게 팔렸다. 당초 이 음반에는 총 26곡이 수록될 예정이었으나, 윤심덕이 〈사의 찬미〉를 포함하도록 요구하여 총 27곡이 수록되었다. 윤심덕의 지인은 이러한 행동으로부터 이미 그녀가 현해탄의 정사를 계획하고 있었던 것으로 회고했다.

> 닛토日東 레코-드에 취입할 곡목을 나와 정할 때 언니는 꿈에도 '사의 찬미'를 취입하자는 말씀은 하신 일이 없었지요. 시침을 딱 떼고 오사카까지 건너가서 급작히 조선말을 모르는 본사 문예부원을 속이고 슬그머니 '사의 찬미'를 취입하셨지요. 언니가 세상을 떠나시고 얼마 있다가 언니가 취입하신 레코-드의 시청반試聽盤이 나왔을 때 비로소 우리는 '사의 찬미'를 듯고 다시 한 번 우렀었습니다. 역시 계획적으로 정사를 한 게로구나. 도쿄를 떠날 제부터 정사할 프란은 있었구나.[12]

윤심덕은 공부뿐 아니라 요리 솜씨와 편물, 자수, 수예 등에도 일가견이 있었고, 별명이 왈녀(왈패)라고 불릴 정도로 훤칠한 키와 긴 목, 스스럼없는 교제로 소문이 자자했다. 더구나 조선총독부 관비 유학생으로 당대 음악인들에게 선망의 대상이었던 도쿄음악학교에 유학해 성악을 전공했고, 대중가수로 전향해 한 시대의 가왕으로 우뚝 선 인물이었다. 활달한 성격에 팔방미인이었던 윤심덕은 당시 도쿄의 한국 유학생들 사이에서 단연 최고의 인기를 누렸다. '울 밑에 선 봉선화'로 유명한 홍난파와도 격정적인 염문을 뿌렸고, 그녀를 사모하다 못해 상사병으로 병원에 입원한 청년도 있었다.

김우진은 구한말 장성 군수와 목포 감리監吏를 지낸 세력가이자 백만장자 김성규의 맏아들로 와세다대학 영문과를 졸업한 인재였다. 한국 최초의 여류 소프라노 가수 윤심덕과 표현주의 극작가 김우진의 연애는 장안에 일대 화제가 되었다. 이들의 연애 이면에는 조혼 풍습이 남아 있던 한국 사회에 불어 닥친 자유연애의 바람이 있었다.

일본에서 유학 생활을 하던 윤심덕은 학생동우회인 '극예술협회'에 가입하면서 김우진과 만나게 되었다. 두 사람은 동우회의 순회공연차 방방곡곡을 돌아다니면서 가까운 사이가 되었다. 김우진 작, 김우진 연출의 〈김영일의 죽음死〉이라는 연극을 공연했는데, 주인공이 자살하는 결말이었다. 공연 때면 윤심덕은 변안곡인 〈사의 찬미〉를 즐겨 불렀다.

두 사람은 사랑에 빠졌지만, 김우진은 이미 고향에 처자를 둔 몸이었다. 한국으로 돌아온 후 이들에게 닥칠 구제도와 윤리 도덕은 두 사람이 감당하기 어려운 시대적 무게였다. 두 사람이 함께 목숨을 끊은 후 상당수의 사람들은 이를 위장자살로 여기기도 했고, 두 사람이 이탈리아 부근으로 도주했을 것이라는 소문도 파다했다.

관부연락선 탑승객들 사이의 민족 갈등

당시 일본인들은 관부연락선을 어떻게 인식하고 한국을 어떻게 바라보았을까? 이는 일본 신문인 《이바라키 신문茨城新聞》에 실린 〈우리 동포는 어떻게 하면 한국에서 성공할 수 있을까〉라는 기사에서 잘 엿볼 수 있다. 이 기사는 일본인들이 한국을 미래의 무한한 가능성을 가진 약속의 땅으로 간주하고 있었음을 보여준다.

우리 일본동포가 어떻게 하면 한국에서 성공할 수 있을까. … 빈약한 한국인의 지능은 아직도 우리의 하층에 있고 일으킬 사업, 개발할 천연자원은 우리 동포의 손을 기다리고 있다. … 한국은 무진장한 보고다. 일본인이 한국인을 사용해야 한다. 한국인은 노동자로선 비교적 결점이 적은 백성이다. 그들은 어떠한 고역에도 순종하고 임금도 많이를 탐하지 않는다. 금번 부산에 사는 일본인 모씨가 내지의 철도공사에 종사시키려고 한국인부 수천 명을 계약한 것을 봐도 그 이용 가치를 알 수 있지 않은가. … 세금 부담을 할 수 없는 빈약한 그들에겐 금력으로써 대하지 않으면 안된다. 몽매한 그들은 돈을 보기만 하면 조상 대대로 물려받은 논밭을 예사로 팔아 버린다. 지폐로 뺨을 쳐도 좋아하는 것이 한국인의 특성이다. 그러니 한국으로 도항하려는 자의 자격은 첫째 돈, 둘째 건강, 셋째 각오다. 이 세 가지만 갖추어져 있으면 수단과 방법을 가릴 필요가 없다. 상업을 할 작정이면 잡화상도 좋고 술집도 좋다. 경험이 있는 자는 토건업도 좋다. 이자가 비싸니 고리대금업도 무방하다. 농업에 종사하려는 자는 대지주가 될 수도 있다.[13]

한일 간 무역의 최전선이었던 부산에서는 날이 갈수록 왜색 풍조가 심해졌다. 이러한 실정은 최남선의 《경부철도가》에 잘 나타나 있다.

부산항은 인천의 다음 연 데니
한일 사이 무역이 주장이 되고
일본사람 거류민 2만 인이라
얼른 보면 일본과 다름이 없고
조그마한 종선從船*도 일인日人이 부려

---

* 쌍두리 건착선(건착망으로 고기 잡는 배)이나 쌍끌이 기선저인망처럼 두 척이 동시에 조업할 때 주선을 두와서 주어하는 배류 막하다

관부연락선이 개통된 후 이와 같은 선동에 수많은 일본인이 한국으로 건너왔다. 관부연락선을 타고 한국에서 일본으로 건너가는 사람도 매우 많았다. 소수의 유학생을 제외하면 대부분은 노동자들이었다. 1930년 통계를 보면 일본으로 몰려든 한국인 노동자는 남성이 21만 명, 여성이 7만 명에 이를 정도였다. 부두, 광산, 철도 등 노동의 강도가 높은 직업의 특성상 남성 노동자가 많았다.[14]

자유롭게 배에 오르는 일본인과 달리, 한국인은 일본으로 건너가려면 도항증이나 학생증을 검시원에게 제시해야만 했다. 한국인 학생은 학생증을 보여주면 되었지만, 일반인들은 본적지 경찰서장이 발행한 일본도항증명서와 호적등본을 부산 영도에 위치한 영도경찰서에 들고 가서 승선심사를 받아야만 관부연락선에 오를 수 있었다. 게다가 도항증명서가 있더라도 의심의 소지가 있으면 소지품 검사를 받아야 했다. 한국인들의 이러한 고충은 소설 《관부연락선》에 다음과 같이 묘사되어 있다.

> 부산 부두는 항상 체증을 일으키는 느낌이 있다. 부두의 한 구석에 도항증을 검사하는 검사소가 있어 일반 한국인 승객들은 학생과 특수인을 제외하고는 꼭 거쳐야 한다. 비좁은 장소에 앞을 다투는 사람들이 한꺼번에 수백 명씩 들이닥친다. 몇 개 안되는 창구에다 고함고함 도항증을 들이밀고 검인과 더불어 승선권을 받아야 한다. 이 승선권이 없으면 기차표와 선표가 있어도 배를 타지 못한다. 저렇게까지 해서 일본에 가선 이른 새벽 쓰레기통을 뒤지거나 수백 미터의 굴에서 석탄을 파거나 소처럼 중노동을 견뎌야 한다.[15]

관부연락선을 타고 한국으로 건너가는 일본사람들은 지배하기 위해서, 군림하기 위해서였고, 관부연락선을 타고 일본으로 건너오는 사람들은 그 잘

난 생명을 이을 호구지책으로 노예가 되기 위해서였다. 나는 작년 여름 동부전차를 타고 우라닛코裏日光에 갔었다. 가는 도중에 발전소 댐을 확장하는 공사도 구경했다. 내려다 보아도 천 길의 절벽, 쳐다봐도 천 길의 절벽인데 이 산꼭대기와 저 산꼭대기에 거미줄처럼 걸린 것이 있어 그것이 무엇인가 바라보았더니 그것은 트럭의 레일이었다. 그 레일 위로 노동자가 트럭을 밀고 지나갔다. 아슬아슬한 곡예와도 같았다. 그처럼 위험한 일에 종사하는 사람은 거의 한국인이라고 했다. 사고가 없느냐고 물었더니 매일 몇 사람씩은 개처럼 죽어간다고 했다. 어제 죽은 인부의 뒤를 이어 오늘 또 다른 한국인이 트럭을 밀어야만 한다는 것이다. 그와 같이 위험한 노동에 종사하기 위해서 어려운 도항증을 내어 개돼지 취급을 받으면서도 관부연락선을 타야 한다는 것은 비참함을 넘은 상황이 아닐 수 없다.[16]

1937년 발표된 대중가요 가운데 '연락선은 떠난다'라는 제목의 유행가가 전국을 휩쓸다시피 했다. 부산을 떠나 시모노세키를 향하는 관부연락선을 타고 이별하는 심정을 담은 노랫말로, 관부연락선에 얽힌 비애와 한을 표현하고 있다. 평양의 한 백화점 여점원이었던 장세정은 이 노래 한 곡으로 일약 정상급 가수로 발돋움했다.

쌍고동 울어 울어 연락선은 떠난다
잘 가소 잘 있소 눈물 젖은 손수건
진정코 당신만을 진정코 당신만을
사랑하는 까닭에
눈물을 흘리면서 떠나갑니다
운지를 말아요

수많은 한국인들이 관부연락선에 몸을 싣고 살길을 찾아 현해탄을 건너 일본으로 향했다. 민족 지사들은 관부연락선을 보며 민족의 현실에 대한 암담한 심정을 가눌 길 없었다. 심훈은 자신의 시 〈현해탄〉에서 이러한 수많은 동포의 모습을 다음과 같이 탄식했다.

그 동안에 얼마나 수많은 물건너 사람들은
'인생도처유청산人生到處有靑山'을 부르며
새 땅으로 건너왔든가
갑판 우에 섰자니 시름에 겨워 선실로 내려가니
만연 도항의 백의군白衣群이다
발고락을 억지로 째여 다비足袋*를 꾀이고
상투 자른 자리에 벙거지를 뒤집어 쓴 꼴
먹다가 버린 벤또밥을 엉금엉금 기어다니며
강아지처럼 핥아먹는 어린 것들
동포의 꼴을 똑바로 볼 수 없어
다시 갑판 우로 뛰어 올라서
물 속에 시선을 잠그고 맥없이 섰자니
달빛에 명경같은 현해탄 우에
조선의 얼굴이 떠오른다
너무나 또렷하게 조선의 얼굴이 떠오른다.
눈 둘 곳 없어, 마음 부칠 곧 없어

---

* 다비는 일본식 버선의 명칭이다. 발가락 사이가 갈라져 있기 때문에 게타(왜나막신)를 착용하기에 적합하며, 주로 실크나 면으로 만든다.

이슥도록 한울의 별수만 세이노라[17]

관부연락선 안에서 아이를 분만하는 일도 적지 않았다. 생계를 위해 현해탄을 오가던 고단한 삶 속에서도 새로운 생명이 태어났던 것이다.

1934년 2월 5일 밤 관부연락선 창경환으로 일본 강산시 북방정에 잇는 남편을 찾아 가든 경남 고성군 계천면 청구리 박학금은 배 타기 전 30분에 뜻밖에 잔교에서 여아를 분만하였는데 산부는 한기와 피로로 인하여 빈사의 지경에 달하야 여객의 혼잡으로 인하여 큰 소동을 일으키고 창경환 의사에게 달려서 응급수당을 청하였으나 30분간이나 시간이 여유가 있음에도 불구하고 검역관계라고 응급수당을 거절하여 모인 여객들은 크게 분개하고 산부는 경관이 인도하여 부내 모 여관에서 치료하여 겨우 생명은 구하였다고 한다.[18]

1929년 발표된 김병호의 시 〈나는 조선인이다〉에서는 관부연락선과 한국인들의 도항을 다음과 같이 묘사했다.

그리운 고향의 산천을 뒤로 하고
북으로는 남만주, 동으로는 일본으로
밀려가는 여보들은 어떻게 하라는 것인가
나조차 몸을 적국에 옮겨갈 수밖에 없는 마음을
너희들은 알 수 없을 것이다
어디로 갈 곳도 없고
그저 행복을 염원하는 마음이

영주할 땅이 있다고 기어이 믿고야 마는 마음이

오늘도, 오늘도 수백의 백의인白衣人을 태웠다

관부연락선이 뿌– 소리를 낸다

마지막이 막장 끝인가

탄광에서 종말을 맞이하더라도[19]

1929년 11월 5일자 《동아일보》 〈연락선 레뷰〉는 정로풍鄭蘆風의 시 두 편을 통해 관부연락선을 탄 동포들의 비참한 모습을 전했다.

고향 그립어

연락선 배칸에다 몸을 던진 채

정처업시 떠나는 집 일흔 아이

玄海灘(현해탄) 험한 물결 뱃장을 칠 때

외로이 흔들리는 의지 업는 몸

눈물이 흐릅니다 고향 그립어

(하략)

돈 못 벌엇네

昌慶丸(창경환) 잡아타고 외고장 갈 땐

원수놈의 돈돈 돈 벌러 갓지

내 오늘날 또다시 이 배를 타고

집 차저서 오건만 돈 못 벌엇네

떠갈 때도 빈빈손 올 때도 빈손

열열번 또 펴본들 힘업는 빈손

무엇하러 외고장 내 떠낫든고

후회한들 무어리 살려고 간걸

(하략)[20]

2부
철도에 깃든 저항과 삶

8
이토 히로부미에게 돌을 던진 안양역 의거

철도에 맞선 저항

근대 문물이 밀려들고 열강의 침략이 가속화되던 시기에 한국인들은 정체성마저 유지하기 힘들었을 것이다. 근대와 전근대가 혼재하는 가운데 거대한 사회적 혼돈이 한반도를 무겁게 짓눌렀다. 철도는 제국주의 열강이 한반도를 침략하기 위한 유력한 수단으로 인식되었다. 1907년 7월 헤이그 만국평화회의에 파견된 이상설은 경의선 부설 공사의 잔혹성을 세계 언론에 낱낱이 고발했다.

공사 중에 있던 서울-의주 간 철도 노선은 일본인들의 가혹한 야만성과 잔인성이 무대가 되었다. 인근 지역에 거주하던 농민들과 부녀자들, 심지어는 어린아이들까지 아무런 보수 없이 이 사업에 동원되었으며, 철도 부설공사에서 채찍으로 혹사당하였다. 최근에 차마 눈 뜨고 볼 수 없는 사건이 발생했다. 어떤 소년이 철로에서 몽둥이를 가지고 놀다가 레일 위에 그대로 남겨 두고 떠났다. 일본인들은 열차 운행을 고의로 방해하기 위함이라며 소년을 붙잡아 총살시켰다. 이 범죄자는 겨우 7살이었다. 더 이상의 야만성과 잔인성이 있을 수 있겠는가.[1]

아이들은 "양귀(서양 귀신)는 화륜선(증기선)을 타고 오고, 왜귀(왜놈 귀신)는 철차(기차)를 타고 몰려든다"라는 동요를 즐겨 불렀다. 이러한 원망 때문에 철도 공사를 방해하는 사건이 끊임없이 일어났다. 열차 통행의 방해, 기차역의 습격, 전선과 레일의 절단 등 철도에 대한 저항은 다양한 형태로 나타났다. 달리는 기차에 돌을 던지거나, 레일 위에 바윗돌이나 가마니를 쌓아두어 열차를 전복시키고, 철도 연변의 전신주를 파괴하는 등 사건 사고가 끊이지 않았다.

기차역은 한반도를 지배하는 거점일 뿐만 아니라 수탈과 공출의 창구였다. 예를 들어 1929년 당시 한국 전역에는 총 12개의 철도 노선이 부설되어 열차를 운행하고 있었다. 철도를 이용하는 승객은 하루 평균 약 6만 명에 달했고, 전차를 이용하는 승객도 하루 10만 명을 넘어섰다. 조선총독부의 세입 가운데 30퍼센트 정도가 철도 수입으로부터 확보되었다.

〈신고산 타령〉의 "신고산이 우루루 화물차 가는 소리에 금붙이, 쇠붙이, 밥그릇마저 모조리 긁어 갔고요"라는 가사는 이러한 실태를 잘 말해 주고 있다. 이러한 까닭에 철도 연선 지역의 주민과 의병들은 기차역을 무수히 공격해 철도 시설을 파괴하거나 철도역사를 불태우기까지 했다. 1907년 마곡사 부근에서 의병들이 소정리역을 공격했고, 1909년에는 이

원역을 공격했다. 을미의병* 때 진주 의병을 이끌었던 노응규는 경부선 역사와 기차, 레일에 수없이 공격을 가해 파괴했다.

1900년 대한제국 정부는 '철도사항 범죄인처벌조례'를 공포했다. 이 조례는 철도나 기차에 직접 위해를 가하는 행동을 중형에 처했을 뿐만 아니라, 단순히 철도를 침범하거나 기차 운행 중에 승하차하기만 해도 벌금이나 태형에 처하도록 규정했다.

일본은 의병의 항일운동과 반철도투쟁을 철저히 단속하고 탄압했다. 철도와 전신선이 통과하는 지역에 일본 군율을 발표하고, 해당 지역의 한국인 지방관을 사실상 일본군사령관의 지휘 감독 아래 두었다. 철도 주행을 방해하거나 철도 레일과 전신선을 훼손 또는 파괴하는 자가 있으면 즉시 군사재판에 회부해 중형으로 다스렸다.[2] 일본인 철도국 직원들은 한국인들에게 경찰과 다름없는 존재로 인식되었다. 철도의 차장이나 선로 감독 역시 한국인을 무지막지하게 대했다. 근대적 규율에 익숙지 않은 노인들은 철교나 레일을 건너다가 사고를 당하기 일쑤였다. 나주군 평동면에서는 철도 레일을 넘어가던 한국인 노인을 일본인 선로 감독이 철봉으로 구타해 사망에 이르게 한 사건까지 일어났다.[3]

1939년 12월 19일에는 숙천의 한 노인이 경의선 철도 레일 위에서 기차를 기다리고 있었다. 기차가 오면 세워서 탈 요량이었을 것이다. 기차가 멀리 보이자 노인은 급히 손을 흔들기 시작했고, 기차가 기적을 울려 피하도록 경고했지만 여전히 손을 흔들어 기차를 세우려 했다. 노인이 비키지 않으니 차장은 어쩔 수 없이 기차를 세웠다. 노인은 자동차는 손을 흔들

---

* 1895년 명성황후 시해 사건과 단발령 등에 분격한 유생들이 친일 내각의 타도와 일본 세력의 구축을 목표로 일으킨 항일 의병

철도 방해 혐의로 사형에 처해진 사람들

면 서니, 기차도 손을 흔들면 서지 않느냐며 탑승을 요구했다. 노인은 기차에 탑승했지만, 읍내에 이르러 경찰에 넘겨지고 말았다.[4]

일본의 물자 강제 징발과 노동력 착취로 기차역과 연선 지역에서 의병이나 민중의 저항이 날로 격화되자, 일제는 군대와 경찰을 동원해 선로를 순시하고 철도 시설을 파괴한 자들을 찾아 투옥하거나 사형에 처했다. 1905년을 전후로 철도를 파괴했다는 죄목으로 사형당한 한국인은 공식적인 통계로 35명에 이른다.[5]

을사조약이 체결되기 전 해인 1904년에는 7월 29일 영등포역 부근에서 보부상들이 불에 달군 기와를 레일 위에 올려놓아 열차와의 충돌을 기도했다. 1904년 8월 27일 김성삼, 이춘군, 안순서 등 3명은 고양군에서 경의선 열차의 전복을 기도해 운행을 방해했다는 이유로 일본군에 체포되어 같은 해 9월 20일 일본군법회의에서 사형을 선고받고 바로 다음 날 마포 산기슭에서 총살을 당했다.

철도 연선에서 일어난 사건과 관련해 일본군은 한국인을 아무 거리낌 없이 처벌했지만, 한국 정부는 너무도 무력했다. 의정부 참정 신기선이 임시 군용 철도 검찰사 강홍대를 관리 소홀로 파면하도록 건의하고 고종이 이를 허락한 것이 전부였다.

대구에서도 레일 위에 돌무더기를 쌓아두어 열차 통행을 방해한 사건이 일어났고, 평산군에서는 레일 위에 쌓아둔 화약 한 석이 발견되었다. 용산-평양 구간에서도 레일이나 전선이 자주 절단되었다. 1899년 음력 4월 초파일(양력 5월 17일)에는 경성에서 전차 개통식이 개최되었는데, 전차가 개통되기 전 송전선을 절단했다는 이유로 한국인 2명이 참수를 당했다.

1907년 9월 29일에는 경부선에서 증약增若-대전 사이 구간을 지날 때 객차 2량이 탈선하고 3량이 전복되는 사고가 일어났다. 선로 옆에 쌓여 있던 공사용 석재를 누군가가 레일 위로 옮겨놓았기 때문이었다. 이 사고로 5명이 그 자리에서 죽고 승객 52명과 차장 1명이 중경상을 입었다. 승객 중에 많은 병사도 있어 혼란이 야기되었다.[6]

기차를 향해 날아든 돌

달리는 기차를 향한 돌팔매질은 철도 운행을 방해하는 전형적인 방식이었고, 일제강점기 신문에서 빠질 수 없는 기사였다. 기차에 돌멩이를 던지는 것은 실제로 배일운동의 유력한 수단이었고, 우리나라뿐만 아니라 중국에서도 일상적으로 나타나는 저항 방식이었다. 일본에서도 기차를 향한 돌팔매질은 종종 일어났고, 다이쇼 천황의 아들인 히로히토 섭정왕을 겨냥한 열차 투석 사건도 일어났다. 정책에 대한 저항으로써 발생한 이 사건은 요코하마에서 온 소식으로 신문에 보도되었다.

1924년 2월 22일 오전 10시 15분 도쿄를 떠나 섭정군 전차가 탑승한 열차가 요코하마를 통과한 직후 뒤를 이어 요코스카橫須賀로 향하던 보통열차 2등 객차에 돌을 던진 자가 있었다. 유리창이 깨어지고 여러 명의 승객이 부상을 당하였는데, 이것이 결코 보통 행위는 아니므로 소관 경찰부에서는 범인을 엄히 탐색 중이다. 마침내 도카이 고키치東海幸吉라는 자가 범인인 것으로 판명되어 체포되었다. (요코하마 전보)[7]

중국에서도 배일운동의 일환으로 기차를 향한 투석 사건이 자주 일어났고, 각 신문은 이러한 상황을 앞다투어 보도했다.

오늘 새벽 1시 30분 안봉선 봉천과 문관둔역 중간 지점에서 봉천발 화물열차에 대해 수 명의 중국인들이 투석하여 차창 여러 장이 파손되었다. 봉천수비대에서 즉시 50여 명의 수비병을 현장에 급파하였다. 이 사건은 동북대학생들의 배일선동에 의한 행동인 듯하여, 21일부터 철도를 한층 엄중히 경비하기로 하였다.[8]

열차 관련 사고가 늘어나자 철도 당국은 이를 해결하기 위해 많은 노력을 기울였다. 한국 각 철도 간선과 지선에서 열차 운행을 고의적으로 방해한 행위는 1933년 한 해에만 312건에 달했고, 그 밖에 자연 방해로 인한 열차 사고는 42건에 이르렀다. 열차를 향한 투석 사건이 모두 일제에 대한 저항의 소치였다고 해석하기는 어렵다. 지나가는 열차를 향한 돌팔매질은 어린 소년들이 하는 경우가 매우 많았다. 아마 철도와 기차에 대한 저항이 무의식중에 아이들에게까지 영향을 미쳤을 것이다.

1933년 4월 6일 오전 9시 50분 대구역을 출발하여 포항으로 향하던 열차가 대구에서 88킬로미터 되는 지점인 안강역 부근 갑산리를 통과할 때에 주변 아이들이 장난으로 열차에 돌을 던져서 차창 한 장이 파손되었다고 고발이 들어왔다. 이에 안강주재소에서는 인원을 급파하여 범인으로 손순호라는 아이를 검거하여 경주서로 송치하였다. 과거에도 이러한 사건이 있었으므로, 이번에는 엄한 처벌을 내릴 모양이다. 철도 연변에 사는 아동들에게 특별한 주의가 있기를 바라는 바라고 한다.[9]

원태우 의사의 안양역 의거

배일운동의 일환으로 일어난 열차 투석 가운데 전국을 들썩이게 한 대사건이 있었다. 1905년 안양역에서 이토 히로부미에게 테러를 시도한 사건이다. 그해 11월 17일 을사조약이 체결되고 며칠 지나지 않은 11월 22일 오후 6시 17분경 안양역 부근에서 이토 히로부미가 탄 기차에 돌멩이가 날아들었다. 돌을 던진 사람은 1882년 과천면 안양리(현재 안양시)에서 태어난 원태우 의사義士였다. 안양은 예전에 석산, 돌산으로 불리던 채석장이 있었고, 구들장 재료를 생산하던 곳으로 명성이 자자했다. 원태우는 여기서 일하던 석수(석공) 출신이라 돌을 다루는 솜씨가 뛰어났을 것이다. 그는 을사조약에 분개하여 이토가 탑승한 열차가 지나간다는 소식을 듣고 기다렸다가 이토를 향해 돌팔매질을 했던 것이다.

　1905년 11월 15일 이토 히로부미는 특파대사 자격으로 고종을 알현하여 일본 천황의 친서인 한일협정안 초안을 전달했다. 이틀 후인 11월 17일 을사조약은 강압에 의해 체결되고 말았다. 을사조약이 체결된 직후 이토 히로부미는 주한 일본 공사인 하야시 곤스케와 함께 수원까지 개통된 경편열차를 타고 안양역에서 내려 관악산 부근에서 온종일 사냥에 나섰다. 한구인 표수든이 환야 더분에 .7는 꽤 많은 수화물을 얻은 후 일몰 시가

이 다 되어 다시 안양역에서 기차에 탑승하여 귀경길에 올랐다. 기차가 안양역을 출발한 지 얼마 지나지 않아 주먹만 한 화강암이 이토 히로부미가 탑승한 1등석 객차로 날아들었다. 와장창하고 차창이 깨지면서 유리 파편들이 이토의 왼쪽 뺨에 날아들었고, 이내 선혈이 흘러내렸다.

열차가 달리고 있었는데 어떻게 정확히 이토를 겨냥할 수 있었을까? 그 비결은 의거 현장의 지형에 있다. 원태우가 이토를 향해 돌을 던진 장소는 안양역으로부터 800미터가량 떨어진 서리재고개(현재 안양육교 부근)였다. 이 고개는 경사가 매우 급해서 시속 20~30킬로미터로 운행되던 기차가 더욱 천천히 지나지 않으면 안 되었다. 원태우는 이런 지형에 이미 익숙해 있었기 때문에 이곳을 거사 장소로 선택했던 것이다.

이토가 탄 1등석 객차 안은 순식간에 아수라장이 되었다. 함께 타고 있던 오오히라大平 수원역장(이후 철도신문 사장)이 응급처치를 했지만 이토의 출혈은 쉽게 멈추지 않았다. 수행원들은 군의관을 파견해달라고 요청하기 위해 영등포역에 전화를 걸었다. 그러나 이때 영등포역은 일본에 불만을 품은 한국인들의 습격으로 발생한 남대문역(서울역) 화재 때문에 매우 분주했다. 상황이 이러하니 기차는 어쩔 수 없이 계속 달려 어느덧 시흥역에 당도했다.

이 사건은 《조선철도야화》에 다음과 같이 기록되었다. "이토가 승차한 열차가 남대문역에 도착했을 무렵 이미 투석한 범인이 철도 직원의 손에 체포되었다. 심문한 결과 특별히 이토를 의도적으로 겨냥한 사건은 아니었고, 당시 한국인들 사이에 흔히 발생했던 악습의 소행이었다."[10]

한국 침략의 원흉, 이토 히로부미가 탄 열차에 돌을 던진 이 사건은 당시 사람들 사이에 대형 사건으로 회자되었다. 그러나 체포된 원태우에게 내려진 형벌은 2개월 징역과 태형(곤장) 50대였다. 사건의 중요성을 감안

하면 일본 입장에서는 비교적 '관대한' 처분이 아닐 수 없었다. 일본은 반철도투쟁을 철저히 탄압했다. 철도와 전신선이 통과하는 지역에 일본 군율을 공포해 한국인 지방관을 사실상 일본군사령관의 지휘 감독 아래 두었고, 철도 주행을 방해하거나 철도 노선과 전신선을 훼손 또는 파괴하는 자가 있으면 즉시 군사재판에 회부해 중형으로 다스렸다.[11] 예컨대 앞서 설명한 경의선 열차 운행 방해 혐의로 체포되어 총살 당했던 김성삼, 이춘군, 안순서의 경우와 비교하자면 원태우에 대한 처분은 매우 이례적이라 할 수 있다.

오히려 원태우 의거는 당시 일본과 한국의 신문, 그리고 일반 독자들 사이에서 큰 화제가 되었다. 사건이 발생한 바로 다음 날 일본의 메이저 신문인《오사카매일신문》이 이 사건을 크게 보도했고, 같은 달 29일자의 《도쿄매일신문》도 이 사건을 중대 사안으로 보도했다. 한국에서도 사건이 일어나고 이틀 후인 11월 24일자 《대한매일신보》가 이 사건을 보도해 억눌린 한국인들에게 일말의 통쾌함과 위안을 선사했다.

일본 화가 기무라 고타로木村光太郎는 1905년 12월 8일 발행된《일러전쟁사진화보》39권에 '어리석은 조선인의 폭행'이라는 제목의 그림을 실었다. 그는 이 그림에서 흰 도포를 입은 원태우가 오른팔을 힘껏 들어 열차를 향해 돌을 던지는 모습을 묘사했다. 이처럼 원태우 의거는 한국과 일본의 수많은 사람들 사이에서 단순한 악습의 소행이라고 보기 어려울 정도의 관심과 반향을 이끌어냈다.

이 사건에 대해 1905년에 샌프란시스코의 재미한인동포 교민 단체인 공립협회가 발간한《공립신보》는 다음과 같이 보도했다. "일전에 이토 히로부미가 경부철도로 귀경할 때 안양역 부근에서 농부가 기차에 돌을 던져 이토를 치려다가 일본 헌병에게 체포되었는데, 유리창만 상하고 사람

이토 히로부미가 탑승한 기차에 투석하는 원태우 의사

은 상처 아니하였더라."[12] 이 신문은 미국에서 발행되는 신문인 관계로 사건의 경위를 정확히 파악하지 못해 이토가 아무런 상해도 입지 않았다고 보도했다. 하지만 이 신문도 이토를 겨냥한 투석이었음을 분명히 했다.

작은 사건으로 무마하려는 일본의 노력

사건 직후 일본 관방의 인식과 대응은 사건이 발발한 바로 다음 날인 11월 23일에 주한 일본군 헌병대장 고야마 미키小山三근가 작성한 보고서를 통해 살펴볼 수 있다. 이 보고서는 24일에 주한 일본군 참모장 오타니 기쿠조大谷喜久藏를 거쳐 일본 육군 참모차장 나가오카 가이시長岡外史에게 전달되었다. 이토가 탑승한 1등 객차의 상세도를 포함한 이 보고서의 내용은 다음과 같다.

전권대사 신분으로 방문한 이토 히로부미가 조난을 당한 상황과 가해자를

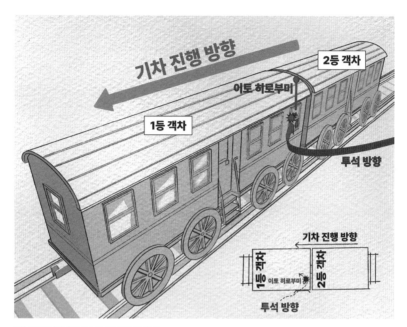

일본외무성에 보고된 투석 관련 상세도

체포하여 취조한 결과 전말은 다음과 같다. 당일 이토(대사)는 경기도 시흥 안양 부근에 도착하여 오후 6시 13분 열차편으로 안양역을 출발하여 귀경길에 올랐다. 출발한 지 얼마 지나지 않은 6시 17분경 기차가 안양역으로부터 서쪽으로 약 800미터 떨어진 안양천 부근을 주행하던 중, 이토가 승차한 객차를 향하여 큰 화강암이 날아들었다. 차창이 부서지면서 파편이 왼쪽 눈가에 날아들어 경미한 부상이 발생하여 소량의 출혈이 있었다. 당시 이토가 탑승한 좌석은 위의 간략도와 같다.

사건이 발생하자 경호를 위해 동승했던 헌병은 물론, 수행원들 역시 기관사와 연락을 취하여 열차를 세우려 하였으나, 정차할 경우 오히려 위험하다는 의견이 분분하여 그대로 시흥역까지 진행하였다. 시흥역에 도착하여 경호를 담당하던 헌병 하사 1명과 상등병 2명이 바로 하차하여 가해자의 수색에 착수하는 동시에, 이 사실을 헌병대에 보고하였다.

이 보고서를 작성한 사람은 바로 이토 히로부미의 경호를 담당했던 주한 일본군 헌병대의 총책임자인 헌병대장이었다. 정계의 거물이자 한국 침략의 총책임자인 이토의 경호를 책임진 입장에서 투석에 의해 이토가 상해를 입은 사건은 극히 엄중한 사안이 아닐 수 없었을 것이다. 얼마 후 또 다른 보고서에서 헌병대장은 다시 다음과 같이 보고했다.

선로 부근을 배회하고 있던 경기도 과천군 안양시장에 사는 20세 원태근元泰根(원태우)*과 이만여, 남통봉, 김장성 등을 현장에서 체포하였다. 취조 결과 이들은 같은 날 영등포로 일을 보러 갔다가 귀가하는 길에 주점에서 반주를 겸한 탓에 술에 취해 이 사건을 일으켰다. 대사(이토)가 탑승한 객차인 것을 알지 못한 채 악희惡戲(못된 장난)로 인한 행위로 판명되었으며, 배후가 있어 사주하거나 한 것은 아닌 것으로 밝혀졌다.[13]

이 보고서에서 헌병대장은 원태우의 행위가 의도적이 아닌 취중의 소치이며, 객차에 이토 히로부미가 탑승한 사실조차 모르는 채 우연히 발생한 사건이었다고 밝혔다. 그러나 철도와 기차가 일본이 한반도를 침략하는 유력한 수단으로 인식되기 시작하면서 한국인들은 기차에 돌을 던지

---

* 원태우의 이름에 대한 기록은 원태근, 김시근, 김태근 등 다양하게 기재되어 있다. 일본의 공식 문서인 일본외무성 외교문서의 기록에는 원태근으로 표기되어 있다. 호적에는 원태우로 기재되어 있으며, 그의 형의 이름이 원영우이므로, 우祐가 항렬인 것으로 보인다.

거나 레일 위에 바윗돌이나 가마니를 쌓아두어 기차를 전복시키는 등의 행위로 일본에 대한 분노를 표출했다. 이러한 상황에서 한국 침략의 원흉인 이토에게 돌을 던져 깨진 차창의 유리 파편이 얼굴에 박혀 출혈에까지 이르게 한 사건은 결코 장난으로 치부할 수 없는 사안이었다.

헌병대장의 보고서를 잘 살펴보면, 원태우는 이토의 탑승을 분명히 인식하고 열차를 공격했음을 알 수 있다. 원태우 일행은 아마도 이토가 사냥을 마치고 열차편으로 귀경길에 오른다는 사실을 미리 알고 있었던 것으로 보인다. 보고서에 첨부된 또 다른 내용에 따르면, 원태우는 안양천 부근의 철도 선로에 이르러 북행 열차가 진행하는 방향으로 레일 위에 돌무더기를 쌓기 시작했다고 한다. 이때 일행 가운데 한 명인 이만여가 돌무더기를 치웠는데, 아마도 그는 열차 전복이 가져올 후과가 두려웠던 모양이다. 이만여가 돌무더기를 치운 지 얼마 지나지 않아 열차가 달려오자 원태우는 돌을 집어 들어 이토가 탄 1등 객차를 향해 던진 것으로 보인다. 즉 원태우는 레일 위에 돌무더기를 쌓아 열차의 전복을 기도했지만, 여의치 않게 되자 곧바로 이토를 향해 돌을 던진 것으로 추정된다. 분명 이토를 겨냥한 의도적 행위였다.

이와 같은 행위가 그대로 밝혀질 경우 이토의 경호를 담당했던 주한 일본군 헌병대가 매우 곤란한 처지에 놓이게 될 것임은 불 보듯 뻔했다. 그뿐만 아니라 을사조약 이후 불붙기 시작한 한국의 배일운동에 기름을 붙는 격이 될 것이었다. 원태우에 대한 일본의 가벼운 처벌에는 아마도 을사조약에 대한 한국인의 반감을 확대하지 않으려는 의도가 있었을 것이다. 따라서 원태우의 행위는 술 취한 객기이자 잘못된 장난의 소치로 무마되지 않으면 안 되었던 것이다.

1940년 일본에서 출판된 《이등바문전》에서는 이 사건을 다음과 같이 기록했다. "한민족 가운데에는 이와 같은 시대적 변화의 진상(을사조약을 가리킴)을 이해하지 못한 채 폭행을 감행하는 자도 있었다. 22일 수원 팔달산에서 수렵을 마치고 귀임하는 열차가 영등포역을 통과할 즈음에 흉한 한 명이 길가에서 차 안으로 투석하여 공(이토)은 차창 유리 파편에 부상을 당하였으나 조금도 개의치 않다."[14] 이러한 소행이 을사조약에 반대하는 한국인이 이토를 겨냥하여 감행한 폭행이었다고 기록한 셈이다.

이토에 대한 테러는 일본 수상을 비롯해 일본 국민에게 매우 엄중한 사안이 아닐 수 없었다. 당시 주한 일본 공사 하야시 곤스케는 사건이 발생한 직후 저녁 8시 30분에 일본 수상 가쓰라 타로에게 이를 보고했다.

오늘 본관은 이토 후작 및 수행원 3, 4명을 동반하고 하루 여가를 얻어 마음을 위로하고 기분 전환차 사냥에 나섰습니다. 오후 6시 안양역을 출발하여 4, 5분 정도를 달릴 무렵, 누군가가 갑자기 진행 중인 기차에 돌을 던졌습니다. 그 돌은 후작의 좌석 옆 유리창을 깨뜨렸지만 다행히도 후작에게 맞지 않고 유리 파편이 후작의 면부를 약간 스쳐갔을 뿐 아무런 상처도 없었으므로 진정 다행한 일이었습니다. 범인은 한국인으로 생각되며, 아마도 보호조약에 대하여 다소 분격한 자들이 있을지도 알 수 없어 헌병은 즉시 수색에 나섰습니다. 아무런 중대한 일도 아니고 또 크게 부상당하지 않았으므로 안심하기 바랍니다.

보고서의 맥락을 살펴보면, 이 행위가 을사조약에 불만을 가진 한국인이 분격하여 행한 소치일 가능성이 있으며, 비록 돌이 날아와 이토에게 상처를 입히기는 했지만 부상도 크지 않고 중대한 사안도 아니라고 무마하고 있다. 일본의 거물 정치인인 이토의 한국 방문에 대해 그를 수행한 일본 공사로서 어쨌든 이 사건을 무마하기 위해 노력하고 있음이 이해된다. 그러나 사실 이러한 행위는 부상의 크고 작음을 떠나 그 행위가 조약에 대한 반감의 소치라고 한다면 매우 엄중한 사안이 아닐 수 없고, 일본 공사의 입장에서도 책임이 막중했을 것임이 짐작된다.

같은 날 저녁 10시에 하야시 공사는 일본 수상에게 일본 헌병이 범인 4명을 체포했다고 보고했다. 그리고 심문에 들어가 다음 날 오후 다시 그 결과를 일본 수상에게 다음과 같이 보고했다. 여기서도 이토에 대한 투석이 시국과 전혀 관련이 없으며, 전적으로 악습의 소치라고 해명하며 안심을 권유하고 있다.

> 어제 저녁 이토 후작과 본관 등 일행에게 투석한 범인 4명을 헌병이 조사한 결과, 본인들의 자백에 따르면 술에 취한 나머지 기차의 통행을 보고 장난으로 투석하였는데, 우연히도 이토 후작이 승차한 열차가 당한 것일 뿐 시국에 분격하여 이와 같은 소행을 한 것은 아니라는 사실이 전적으로 판명되었으니 안심하기 바랍니다.

사건이 발생한 직후 사실상 일본의 통제하에 있던 한국 정부는 이토에게 사과의 서신을 보내는 한편, 사건 발생의 책임을 물어 시흥군수를 파직하고 경기도관찰사를 견책하는 처분을 내렸다. 원태우에 대한 재판은 속전속결로 처리되었으며, 11월 28일 경성헌병사령부 군사법정에 회부되어 헌병대장 고야마 미키의 주심하에 철도방해죄로 징역 2개월, 곤장 100대가 선고되었다. 이만여, 김장성, 남통봉은 무혐의로 풀려났으며, 원태우는 영등포감옥에 수감되었다가 다음 해 1월 24일에 석방되었다.

선고 당일 주한일본군 참모장 오타니 기쿠조는 주한 일본 공사 하야시에게 원태우에 대한 법정 '선고 결과'를 전했다. 이 선고서에서는 투석으로 인한 피해자를 이토 히로부미로 적시하지 않고 '열차 안의 승객'으로 표기했다. 또한 열차의 운행을 방해하기 위해 선로에 쌓아둔 돌무더기를 그저 '작은 돌'로 표현하고 있다.

안중근 의거의 단서가 된 안양역 의거

1905년 안양역에서 일어난 원태우의 의거는 이토 히로부미를 절명시키지는 못했지만, 일제의 침략에 숨죽이고 신음하던 우리 민족에게 한 줄기 희망과 용기를 주었다. 학자이자 애국지사였던 송상도는 《기려수필》*에서 "이토 히로부미는 결국 안중근에 의해 죽었다 할지라도, 그 단서는 이미 원태우에게 있었다"라고 하여 안양역 의거를 높이 평가한 바 있다.

그러나 이토 히로부미를 앞세운 일본 제국주의는 사건의 축소와 은폐에 급급했을 뿐, 투석 뒤에 깃든 한국인들의 저항과 반대의 뜻을 돌아보지 않았다. 원태우의 안양역 의거는 결국 1909년 안중근의 하얼빈 의거로 되살아났고, 이토 히로부미는 마침내 역사의 심판을 받게 된 것이다.

1910년 한일강제병합 이후 원태우는 늘 요주의 인물로 일본 헌병과 경찰의 감시 아래 숨죽이며 지냈다. 더욱이 영등포감옥에 수감되었던 당시에 자행된 고문으로 국부까지 다쳐 슬하에 자녀도 둘 수 없었다. 고문의 후유증으로 제대로 석공 일도 하기 어려워 친형 원영우의 셋째 아들인 원계복의 뒷바라지로 근근이 연명하다가 1950년 한국전쟁이 일어난 해에

---

* 송상도는 호가 기려자이며, 애국지사이자 유학자로서 어려서부터 한학을 공부하며 견문을 넓혔다. 당초 《조선왕조사》를 집필할 예정이었으나, 1910년 경술국치 이후 망국의 슬픔을 안고 일본 경찰의 감시망을 피해 전국을 돌며 자료를 수집하여 《기려수필》을 썼다. 이 책은 항일운동가 238명의 행적과 항일운동에 대해 상세히 서술하고 있어, 독립운동의 실상을 알 수 있는 귀중한 자료로 평가되고 있다.

세상을 떠났다. 안양시는 이토 히로부미의 투석 지점을 확인하여 그 자리에 표지석을 세우고 만안시립도서관 광장에 의거비를, 자유공원에 원태우 상을 조성했다. 지금도 이곳을 지나는 사람들은 일제의 항거에 굴복하지 않았던 원태우 지사의 뜻을 깊이 되새기고 있다.

9
안중근 의사의 하얼빈 의거

안중근 의거의 현장, 하얼빈

1909년 10월 26일 안중근 의사가 하얼빈 역에서 이토 히로부미를 사살했다. 당시 이토 히로부미는 한국의 행정, 외교를 장악하고 식민지화를 본격적으로 추진하고 있었다. 이를 평화적으로 저지할 방법이 없는 상황에서 안중근은 이토 히로부미를 사살해 한민족에게 한 줄기 희망의 등불을 밝혀주었다. 그는 '동양 평화'와 '인류 구원'이라는 염원을 실현하고자 일본 제국주의의 폭력과 수탈, 착취에 맞서 기꺼이 한 몸을 던진 의인이다.

안중근의 의거가 일어난 하얼빈 역에 주목해보자. 여객과 물자를 운송해주는 철도는 제국주의 열강이 약소국을 수탈하는 유력한 통로였다. 일본도 한반도 침략을 본격화하려고 철도 부설에 착수했다. 기차역은 시민

현재의 하얼빈 역

지 지배의 거점이자 수탈의 창구였다. 이 때문에 수많은 기차역이 의병의 공격을 받아 파괴되거나 소실되었다. 러시아 중동철도의 거점 역인 하얼 빈 역이나 일본 남만주철도의 장춘 역은 바로 러시아와 일본이 만주 지역, 나아가 동아시아를 침략하고 수탈하기 위한 근거지였다.

하얼빈은 철도가 만들어낸 근대 도시였다. 송화강 기슭에 자리한 작은 어촌이었던 하얼빈은 1896년 러시아가 청나라로부터 동청철도(중동철도) 부설권을 획득하면서 단번에 만주에서 블라디보스토크에 이르는 철도 노선의 거점 역이 되었다. 더욱이 하얼빈에서 대련으로 가는 지선, 즉 남만주철도가 부설되면서 하얼빈은 만주 지역 철도가 거쳐 가는 중심도시로 성장했다. 그뿐만 아니라 하얼빈은 동청철도의 육상운수와 송화강의 수상운수를 모두 이용할 수 있는 지리적 이점 덕분에 중국 동북 지역의 최대 상업 중심지로 급성장할 수 있었다.

하얼빈은 도시의 발전과 함께 인구가 급격히 늘어나 1903년에는 4만 명을 넘어섰고, 1930년대에는 일약 인구 50만 명의 대도시로 성장했다. 이에 힘입어 세계 각국의 무역상이 하얼빈에 본사와 지사를 설립했다. 러일전쟁이 끝난 후에는 각국 영사관과 기업들이 속속 들어오면서 하얼빈은 '동방의 파리', '동양의 모스크바'로 불리며 중국에서 가장 화려한 초국적 도시로 명성을 떨쳤다.

하얼빈이 대도시로 성장하면서 수많은 한국인들도 이 지역으로 몰려들었다. 한국인의 하얼빈 이주는 1898년부터 6년간 지속된 중동철도의 부설 공사에 참여하기 위한 목적에서 시작되었다. 1903년 6월 철도 부설 공사가 끝나자 동쪽 수분하에서 서쪽 만주리에 이르는 철도 연선의 광범위한 지역에 한국인들이 정착했다. 1910년 1월 15일 하얼빈 주재 일본 총영사관의 보고에 따르면, 하얼빈에는 모두 268명의 한국인들이 거주하고 있었다. 1911년경 하얼빈을 비롯해 중동철도 연선 지역에 거주하는 한국인들은 무려 2364명에 달했다.

하얼빈 역에 내린 이토 히로부미, 그를 저격한 안중근

일본은 러일전쟁에서 승리한 여세를 몰아 미국 포츠머스에서 강화조약을 체결하고, 이를 발판으로 만주에서 세력을 확장해나갔다. 그 결과 북만주의 러시아 세력과 남만주의 일본 세력이 치열하게 맞서는 국면이 조성되었다.[1] 따라서 러시아와 일본은 외교적 협상을 통해 만주에서의 갈등과 충돌을 피하려 했다.

이토 히로부미는 만주에서 러시아 재무대신 코코프체프를 만나 일본과 러시아 양국이 이 지역에서 세력권을 분할하는 문제를 협의하기로 했다. 특히 다음 해 7월 4일에 예정된 만주와 몽골 관련 조약인 '러일협약'과 8월 29일 예정된 '한일병합조약'이 주요한 의제로 상정되어 있었다. 당시 러시아인이 경영하던 신문《원동보》는 러시아 재무대신 코코프체프가 연해주와 북만주를 시찰할 예정이며, 이토 히로부미가 코코프체프를 만나기 위해 10월에 하얼빈에 도착할 예정이라고 보도했다. 안중근도《원동보》를 통해 이토의 일정을 파악하고 있었다. 이는 1910년 2월 7일 여순지방법원에서의 공판 기록에서 확인된다.

> **재판장**: 하얼빈에 도착해서 이토 공이 온다는 것을 어떻게 관찰하여 알게 되었는가.
> **안중근**: 원동보를 사보고 알았소.
> **재판장**: 어떻게 써 있었던가.
> **안중근**: 원동보를 볼 그때에는 동청철도회사로부터 특별열차를 꾸미어 그것을 타고 하얼빈에 12일경에 온다는 것이라 하였소. 하얼빈을 떠날 때의 신문은 그랬으나 다시 기차 속에서 원동보를 본즉 이토 공이 14일로 연기되었다기에 다시 하얼빈으로 돌아왔소.[2]

안중근은 이토가 출발하는 날을 미리 정탐해 그가 하얼빈 역으로 들어온다는 사실을 알게 되자, 1909년 10월 21일 하얼빈으로 향하는 우편열차에 탑승했다. 블라디보스토크에서 하얼빈까지 열차의 주행 거리는 총 778킬로미터였다. 이 노선은 이승에서 안중근의 마지막 여행길이 되었다.

하얼빈에 도착한 안중근은 역무원에게 하얼빈 역에 기차가 하루 몇 차례 왕래하는지 문의했다. 그러자 역무원은 매일 세 차례 오가는데, 그날 밤에는 특별열차가 하얼빈에서 장춘으로 가서 일본 대신 이토를 영접해 모레 아침에 다시 이곳에 도착할 것이라는 소식을 전해주었다.[3] 이러한 정황과 관련된 안 의사의 진술은 여순지방법원에서의 공판 기록에 나타나 있다.

> **재판장**: 이토 공이 어느 때쯤 닿을 것을 물었던가.
> **안중근**: 1일에 기차가 몇 회나 왕복되나, 어느 편으로 몇 번이나 가냐고 물 었소.
> **재판장**: 그러면 어떠한 대답을 들었는가.
> **안중근**: 그 대답은 객차가 1일 2회쯤, 화물차貨車가 2회 혹 1회 왕복한다는 대답이었소. 그리고 특별열차가 금석(오늘 저녁)이나 명조(내일 아침)쯤 하얼 빈 쪽으로부터 장춘 방면에 통과한다는 것을 들었소. 그것은 일본의 대신 을 영접코저 하는 기차란 말을 들었소.[4]

하얼빈은 러시아의 세력권이라 당연히 러시아가 치안을 담당하고 있었 다. 러시아 측에서는 이토 일행의 경호에 만전을 기하고자 준비에 착수했 다. 10월 23일 러시아 철도 당국은 하얼빈 주재 일본 총영사 가와카미 도 시히코川上俊彦에게 환영객으로 참석할 일본인 명단을 요구하면서, 한정된 사람에게 통행증을 발급할지 여부를 문의했다. 그러나 일본 총영사관 측 은 자국민의 자유로운 출입이 보장되어야 한다며 이를 받아들이지 않았 다. 러시아 재무대신 코코프체프는 이토의 사살과 관련해 자국 외무부에 다음과 같은 내용의 전문을 전송했다.

> 동청철도관리국은 일본영사에게 일본국민들 중 누구에게 차표를 보내야 하는지 가르쳐 달라고 이틀 동안 요청했습니다. 영사는 그 대답으로 일본 인들은 차표 없이 완전히 자유롭게 출입할 것을 요청했습니다. 사살자는

순수한 일본인의 외모를 가졌고, 일본국민들 사이에 있었습니다.[5]

당시 하얼빈에 거주하던 한국인이 이미 300여 명을 넘어섰고, 더욱이 러시아인들이 보기에 외견상 일본인과 한국인을 구분하기는 쉽지 않았을 것이다. 이와 같은 천재일우千載一遇의 기회를 잡아 안중근은 하얼빈 역에서 일본인 환영 인파에 뒤섞여 들어갈 수 있었다.

이토는 10월 12일 다수의 수행원을 대동하고 도쿄 역을 출발해 16일 시모노세키에서 여객선을 타고 18일 대련 항에 도착했다. 21일에는 여순을 시찰하고 봉천으로 들어가 25일 무순 탄광을 시찰한 후 당일 봉천에서 장춘을 향해 북쪽으로 올라갔다. 장춘에 도착한 이토는 청나라 도대가 주최하는 연회에 참석한 후 러시아철도국이 보내온 특별열차에 올라 1909년 10월 26일 오전 9시 하얼빈 역에 도착했다.

각국 영사와 일본 거류민 대표단, 기타 일본과 러시아 요인들이 차례로 도열하고, 바로 뒤에 이를 지켜보는 일본인들로 인산인해를 이루었다. 군악대가 축가를 연주하고 연신 폭죽이 터졌다. 훗날 안중근은 자서전에서 "나는 신문 삽화에서 보았을 뿐이므로 이토가 틀림없느냐 아니냐 주저하였다. 만일 한 번 잘못 쏜다면 큰 일이 낭패가 되기 때문"이라고 회고했다.[6] 이토를 직접 본 적이 없으니 기차에서 내리는 인사 가운데 누가 이토인지 명확치 않다고 우려했던 것이다.

재판장: 그대는 일찍이 이토 공을 만난 일이 있는가.

안중근: 만난 일이 없소.

재판장: 사진을 본 일은 있는가.

안중근: 신문에 난 것을 어렴풋이 기억하오.

하얼빈 역에 표시된 안중근의 이토 히로부미 저격 지점

재판장: 신문의 사진쯤으로 견양(도본)이 옳게 될 것인가.

안중근: 충분한 판별은 안되오. 대개 짐작은 되고 복장에 의하여 구별이 되
리라고 생각하였소.[7]

이토가 기차에서 내려오자 군대가 경례하고 군악 소리가 하늘을 울리
며 귀를 때렸다. 이때 안중근은 그가 바로 이토임을 직감했다. 러시아 관
리들이 호위하고 오는 중에 맨 앞에 누런 얼굴에 흰 수염을 가진, 일개 조
그마한 늙은이가 염치없이 걸어오고 있었다. 안중근은 "저것이 필시 늙은
도둑 이토일 것이다" 하며 단총을 뽑아들었다고 회고했다.[8]

이토는 기차에서 내려 러시아 대신과 악수하고 군대의 경례에 답례하
며 천천히 각국 영사가 있는 곳으로 향했다. 160센티미터 정도의 작은 키
에 머리가 상대적으로 크고 흰 수염을 날리며, 둥근 중절모를 쓰고 긴 외
투른 입은, 체격이 조그마한 노인이었다. 안중근은 브로닝권총을 쥔 손을

주머니 속에 넣고 러시아 군인들 뒤에 서서 틈을 엿보다가 이토가 10보 정도 거리로 다가오자 뛰어들어 권총을 발사했다. 영하 5도의 차가운 공기를 뚫고 세 발의 총탄이 침략의 원흉 이토의 흉부와 복부, 옆구리에 모두 명중했다. 남은 세 발의 총탄은 하얼빈 주재 일본 총영사 가와카미 도시히코, 수행비서관 모리 타이지로森泰二郎, 남만주철도주식회사 이사 다나카 세이지로田中淸次郎에게 향했다.

움직이는 대상에 정확히 실탄을 명중시킨 데서 알 수 있듯이 안중근의 사격술은 보통이 아니었다. 그는 어려서부터 틈만 나면 포수를 따라 화승총을 메고 사냥에 나섰으며, 매번 명사수로 이름을 떨쳤다고 한다. 아버지 안태훈과 친분이 있던 김구도 《백범일지》에서 안중근을 "안씨 집안의 총 잘 쏘는 청년"으로 묘사했다.[9]

> 나는 평생 동안 특히 즐기는 일이 네 가지가 있었다. (중략) 그 가운데 셋째는 총으로 사냥하는 것이다. 넷째는 날랜 말을 타고 달리는 것이었다. 의협심이 있고 사나이다운 사람이 어디에 산다는 말을 들으면 멀고 가까운 것을 가리지 않고 총을 지니고 말을 달려 찾아갔다.[10]

총탄을 맞은 이토는 그 자리에서 고꾸라졌고, 군악대 연주와 사람들의 함성이 뒤섞여 하얼빈 역은 순식간에 아수라장이 되었다. 안중근은 도망하지 않고 성호를 그어 천주께 감사드리고, 그 자리에 우뚝 서서 "코레아 우라!(대한 독립 만세)"를 세 번 외쳤다. 이때가 1909년 10월 26일 오전 9시 30분경이었다.

이토는 응급 처치를 위해 열차 안으로 옮겨졌다. 가쁜 숨을 몰아쉬던

이토는 자신을 저격한 자가 누구인지 물었다. 객차 안으로 들어온 러시아 인사의 말을 측근이 일본말로 통역하며 한국인이 저격범으로 체포되었음을 이토에게 알렸다. 이토는 무슨 말을 하려 했지만 이미 의식을 잃어가고 있었다. 오전 10시경 68세의 나이로 이토 히로부미는 하얼빈 역에서 생을 마감했다.

동양 평화를 위해 목숨을 걸다

안중근은 하얼빈 역 현장에서 체포되었다. 하얼빈은 엄연히 중국 땅이니 영지권領地權(영토 주권)은 중국에 속했지만 경찰권은 러시아에 속했다. 그리고 1905년 을사조약 이후 한국의 외교통치권이 일본에 귀속되었기 때문에 범죄인 인도 조약상 안중근은 일본의 관할국인에 속했다. 이에 따라 안중근은 체포된 직후 러시아 검사 2명으로부터 심문을 받았는데, 일본 총영사관 서기 스스기노가 이 자리에 함께 있었다. 만일의 경우 러시아와 재판 관할권 문제를 협의하기 위해 그리한 것이었다.

　일본은 러시아 관할 구역인 하얼빈에서 안중근을 사법 처리할 경우 통제권을 행사할 수 없음을 알고, 일본의 세력권인 요동반도에 위치한 여순 감옥으로 안중근을 보내달라고 러시아 측에 요청했다. 러시아도 자신들의 초청을 받아 하얼빈에 온 이토의 죽음 때문에 외교적 분란이 생길까 우려하며 전전긍긍하던 차였다. 실제로 당시 러시아와 일본 사이에 '도망 범죄인 인도 조약'이 교섭 중에 있었고, 이 조약은 1911년 6월 1일에 체결되었다. 결국 러시아 검사국은 안중근을 일본영사관으로 보내 여순감옥으로 호송했다.

　안중근의 재판은 1910년 2월 7일부터 14일 사이에 여순의 관동도독부 지방법원에서 진행되었고, 일본인 관선 변호사인 가마타 세이지鎌田正治,

미즈노 기치타로水野吉太郎의 변호만이 허가되었다. 국내 유지와 안 의사의 모친 등이 보낸 안병찬 변호사, 연해주 한인회가 파견한 러시아인 콘스탄틴 미하일로프(전《대동공보》사장), 상해에서 간 영국인 변호사 제니 더글러스 등의 변호 신청은 일절 받아들여지지 않았다.[11]

공판에서 재판장 마나베 주조眞鍋十藏는 안중근에게 "일본이 한국을 병합하려 한다고 말하지만, 세계만방이 감시하고 있는 한 그것이 불가능한 일이라는 것을 아는가?"라고 질문했다. 그러나 재판장의 인식은 머지않아 강요된 한일강제병합으로 허황된 논리임이 입증되었다. 한국 침략의 원흉 이토 히로부미를 저격한 안중근의 판단과 행동이 정확했던 것이다.

안중근의 공판은 속전속결로 진행되어, 단 6회 개정으로 종료되었다. 사형 선고가 내리자 안중근은 "일본에는 사형 이상의 형벌은 없는가?"라고 반문했다. 2월 19일 그는 항소를 포기했다.

1910년 3월 26일 오전 10시, 안중근은 모친이 보내준 흰 무명 저고리와 두루마기, 검은 무명 바지를 입고 교수대에 올랐다. "유언할 것이 있는가?"라는 말에 '동양평화 만세 3창'을 하겠다고 제안했으나 받아들여지지 않았다. 간수는 백지와 백포로 안중근의 눈을 가리고 마지막 기도할 시간을 주었다.[12] 그리고 사형이 집행되었다. 안중근은 침착한 태도로 마지막 15분을 보내고 서른 두 살의 불꽃같은 생을 마감했다.

10
조선총독에게 폭탄을 던진 노인

서울역에서 감행한 의거

서울역 역사 앞에는 두루마기를 걸친 노인의 동상이 우뚝 서 있다. 오가는 사람들은 동상 앞을 지나면서도 그가 누구인지 낯선 듯하다. 아니, 아무런 느낌이나 감정도 없이 그저 오가는 것 같다. 이 노인은 1919년 제3대 조선총독 사이토가 부임하던 9월 2일 남대문역(서울역)에서 폭탄을 던진 강우규 의사이다.

해방 전에 강우규는 한국인이라면 모르는 사람이 없을 정도로 독립운동의 상징적 인물이자 큰 어른으로 존경받았다. 박경리의 소설《토지》에도 강우규를 두고 사람들이 대화하는 장면이 나온다.

서울역 역사 앞의 강우규 의사 동상. 서울역 의거 92주년을 맞아 2011년 9월 2일 오전 10시에 제막식을 거쳐 세워졌다.

젊은 선상, 강우규 어른을 아신다요? 강우규 의사를 모를 사람이 있겠소? 3·1운동의 수습책으로 작년 9월에 해임된 하세가와 총독 대신 사이토가 후임총독으로 부임하던 날 남대문 역두에서 폭탄을 터뜨린 예순 다섯 살의 노인 강우규를 모를 사람은 없을 것이다. 그 노인은 며칠 전에 처형되어 이 세상에는 없는 사람이다.[1]

강우규 의사는 노인동맹단 소속의 64세 노인이었다. 그의 의거는 문화통치라는 미명으로 식민지 지배를 영구화하려는 일본의 정책에 대한 한국인의 대답이자 준엄한 심판이었다. 이 의거는 국내 폭탄 의거의 효시이자 1920년대 의열투쟁의 기폭제가 되었고, 이후 국내와 만주, 상해 등지에서 각종 비밀결사가 속속 결성되었다.

강우규 의사가 폭탄을 던진 제3대 조선총독 사이토는 어떤 사람이었을까? 3·1운동을 계기로 일제는 기존의 폭압적 식민통치를 더는 지속하기 어렵다고 판단하고 이른바 '문화통치'를 내세웠다. 일제는 무단통치의 상징인 헌병경찰제도를 보통경찰제도로 대체했고, 교사가 대검을 차고 수업을 진행하던 방식도 폐지했다. 이와 함께 한글 신문과 잡지의 발간을 허용하고, 집회 결사를 부분적으로 허용했으며, 한국인을 지방행정의 관직에 등용하는 등 '황국신민'(일본인)과 차별 없이 대우한다는 환상을 심어주었다. 이때 문화통치를 전면적으로 내세운 사람이 바로 제3대 조선총독 사이토 마코토齊藤實였다.

문화통치는 식민통치를 영구화하려는 눈가림에 지나지 않았다. 사이토 마코토 총독의 취임 자체도 일종의 기만극이었다. 그는 현역 군인은 아니었지만 이미 군인의 신분으로 해군대신을 역임한 사람이었다. 문화통치 기간에 문관이 총독으로 부임한 경우는 한 번도 없었다. 사이토가 총독으로 통치한 8년 동안 군과 경찰력도 이전에 비해 몇 배나 늘어나 전국에 분산 배치되었고, 항일운동에 대한 철저한 감시와 탄압이 자행되었다. 태극기 사용과 애국가 제창도 3·1운동 이후 금지되었다. 일제는 1925년에 조선사편수회를 설립해 한국 역사를 왜곡하고 식민 사관을 날조하는 공작에 착수했다. 지방행정에 한국인을 채용한다는 명분하에 친일파를 양성했고, 독립운동 조직을 회유하고 분열을 획책하는 공작을 밥 먹듯이 벌였다.

다정한 할아버지 강우규

강우규는 1855년 평양에서 북쪽으로 150리 떨어진 덕천군에서 빈농의 아들로 태어났다. 어릴 적 부모를 잃은 그는 누나 집에서 성장했다. 자라면서 한의학을 배웠고 함경남도 홍원군에서 잡화상을 운영하는 등 꽤 많은 자산을 모으기도 했다. 이동휘 선생(훗날 대한민국임시정부 국무총리)과의 만남은 강우규가 독립운동에 뛰어드는 계기가 되었다. 그는 이동휘가 주창하던 교육의 중요성에 깊이 공감하고, 한국의 독립을 위해 교육이 중요하다는 사실에 눈떴다.[2]

1910년 한일강제병합 이후 강우규는 가족을 이끌고 만주로 이주했으며, 연해주 하바롭스크를 거쳐 1917년에는 중국 길림성 요하현에서 신흥동을 개척했다. 1917년 봄 이곳에 광동학교를 설립하고 스스로 교장에 취임해서 한국인들을 대상으로 민족교육에 전념했다. 광동학교에서는 대한 지리, 역사, 체조, 한문, 창가, 산술, 물리, 생물 등 신식교육을 실시했고, 특히 민족의식을 고취하는 데 많은 노력을 기울였다.

강우규의 맏며느리 최집손 여사와 손녀 강영재는 해방 후 1959년 인터뷰에서 강 의사의 만주 생활에 대해 상세히 털어놓았다. 강우규는 며느리를 딸처럼 귀하게 여겼으며, 때로는 버선 짓는 것까지 가르쳐주고, 병으로 누워 있을 때는 머리의 이를 잡아줄 정도로 자상했다고 한다.[3]

교장에 취임한 강우규는 조회 때마다 독립의 중요성을 일깨웠고, 교과서가 없어 손수 붓으로 그림까지 그려 교과서를 만들어 가르쳤다고 한다. 공부하기 싫어하는 아이들에게는 미리 사둔 엿으로 달랜 후 붓글씨 공부를 시켰다고도 전한다. 이처럼 강우규는 독립운동의 지도자이자 다정한 할아버지였고 자상한 교육자였다.

3·1운동 후 강우규는 대한국민노인동맹단(이하 노인동맹단)에 가입하여 요하현 지부장으로서 본격적으로 독립운동을 벌였다. 노인동맹단은 3·1운동 직후인 3월 26일에 블라디보스토크에서 결성되었다. 회원 자격은 46세 이상의 재외 한인으로, 연령에 제한을 두었을 뿐 남녀를 가리지 않았다. 1919년 5월 5일에 노인동맹단은 일곱 명의 대표를 선발하여 국내로 파견했다. 이들은 5월 31일 서울에 도착하여 오전 11시경 종로 보신각 앞에서 태극기를 흔들며 대한독립만세를 외치다가 체포되었다. 파리강화회의에 한국독립청원서를 보내고, 블라디보스토크 일본총영사관에 독립요구서를 보내기도 했다.

1919년 8월 노인동맹단은 강우규를 서울에 파견했다. 이미 그해 6월 강우규는 동부시베리아 우수리철도의 청룡역에서 러시아 상인에게 50루블을 지불하고 폭탄을 사두었다. 판매인이 용도를 묻자 그는 "원한이 있는 자를 죽이는 데 사용할 것"이라고 대답했다. 그는 7월 8일 블라디보스토크를 출발하여 원산에서 약 1개월간 머물다가 8월 8, 9일경 서울로 들어와 9월 2일 남대문역(서울역)에서 신임 총독 사이토에게 폭탄을 던졌다.

치밀한 준비, 과감한 실행

1919년 7월 5일 하세가와 요시미치 총독이 한국을 떠난 후 《경성일보》, 《매일신보》는 사이토 마코토가 후임 총독으로 결정되었다는 사실을 보도하면서 그의 시정 방침과 얼굴 사진을 실었다. 이를 통해 강우규는 사이토의 면면을 익힐 수 있었다. 8월 4일 원산을 출발해 다음 날 서울에 도착한 강우규는 안국동 95번지의 김종호 집에 묵었다.

거사를 준비하던 강우규는 사이토가 9월 1, 2일경에 남대문역에 도착한다는 신문 보도를 접했다. 이에 그는 8월 28일 안국동 숙소를 나와 남대문통 5정목 60번지의 박영호가 경영하는 여인숙으로 거처를 옮겼다. 안국동은 남대문역과 거리가 멀기 때문에 거사를 실행하기 가까운 곳으로 장소를 옮긴 것이다. 그날 이후 강우규는 매일 남대문역 주변의 지리를 상세히 조사하면서 거사에 적당한 장소를 마음속에 점찍어두었다.

9월 1일 강우규는 여느 때처럼 남대문역에 나갔는데, 이날따라 유달리 많은 일본군과 일경들이 역 주변에서 분주히 움직이고 있는 것을 보고, 머지않아 총독이 도착하리라고 예측했다. 이에 만반의 준비를 갖춘 채 밤늦도록 기다렸지만 신임 총독은 도착하지 않았다.

다음 날에는 아침부터 가랑비가 부슬부슬 내렸다. 강우규는 간직해온 폭탄을 정성스럽게 수건에 싸서 품속에 넣은 다음 우산 하나를 들고 여인숙을 나섰다. 남대문역에는 부임하는 사이토를 환영하기 위해 수많은 군중이 구름 떼처럼 모여 있었다. 강우규는 침착하게 남대문역의 환영 인파 속으로 들어갔다.

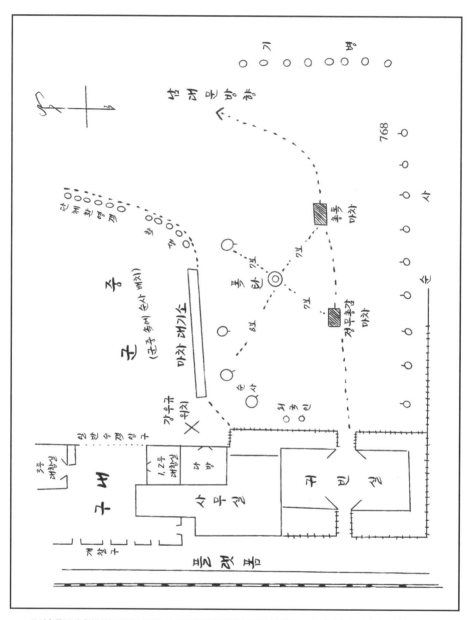

조선총독부가 일본외무성에 보고한 남대문역 폭탄 투척 현장의 상세도. ×표 지점에서 기다리고 있던
강우규 의사는 사이토 총독이 귀빈실에서 나오는 시점에 뛰쳐나가 ◎ 지점에 폭탄을 던졌고, 사이토는
마차를 타고 그대로 남대문 방향으로 달려갔다.

남대문역 광장에는 사이토 총독 내외가 타고 갈 마차와 미즈노 정무총감 내외가 뒤따를 마차가 한 대씩 기다리고 있었다. 마차 옆에는 수행원들이 탈 인력거가 두 줄로 늘어서 있었다. 아침부터 역 주변은 물론 남산 중턱에 위치한 총독 관저에 이르는 일대의 경비가 삼엄했다.

오후 4시 무렵 사이토를 태운 기차가 남대문역에 도착하자 경비가 한층 삼엄해졌다. 이때 강우규는 군중을 헤치고 정거장 귀빈실 출입구 오른편으로 갔다. 얼마 후 사이토가 아내와 함께 마차를 타려고 귀빈실을 나섰을 때, 귀를 흔드는 예포 소리가 터져 나왔다.

사이토가 정무총감과 비서관 등을 대동하고 마차에 오르려는 순간 귀빈실 출입구에 있던 강우규가 수류탄의 안전장치를 풀고 총독을 향해 수류탄을 던졌다. 그러나 요란한 폭음과 함께 탄편이 사이토의 군복과 혁대 세 곳에 구멍을 냈을 뿐, 사이토는 목숨을 부지한 채 마차를 타고 황급히 현장을 빠져나갔다.

빗나가 떨어진 폭탄은 정무총감 미즈노 렌타로水野鍊太郎를 비롯한 총독부 요인과 관리, 신문기자 등 37명에게 중경상을 입혔다.《오사카조일신문》의 경성 특파원 다치바나橘香橘는 탄편이 복부를 뚫고 지나가는 바람에 복막염과 폐렴에 걸려 그해 11월 1일 오전 9시에 사망했다.《오사카매일신문》의 경성 특파원 야마구치山口諫男 특파원도 중상을 입고 응급처치를 했지만 목숨을 잃었다. 경기도 순사 스에히로末弘又二郎는 탄편이 왼쪽 대퇴부를 뚫고 들어가 외상성 패혈증을 일으켜 그해 9월 11일 오후 사망했다.[4] 당시 상황을 현장에서 직접 취재했던 기자는 훗날 다음과 같은 귀중한 기록을 남겼다.

남대문역두 폭성

그럭저럭 하는 동안에 9월 2일이 되었다. 나는 ××××일 경성역 안에 내리는 것을 맞으러 경성역에 나갔다. 경성역도 그때는 지금과는 아주 달라서 2층이 아니요 단층 평가平家이며 이름도 남대문역이요 남측으로 귀빈실이 있었다. 오후 4시경 ○○씨가 탄 특별열차는 닿았다. 이 날의 경계는 실로 삼엄하였으니 남대문역으로부터 왜성대倭城臺*까지 서리 같은 총검을 메인 병사가 이중삼중으로 특별의 성을 쌓아 도산검수刀山劍水**의 감이 있었다. 그리고 기병대는 총검을 메이고 말을 달려 가로에서 가로로 간단없이 질주하였다.

백사白砂(흰모래)를 녹일 듯 하든 열일(뜨거운 태양)도 이 날은 층운 속에 감추이고 음울한 기분이 있었다. 이 날의 시민 간에는 유언비어가 성행하여 남대문역부터 가로까지는 수만의 군중이 술렁술렁 우왕좌왕하며 알 수 없는 의구불안의 공기에 쌓여있었다. 역 구내에는 오래간만에 ○○이 온다 하여 재경 각국 영사, ○○부 고관, 조선귀족, 민간인사, 신문기자가 차례로 나열하였다.

정각이 되었다. ○○을 실은 특별열차가 들어와 닿더니 설백의 해군대장복을 입은 ○○씨가 내리며 공손히 모든 출영인에게 일일히 경례를 하고 지나간다. ○○씨는 곳 귀빈실을 지나 마차에 올랐다. 새 ○○을 카메라에 넣으려고 각 신문사 사진반과 각 신문특파원들이 앞을 다투어 나간다. 남산공원에서는 전시를 위압하는 듯이 예포가 울린다. 예포가 마치고 ○○이 탄

---

* 현재의 중구 예장동, 회현동 1가 부근으로 조선총독부 청사가 있었다.

** 칼과 무기가 산과 물처럼 많다는 뜻으로, 매우 험하고 위험한 지경을 비유적으로 이르는 말이다.

마차가 떠나려는 순간에 따당- 땅- 쾅- 하는 급전 같은 소리가 나더니 대지가 울근울근 울리며 모든 사람의 가슴에는 전광 같은 일말의 공포가 지난다. 숨이 막힐듯한 불안과 심장이 선듯한 경해驚駭(뜻밖의 일로 몹시 놀라 괴이하게 여김)가 일시에 엄습한 것이다. 앞으로 나가든 일본인 신문기자들이 상혈된 눈을 크게 뜨고 『따아나마이트』 바꾸단바꾸단(폭탄) 하면서 뛰어 나갈 데가 없으니까 제 섰던 자리에서 길길이 뛴다.

하수자가 던진 폭탄은 ○○이 탄 마차를 향하여 던지자 곳 땅에 떨어저 폭발되며 30여 명이 거꾸러지니 경계하던 헌병과 경관이 일제히 칼을 빼가지고 달려들었던 것이다. 그러나 하수자는 없어졌다. 30명 중경상자는 곧 실어 병원으로 가게 되고 ○○이 탄 마차만은 홀홀히 뚤뚤 굴러 갔다. 다만 비탄이 ○○의 혁대를 맞히어 태웠다고 한다. 역 구내에 남아 있던 외국영사들도 이구석 저구석에 모여서 의구 중에 수근수근한다.

전광같이, 폭풍같이 지나간 경해驚駭는 모든 사람의 얼굴을 창백케 하였다. 현장에는 땅이 깊이 패이고 선혈이 가득 고였다. 혹 피가 뭉텅이로 엉긴 데도 있다. 귀빈실에 앉아있던 귀족들의 얼굴에도 창황초조의 빛이 보인다. 어떤 사람이 "대감, 그래도 이 경계선이 걷히기 전에 어서 가야지 이 경계선만 걷히면 오늘 무슨 변이 있을런지 모릅니다" 하고 공포에 쌓인 경고를 발한다. 이완용만은 벽을 향하야 손톱을 씹으며 고요히 있었다.[5]

순사, 순시 현장즉사, 양대 신문기자 참사

정거장에 나와 보니 모든 사람의 얼굴에 공포와 경해驚駭가 물결쳤다. 사복형사가 구석구석에 서서 기찰機察(검문)하고 있다. 그날 밤에는 전 경성에 대수색령이 내리고 수사본부는 현 체신국 간이보험과가 있는 종로경찰서였다. 나는 기자 된 후 처음으로 사변 익일에 경찰서에 가서 당시 고등계 주

임이던 오카모토岡本某를 만나보니 그는 한밤을 꼬박 새웠다 하면서 붉어

진 눈으로 아직 대중을 잡을 수 없습니다 한다.

사변 당일에 부상자 30여 명 중에 경기도청 순사 1명, 본정경찰서 순사 1명

이 즉사하고 제일 선두에 섰던 대판조일신문 특파원 다치바나橘香橘와 대

판매일신문 특파원 야마구치山口諫男는 중상을 입어 1년 여를 앓다가 필경

치사하고 말았고, 경성일보 기자, 조선신문 사진부원도 부상하였다. 사건이

지난지 근 2개월이나 되어서 강우규가 동대문 내에서 경찰부 경부 김태석

의 손에 잡혔다.[6]

사이토를 비롯해 환영 나온 일본인과 한국인 인파는 혼비백산하여 목

숨을 부지하기 위해 사방으로 흩어졌다. 서울역은 일대 아수라장이 되었

다. 폭약의 먼지와 혼란을 뒤로 한 채 강우규는 현장을 유유히 빠져나와

자취를 감추었다. 현장을 나와 박영호의 여인숙, 김종호의 집을 옮겨 다니

다가 9월 7일 가회동 82번지 장익규의 집으로 옮기고 다시 사직동 임승

화의 여관에 숙소를 정했다. 경성 시내에 잠복하여 수염을 깎고 옷차림을

바꾸고 이름을 강영일로 고쳤다.

사이토의 경호를 위해 수많은 헌병과 경찰이 도열하고 있었지만 강우규

는 검문, 검색을 피해 유유히 자취를 감출 수 있었다. 그 이유는 환영 인파

가 사방팔방으로 흩어지면서 아수라장이 된 탓도 있었겠지만, 무엇보다도

경호 인원이 60대 중반의 노인에게 주의를 기울이지 못한 탓도 있었다.

조선시대 사람들의 평균수명은 40세 정도에 불과했다. 의약 등 여러 혜

택으로 좋은 조건이었던 왕의 평균수명도 44세 내외였다. 일제강점기인

1925~1930년 사이의 통계에 따르면, 한국인의 평균수명은 37.4세였다. 한

국인의 평균수명은 1960년에 52.4세, 1980년 65.8세가 되었고, 2018년 통

계청의 발표에 따르면 82.7세에 이르렀다. 따라서 일제강점기 강우규의 나이를 지금으로 추산해보면 90여 세의 노인이 거사를 일으킨 셈이다. 당시 경호하던 사람들은 강우규에게 주의를 기울일 이유가 없었던 것이다. 다시 말해, 강우규의 의거는 어린아이부터 노인에 이르기까지 한국인이라면 독립에 대한 뜨거운 열망을 가슴 깊이 간직하고 있었음을 분명히 보여준 쾌거였다.

재판정에서도 꿋꿋했던 기개

강우규는 9월 17일 사직동 임승화가 경영하는 여관에서 체포되었다. 한국인 형사 김태석이 수소문 끝에 그를 발견했다고 한다. 강우규는 공범 혐의로 체포된 8명과 함께 본정本町경찰서에서 취조를 받았다. 강우규를 취조했던 경찰부장 지바 료千葉了는 그는 우국지사였으며, 밉다는 감정이 조금도 들지 않았다고 증언했다. 공범자가 있는지 묻자 강우규는 이처럼 큰일을 결행하는데 누구와 상의할 수 있겠느냐며 반문했다.

9월 29일 강우규는 경성지방법원 검사국으로 송치되었다. 그는 서대문 형무소에 수감된 후 나가시마永島雄藏 판사의 예심판결을 거쳐 법정에 서게 되었다. 그의 체포와 관련된 내용은 일본외무성의 외교문서에 다음과 같이 기록되어 있다. "9월 2일 총독 부임 시에 남대문역에서 폭탄을 투척하여 총독을 살해하려 기도한 범인을 9월 17일 아침 경성부 누하동 17번지에서 체포하여 경찰서에서 취조하고, 9월 29일 경성지방법원 검사국에 송치하였다. 공범혐의자는 모두 8명으로, 현재 체포하여 조사 중이다."

재판이 열리던 날 수많은 군중이 법정 주변에 몰려든 가운데 강우규는 당당한 개선장군처럼 재판정에 등장했다. 그는 조금도 기가 죽거나 두려워하는 기색이 없었다. 이러한 모습은 재판정에 참석했던 신문기자이 최고에 잘 나타나 있다.

> 강우규는 ○○범인으로서 법정에 선 것을 보았다. 그는 키가 훨씬 크고 둥
> 근 얼굴에 입 위에는 은실같은 팔자수염을 가졌으니 이른바 호랑이 수염虎
> 髥이다. 목소리(성음)가 정중鄭重하다. 눈이 풋득 풋득 올 때에 회색 두루마
> 기를 입고 우루루하는 수인 마차와 함께 법정에 썩 들어서면서부터 발을
> 통통 구르던 모습이 10여 년이 지난 지금에도 생각이 난다.[7]

재판장의 질문에 강우규는 거리낌 없이 꾸짖기도 하고 일제를 비웃기
도 했다. "이 재판은 너의 총독이 시켜서 하는 것인가 천황이 시켜서 하는
것인가. 내가 알기로 사이토는 세계평화를 좀먹는 죄인인데 왜 잡아다 심
문하지 않고 나만 이 궁지에 몰아넣는가"라고 항의하기도 했다. 재판이 시
작되어 재판장이 '피고'라고 부르자, 강우규는 '고얀놈' 하며 버럭 호통을
쳤다. 재판장은 기가 꺾여서 그에게 꼬박 '영감님' '강 선생'이라 하며 존대
를 했다.[8] 이러한 재판 과정은 신문 기사로 실렸다.

> **문)** 그날 오전에 명주수건에 폭탄을 싸가지고 파나마 모자에 가죽신을 신
> 고 양산과 세수수건을 가지고 남대문정거장에 갔었는가.
> **답)** 그리하였소.
> **문)** 그날은 총독이 들어오는 날이라 조선귀족과 군인, 기타 사람들이 모여
> 드는 것을 보고, 정말 총독이 들어오는 줄 알고 귀빈실 출입구에 기다리고
> 섰다가, 폭탄 던질 자리를 선택하여 서 있었는데, 신임총독이 귀빈실에서
> 나와 그의 부인과 함께 마차에 오르려 할 때에 피고가 일찍이 신문에서 본
> 사진을 대조해 보아서 얼굴이 총독임에 틀림없으므로 폭탄을 던졌는가.

답) 그리하였소.

문) 그 부근의 형편은 어떠하였는가.

답) 총독의 마차는 내가 선 곳에서 불과 5-6간(9-11미터) 되는 곳이었고, 사람은 그다지 많지 않았소.

문) 마차가 떠나려 하는 순간에 마차의 좌우에는 사람이 얼마나 섰었는가. 경례하는 사람이라든가 사진반과 신문기자와 경관이 많이 있지 않았는가.

답) 나는 자세히 알 수가 없소. 다만 총독이 마차에 타는 것을 보고 바로 던졌을 뿐이오.

문) 총독이 마차에 탈 때에 피고는 오른손으로 폭탄을 내어서 수건으로 가리어 가지고 있다가 총독의 가슴을 향하여 던졌는가.

답) 그리하였소.

문) 폭탄을 던질 때에 큰 소리와 함께 연기가 나며 마차의 앞에 떨어진 것을 모르는가.

답) 어찌 되었던지 나는 폭탄을 던진 후의 일은 모르오.

문) 폭탄이 떨어져 소리가 나고 폭발이 되어 깨어진 조각 한 쪽이 마차에 맞고, 다른 한 쪽은 마차의 뒤를 치어 총독의 검대를 맞히고, 부근에 있던 신문기자 외에 37명이 중경상을 당한 일을 아는가.

답) 나는 다만 던지었으니까 총독은 죽었으리라 하고 하나님께 기도만 하였을 뿐이오. 아무것도 당시 일은 모르오. 그러나 나는 춤을 추며 내가 지은 시를 읊으려 할 적에 총독이 죽지 아니하고 마차는 굴러가는 것을 보고 나는 과연 실망낙담하였소.

문) 어찌 되었던지 총독은 아니 죽었으나 대판조일신문 특파원 다치바나 외에 37명이 상한 것을 아는가.

답) 모르오.

문) 사람이 많이 모인 곳에 폭탄을 던지면 다른 사람이 많이 상할 줄을 몰랐는가.

답) 나는 폭탄이라는 것을 말만 듣고 항아리만큼 큰 것으로 알았오. 내가 사용한 것은 폭탄이라 하나 끝이 뾰족함으로 그 곳에서 탄환 같은 것이 나와서 맞으면 맞은 사람만 죽고 다른 사람에게 위험한 일이 있는 것은 몰랐소.

문) 그러나 최자남의 말에 의하면 폭탄을 던지면 육혈포 24배의 위력으로 백 명의 사람을 죽일 만하다 하였으니, 이 말은 당신이 한 것이 아닌가.

답) 그 말은 최자남의 말이오. 또 지난번 법정에서 최자남의 진술을 들은 즉 역시 자기도 그런 일이 없다고 변명하는 말을 들었소.

문) 폭탄을 던지고 나서 소동이 일어났으나 아무도 잡지 아니함으로 천천히 돌아와서 다른 곳으로 달아남보다 경성에 숨어 있음이 안전하리라고 수염을 깎고 숨어있었는가.

답) 폭탄을 던지고 달아나려고 한 것은 아니오. 총독은 죽지 아니하고 아무도 잡지 아니함으로 내 생각에 하나님이 총독도 불쌍하게 여기시고 나도 죽지 말라고 하심인가 하고 아무데로도 달아나지 아니하고 서울에 머물렀소.[9]

강우규는 1920년 2월 25일 경성지방법원에서 사형을 선고받았으며, 이후 다시 경성복심법원에 항소했다. 심문을 마치고 변호사의 변호가 끝난 후 판사는 강우규에게 더 할 말이 없느냐고 물었다. 이에 강우규는 일어나 위엄스럽게 팔자수염을 쓰다듬으며, 다음과 같이 말했다.

내가 좀 할 말이 있소. 신문의 보도에서 일본 천황의 칙명을 읽어보니, 신민은 인도와 정의로써 모든 일을 대하며 더구나 동양평화를 유지하기 위해 끝까지 노력하라 하였소. 그러나 사이토는 자기 나라의 황명을 거역한 역적이오. 동양평화를 깨뜨리는 사람이며 인도와 정의를 무시하는 자임으로 죽이려 한 것이오. 더욱이 나는 결코 달아나려고 수염을 깎고 숨은 것이 아니라 남대문에서 죽지 못한 것이 크게 분하여 어떻게 해서든지 사이토를 죽이고자 하여 그리한 것이오. 그리고 내가 항소를 한 것은 결코 사형을 면하고자 하여 그리한 것이 아니라 (공범으로 기소된) 최자남을 변호하기 위해 그리한 것이오. 나를 매명한(명예를 얻기 위해 남의 목숨을 빼앗은 자)이라 하나, 나는 죽어도 매명한은 아니오. 인도, 정의와 동양평화, 그리고 조국을 위하여 한 몸을 바친 것이요. 나는 결코 사형을 면해보고자 이런 말을 하는 것이 아니라 폭탄의 위력을 몰랐소. 내가 왜 그 불쌍한 신문기자나 사진사를 죽일 리가 있소. 나는 끝까지 총독 한 사람만 죽이고자 하는 뜻이었소.[10]

상고심에서 검사는 "총독을 죽이기 위해 폭탄을 던졌으나 실상 총독은 죽지 아니하고 다른 사람이 맞아 죽은 것이 자기에게 책임이 없다고 주장하나 그 폭탄이 떨어지면 다수 사람이 죽을 것을 예기하면서 던진 피고의 의사로 보건대 범죄성의 의사가 확실하다. 폭발물 취급 규칙이나 형법의 경우에도 미수의 경우에는 감형 또는 면죄한다는 특별한 규정이 없는 이상 원판결의 사형은 당연한 줄로 인정한다"고 논한 후 폐정했다.[11]

4월 26일 복심법원 판결에서도 사형이 선고되자 다시 고등법원에 상고했으나 와타나베渡辺 재판장은 상고를 기각하고 사형을 확정했다. 구치소의 간수장은 강우규의 상소가 기각되어 사형이 확정된 사실에 대해 기자에게 다음과 같이 전했다.

강우규는 이 말을 듣더라도 꼼짝도 아니할 사람이올시다. 그 사람은 진정한 크리스찬으로서 요새도 항상 성경읽기로 일을 삼고 아침저녁으로 묵묵

서대문형무소. 1908년 10월에 한국 최초의 근대 감옥인 경성감옥으로 문을 연 후 80년 동안 감옥으로 사용되었다. 몇 차례 명칭이 바뀐 후 1998년 11월 5일 서대문형무소역사관으로 개관하여 역사교육 현장으로 활용되고 있다.

히 기도하고 있으며, 아무런 근심하는 빛도 없이 지내고 있소.[12]

사형이 구형된 강우규를 면회한 아들은 다음과 같이 소식을 전했다.

생사를 두려워하는 것은 하등배이니라. 너는 조금도 애비 죽는다고 엇지 알지 말고 아무쪼록 잘 살아가거라 하시면서 울지도 못하게 하셨습니다. 내가 죽더라도 육체의 애비가 죽은 것이니 영혼의 애비는 영원히 살아 있을 것이라 하시면서 아무렇지도 않으셨습니다.[13]

내가 평생에 우리 민족을 위하여 지냈으나 잊히지 못하는 것은 우리나라 청년들의 교육이다. 나는 사는 것보다 죽는 것이 조선 청년의 가슴에 느낌을 줄 것 같으면 그 느낌이 무엇보다도 귀중한 것이다. 이제 내가 이만큼 애쓰다가 죽는 것은 당연한 일이 아니냐. 조선 청년의 가슴에 한 되는 것은 나 죽은 후에 조선 청년들의 교육이다. 30년 동안 북조선, 남만주로 돌아다니면서 내가 설립한 학교가 여섯 곳이요 교회가 세 곳이다. 내가 죽으면 유언을 13도에 흩어져 있는 학교와 교회에 통지하라.[14]

일제가 두려워할 만큼 컸던 영향력

강우규의 거사는 비록 사이토를 죽이지는 못했지만 한국인이 일제에 저항하고 있다는 사실을 세계만방에 알렸다는 데 큰 의의가 있었다. 더욱이 고령의 노인이 군중이 운집한 서울역에서 막 부임하는 사이토 총독을 향해 폭탄을 터뜨렸다는 사실은 한국인들 사이에서 일대 화제가 되었다. 감옥에 수감된 강우규의 일거수일투족은 한국인들 사이에서 큰 화젯거리가 되었다.

강우규는 어느덧 일제에 저항하는 상징적 인물이 되었다. 일제는 강우규에 대한 일반의 관심과 동향에 세심한 주의를 기울이며 경계하고 있었다. 이는 일본외무성에 남아 있는 다음 보고서에 잘 드러나 있다.

조선인들 사이에서 강우규가 60세를 훌쩍 넘는 노구를 이끌고 멀리 블라디보스토크로부터 경성으로 잠입하여 신임 총독의 부임에 맞추어 남대문역에서 폭탄을 투척하였다. 그 용기는 조선민족의 기상을 떨치고 이제 극형에 처해져 형장의 이슬로 사라졌으나 그 위훈은 조선민족의 뇌리에 깊은 인상을 심어주어 오랫동안 미담으로 전해지고 있다고 하며 표양하는 언행을 하는 이들이 적지 않다.

이러한 상황을 당시 신문은 다음과 같이 보도했다.

강우규는 자년 9월 2일 수만 명이 군중이 모여 있던 남대문역에서 폭탄을 던져 고요한 천지에 한 줄기 소동을 일으켰던 폭탄 사건의 당사자로서 일반 사람들이 크게 주목하고 있다. 사형 선고를 받은 강우규는 그동안 종로 구치소에 있다가 사형이 선고된 뒤 소식을 알 바 없었는데, 그 동안 두 번이나 사형집행설이 있었으므로, 세상 사람들의 이목이 그곳으로 집중되고, 세상 사람들의 청각이 그를 향하였다. 그의 안부를 그리워하는 사람이 한둘이 아니다.[15]

강우규는 1년여의 옥살이 끝에 1920년 11월 29일 오전 9시 반 서대문형무소에서 교수형으로 생을 마감했다. 당시 신문 보도에 따르면 강우규는 경남 진주에 있는 선산에 안장될 예정이었다.[16] 그런데 어찌 된 일인지 강 의사의 유해는 고양군 은평면 신사리에 있는 서대문형무소 공동묘지에 안장되었다.* 진주 강씨 종중 대표자가 강 의사의 묘지 안장 과정에 참여했고, 강 의사의 며느리도 회고 인터뷰에서 사형이 집행된 후 진주 강씨 종중에서 고양군 신사리 소재의 서대문형무소 공동묘지로 모셨다고 증언한 바 있다.[17] 아마 일본은 강 의사의 유해를 그곳에 매장해 한국인들의 관심을 되도록 피하면서 조용히 지나가려고 의도했던 것 같다.

이러한 일본의 의도는 다음의 조치에 나타나 있다. 1920년 11월 29일 강 의사의 교수형이 집행되기 직전인 11월 4일에 조선총독부는 '사형과 분묘와 제사 및 초상 단속에 관한 신법령'이라는 해괴한 법령을 반포했다.

사형 집행을 받은 자, 또는 무기징역, 금고의 형을 받은 자로서 복역 중 사

---

* 일제강점기 경기도는 경성부 내에 미아리 제1묘지, 미아리 제2묘지, 신사리, 수철리, 홍제내리, 이태원의 6개 공동묘지를 운영하고 있었다.

망한 자에 대하야는 공공연히 장송 또는 제사를 치를 수 없으며, 사자의 사진, 필적, 초상을 공공연히 상양賞揚(칭찬하여 표양함)하거나 추도회 개최를 금지한다.[18]

당시 한국 언론은 이 법령에 대해 이는 무엇보다도 강우규의 사형 집행을 대비한 일종의 준비라고 비판했다.[19] 그만큼 일제는 강우규를 둘러싼 한국인들의 동향을 두려워했던 것이다. 실제로 강우규 의사의 사후에도 그를 배일운동의 상징으로 추모하는 마음은 여전히 지속되었다. 예를 들어 강 의사가 세상을 떠난 지 4년이 지난 1924년 9월 2일자 언론 기사를 살펴보면, "오늘은 강우규가 사이토 총독을 남대문역에서 폭탄으로 저격했던 제5주년 기일인 고로 시내 각 경찰서에서 특별 경계령을 내렸다"라고 보도할 정도였다.[20]

신사리의 강우규 의사 묘지는 30년이 지나도록 방치되었다. 이후 강우규의 출신지인 덕천군 사람들을 비롯해 여러 유지들이 힘을 모아 1954년 4월 4일 청명절에 맞춰 우이동으로 이장했다. 이때 이승만 대통령이 14만 원을 내어 비석을 세웠다. 강 의사의 유해는 1967년 6월 26일에 이르러서야 동작동 현충원 국립묘지에 안치되었다.

이제, 강우규 의사가 의거를 일으킨 후 백여 년이 흘렀다. 동상으로 서 있는 강 의사는 세찬 비가 오든 눈이 퍼붓든 서울역 광장의 사람들을 묵묵히 지켜본다. 대한민국의 기차는 언젠가 휴전선을 넘고 경의선을 거쳐 압록강철교도 넘을 것이다. 그러고는 유라시아철도와 연계되어 유럽으로 뻗어나갈 것이다. 강 의사는 그날을 손꼽아 기다리는 듯, 변함없는 모습으로 그 자리에 서 있다.

11
서울의 랜드마크 경성역과 시계탑

국제철도 네트워크의 거점, 경성역

1899년 9월 18일 완공된 경인철도는 제물포를 출발해 한강 이남인 노량진을 종착역으로 운행되었다. 경인철도가 서울과 인천을 연결하기는 했지만, 개통 당시 한강에 가로막혀 기차역이 노량진에 위치한 관계로 사실상 서울 도심과 직접 연결되지는 못했다. 인천에서 열차로 운송되는 화물과 여객이 서울로 진입하려면 또다시 한강의 선박을 이용하지 않으면 안 되었다. 이러한 불편을 해소하기 위해 한강철교의 가설이 추진되었다. 경인철도 완공 이듬해인 1900년 7월 5일 한강철교가 개통되면서 마침내 경인철도가 서울 도심으로 진입할 수 있게 되었다. 한강철교가 개통된 후 경인철두는 경성역(서대문역)[*], 남대문역, 용산역, 노량진역, 오류동역, 소사역,

부평역, 우각동역, 축현역, 인천역 등 10개 역을 통과했고, 같은 해 9월에 영등포가 추가되어 모두 11개 역이 개설되었다.[1]

일찍이 러일전쟁에 대비해 일본 제국주의는 1905년 경부철도, 1906년 경의철도를 완공해 양 노선을 연결함으로써 한반도 종관철도의 체제를 완성했다. 이와 함께 1905년 9월 25일 한국과 일본을 연결하는 관부연락선이 취항하기 시작하고, 1911년에 압록강철교가 완공되자 철도 교통 시대가 활짝 열리면서 바야흐로 국제철도를 개통할 수 있는 기반이 마련되었다.

이와 같은 변화에 발맞추어 1923년 남대문역은 경성역으로 명칭이 변경되었다. 남대문역이 서울의 일부 지역을 대표하는 명칭이라면, 경성역은 수도의 명칭을 사용함으로써 한반도 철도의 거점역이라는 의미를 국내외에 알린 것이다. 경성역은 한반도 국내철도의 중심역일 뿐만 아니라 만주를 통해 남만주철도, 중동철도와 만난 후 시베리아횡단철도와 연계되어 유럽으로 향하는 국제철도 네트워크의 거점 역으로서 중추적인 역할을 담당했다.

이를 바탕으로 1926년에는 부산을 출발해 모스크바를 거쳐 유럽에 이르는 유라시아국제열차의 운행이 개시되었다. 서울역은 경성, 게이조 등 한국어, 일문, 영문 등 다국어로 표기된 간판이 즐비한 국제철도역으로서의 위상을 갖추었다. 해방 이후인 1947년 경성부가 서울특별시로 개명되면서, 역 이름도 서울역으로 변경되었다.

---

* 한강철교가 가설되고 경인철도가 서울 도심으로 진입한 후 경성역은 1900년 7월 18일부터 업무를 개시했다. 경부선이 완공된 후 1905년 1월 1일부터 경부선의 출발역, 종착역이 되었으며, 1905년 3월 27일 서대문역으로 명칭이 변경되었다. 그러나 1919년 서대문역이 폐지되면서 이후 남대문역이 경부선의 출발역이 되었다.

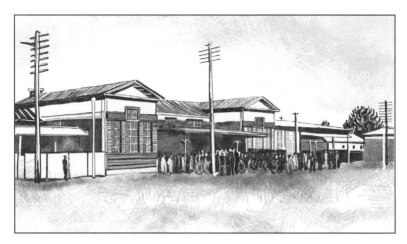
경성역으로 개조되기 전의 남대문역

남대문역에서 경성역으로 명칭이 바뀌다

1900년 한강철교가 완공되고 나서 경인철도가 남대문역에 도달했을 당시, 남대문역사는 염천교 부근 논 한가운데 46평의 2층 목조건물로 지어졌다. 역사 안에는 대합실을 비롯해 역무실, 수하물 취급소, 찻집 등이 설치되었다. 이후 1915년 도시가 확장됨에 따라 기존 역사를 헐고 남대문역이라는 명칭으로 93평 정도의 좌우 대칭형 목조건물이 지어졌다.[2] 그런데 당시에는 남대문역보다 용산역의 규모가 더 컸고, 남대문역은 오히려 용산역의 보조적인 역할을 수행하는 정도였다.

용산은 전통적으로 한강을 통한 수상 운수의 중심지였다. 조선시대 황해도, 전라도, 충청도, 경기도 등 한강 하류의 물산이 서강*에 집산되었다

---

* 조선시대 마포에서 양화진 사이의 한강을 서강이라 불렀다. 서강나루는 현재 서강대교 맞은편에 있었다.

경의선 개통 후 신축된 용산역 역사

면, 용산으로는 경상도, 강원도, 충청도, 경기도 등 한강 상류의 물산이 모여들었다. 1900년 경인철도가 완공되고 한강철교가 가설되자 수운의 중심지였던 용산나루가 급속히 쇠퇴했지만, 경인철도의 정차역인 용산역이 개설되면서 용산은 철도 교통의 중심지로 떠올랐다.

1904년 2월 러일전쟁이 일어나자 일본은 철도 대대 및 공병 5개 대대를 파견해 용산역을 기점으로 경의선 부설 공사에 착수했다. 원래 대한제국 시절에 계획된 경의선은 마포역에서 출발하는 노선이었으나, 일본군이 용산에 진주하면서 용산역에서 출발하는 것으로 계획이 변경되었다. 용산을 중추로 경의선, 경부선, 중앙선이 완성됨으로써 용산역은 일본의 병참 기지로서 핵심적인 역할을 담당하게 되었다.[3]

개설 당시 35평 규모의 초라한 판잣집 같던 용산역사는 1906년 경의선 등 철도가 통감부 산하 철도관리국 소속으로 일괄 편입되면서 그해 11월 1일 2층 목조의 887평 최신식 건축물로 신축되었다. 석조전과 조선총독부 청사 등에 석조 기반의 바로크·로마네스크 건축 양식이 도입된 데

비해 용산역사에는 목조 기반의 콜롱바주라는 건축 양식이 적용되었다. 각 층과 벽의 틀을 먼저 목조로 조성한 이후 틀 사이에 다른 자재를 채워 마감하는 방식이었다. 1914년에는 용산역을 기점으로 원산에 이르는 경원선이 개통되었다. 용산역은 1925년 경성역(서울역)이 신축될 때까지 서울에서 규모가 가장 큰 철도역사였다.

그러한 가운데 경부선, 경의선이 개통되면서 명실상부한 서울의 관문으로서 위상을 갖춘 한국의 중심 역을 건설할 필요성이 대두되었다. 용산은 서울의 부도심에 해당되며, 일제가 나남(청진), 진해와 함께 군사도시로 건설한 대표적인 지역이었다. 일본은 1903년 12월 러시아를 견제하기 위한 거점으로서 한국주차대사령부를 용산에 설립했고, 이후 사단사령부, 사격장, 보병영, 기병영, 공병영, 연병장, 위수감옥, 위수병원, 육군묘지 등을 차례로 이 지역에 설치했다. 따라서 용산역은 일반 승객이나 물류의 유통보다는 일본의 필요에 의한 군사적 역할이 강조되었다고 할 수 있다.

더욱이 용산역은 서울 도심에서 다소 떨어져 있어 새로운 역사를 건설해 서울의 중심 역으로 삼기에는 적합하지 않았다. 이러한 까닭에 일제는 도심에 근접한 기존의 남대문역을 국제철도 네트워크의 중심 역으로서 위상에 걸맞게 개축하기로 결정했다. 이에 1923년 1월 1일 남대문역의 명칭을 경성역으로 변경한 후 본격적으로 역사의 개축에 착수했다.

위용을 자랑했던 경성역사

근대 이후 우리나라에도 다양한 양식의 서양 건축물이 지어졌다. 전주의 전동성당에는 로마네스크 양식이, 명동성당에는 고딕 양식이, 한국은행과 경성역에는 르네상스 양식이 적용되었다.[4] 경성역은 르네상스 건축 양식에 18세기 서구의 절충주의 양식을 채택하고 상부 지붕에는 비잔틴 풍

일제강점기 경성역(서울역) 풍경

의 돔을 올렸다. 당초 1924년 8월에 역사를 완공하는 것으로 예정되어 있었으나, 1923년에 발생한 일본 관동대지진으로 콘크리트, 철근 등 건축 자재 운송이 어려워져서 일시적으로 공사가 중단되기도 했다. 이와 함께 당초 420만 원으로 책정된 공사비도 감축되었다.[5]

일찍이 1914년에 조선호텔을 설립한 시미즈清水건설회사가 경성역사의 제반 공사를 담당했다. 조선총독부 청사를 설계한 독일인 게오르그 라란데George de Lalande와 스카모토 야스시塚本靖 도쿄대 교수가 스위스 루체른역 역사를 모델로 삼아 공동으로 역사를 설계했다.[6]

경성역 건설에 들어간 비용은 무려 194만 5천 엔으로, 조선총독부 1년 예산의 절반에 해당되는 액수였다. 역사의 총면적은 5222평이었다. 경성역은 1925년 9월 30일 공사를 완료하고 같은 해 10월 12일부터 열차의 운행을 개시했다. 도쿄역에 이어 동양에서 두 번째로 규모가 큰 역사였다.[7]

경성역사는 스팀난방을 비롯해 위생·전기설비가 완비된 당시 최신식

1925년 당시 경성역(서울역) 역사 내 양식당 그릴의 일부 집기. 철도박물관에 전시되어 있다.

건물로 역사 안에는 그릴과 다방 등 서양음식점이 들어섰다. 1층에는 한국인들이 주로 사용하는 3등 대합실과 일본인들이 주로 사용하는 1·2등 대합실을 비롯해 귀빈실, 역장실 등 역무와 관련된 시설이 들어섰고, 2층에는 식당과 승무원 사무실 등이 배치되었다. 1층 대합실 중앙에는 대형 홀이 조성되었고, 상부 지붕에는 비잔틴 풍의 돔을 올렸다. 1층 중앙 홀 바닥은 화강암으로 조성되었으며, 중간부는 석재, 벽은 인조석을 쓰고 일부에는 회반죽을 칠했다. 돔에는 유리를 붙이고 부분적으로 스테인드글라스를 사용했다.

개찰구 카운터에는 대리석을 사용하고, 소화물 취급실에는 리그노이드* 도장을 했다. 귀빈실은 바닥을 견목으로 모자이크해 붙이고 바닥과 벽의 이음새 부분과 벽의 아랫부분에는 티크재를, 벽의 일부에는 실크를

---

* 마그네시아 시멘트 모르타르에 코르크 분말, 안료 등을 섞은 모르타르 반죽으로 바닥의 포 징제로 주고 쓰인다.

붙였다. 2층 식당 바닥은 리그노이드 도장을 하고, 바닥과 벽의 이음새 부분과 벽의 아랫부분에는 견목재를 쓰고, 바닥과 천장은 회반죽으로 칠했다.[8] 당시 한국인 중 한 사람은 경성역의 위용에 대해 다음과 같은 감상을 남겼다.

> 신면목의 경성역은 나吾人의 이목이 새로워진다. 이른바 식민지 수도의 주역사主驛라고 굉장한 위엄을 토한다고, 지면 17,269평방에 총 공사비 1,945,000여 원으로 전후 4개 년(임술 6월 1일 기공, 을축 10월 15일 개장) 동안에 축조한 상하 3층(지하층까지)의 부흥식 연와제煉瓦制*이다. 2, 3등 대합실, 부인 대합실, 변소, 이발소, 귀빈실, 하차실, 식당, 승강기, 유료변소 등 실로 장관이다. 오고 가는 승객 중 혹은 무서워도 하고, 혹은 감탄도 하고 혹은 미워도 하고 또 엇던 류는 헛수고 했다고 속 꿍꿍이도 치겠지.[9]

경성역은 일약 이별과 만남이 일상적으로 이루어지는 장소가 되었다. 철도 교통의 발달에 따라 경성역을 이용하는 승객도 급속히 늘어났다. 1928년 한 해 동안 평균 150만 명이 경성역을 통해 지방으로 내려갔고, 각 지방에서 서울역으로 130만 명이 유입되었다. 당시 경성의 인구는 약 32만 명 내외로, 매일 약 4000명이 경성역을 떠나고 약 3500명이 경성으로 들어온 셈이다.[10]

1934년에는 1년간 약 376만 명이 경성역에서 열차에 탑승하고 하차했으며, 경성역의 연 평균수입은 510만 원에 달했다. 1935년 4월 20일에 개최된 조선산업박람회를 계기로 매일 3만 명이 경성역을 출입했다. 1935년

---

* 시멘트와 모래를 혼합하거나 흙을 구워 만든 건축 재료.

한 해 동안 경성역을 이용한 탑승객이 400만 명을 넘어섰고, 경성역의 수입도 600만 원을 넘어섰다.[11]

철도가 가져온 근대적 시간

근대적 교통수단인 철도는 전통시대를 살아온 한국인들에게 근대와 문명을 가르치는 학교이자 스승이었다. 특히 전통적 시간과 대비되는 근대적 시간 개념을 한국인들에게 가르쳐주었다. 유길준도 《서유견문》에서 기차는 도착하고 출발하는 것이 항상 일정한 시간으로 정해져 있는 것이 특징이라고 말했다.[12]

정해진 시각에 기차가 출발하고 도착하는 것이 당연시되는 현재의 관점에서 보자면, 유길준의 이 기록은 우리에게 낯설 수밖에 없다. 하지만 전통시대 농경 생활에 맞추어진 시간은 분, 초 단위로 엄격히 규제된 산업시대의 시간과는 판이하게 달랐다. 아니, 생활의 패턴을 오차 없이 시간에 맞출 도리도 없었다. 예를 들어 제사는 새벽닭이 울기 전으로 어림잡아 시간을 맞추어 거행했다. 하루 농사일을 마친 후 저녁 시간으로 약속을 잡는 경우 으레 저녁 식사를 마친 후에 만나기로 정해지기 마련이다. 그러나 각자 저녁 먹는 시간에 차이가 있을 수밖에 없으니 한쪽이 어느 정도 기다리는 것은 관례이자 농경시간에서 허용되는 오차였다. 새벽에 우는 장닭의 울음소리에 하루의 일과를 시작했으며, 계절에 따라 해가 지고 달이 뜨는 것을 보고 시간과 계절의 변화를 짐작할 뿐이었다.

철도가 출현하기 전에 인천에서 가마나 조랑말, 도보로 서울까지 약 100리 길을 걸어오자면 12시간 정도가 걸렸다. 철도가 출현하면서 시간은 엄격히 통제되었고, 출발 시간과 도착 시간은 엄수되지 않으면 안 되었다. 신문 기사는 경인철도의 운행시간표를 다음과 같이 알렸다.

경인철도 화륜거 운전하는 시간은 다음과 같다. 인천서 동으로 향하여 매일 오전 7시에 떠나서 유현 7시 6분, 우각동 7시 11분, 부평 7시 36분, 소사 7시 50분, 오류동 8시 15분, 노량진 8시 40분에 당도하고, 노량진서 서로 향하여 오후 3시에 떠나서 오류동 3시 33분, 소사 3시 51분, 부평 4시 5분, 우각동 4시 30분, 유현 4시 35분, 인천 4시 40분에 당도한다더라.[13]

1905년 경부철도가 개통되고, 그해 9월 25일 관부연락선이 취항을 시작하여 경부철도 부산역에서 승객과 화물의 운수를 바로 연결했다. 부산에 도착한 일본 여행객은 도착 즉시 시곗바늘을 30분 늦추는 것으로 일정을 시작했다. 한국 시간이 일본보다 30분 늦었기 때문이다.[14] 다음 해인 1906년 6월부터 통감부와 소속 관청에서는 일본의 표준시를 공식적으로 채용했다.

대한제국도 잠시나마 대한표준시라는 고유의 시간제를 사용했다. 한국의 독자적인 표준시 제도는 1908년 4월 1일부터 잠시 시행되었는데, 일본의 동경표준시에 비해 30분 늦고 중국의 표준시보다 30분 빨랐다.[15] 그러나 일제강점기에 이러한 시도가 가능할 리 없었다.

1910년 한일강제병합으로 한국이 식민지로 전락하고 모든 생활이 일제의 통치하에 편입되면서 우편물, 전보의 발신과 착신, 기선과 열차의 시각, 한국과 일본의 통일성 등의 문제를 종합적으로 고려하여 동경표준시로 통일되었다. 조선총독부는 경성의 표준시를 일본과 동일한 경도 135도로 정하고 1912년 1월부터 전면 실시했다.[16]

일본 표준시에 따라 통제된 일상

일본 표준시는 식민지 한국과 한국인의 일상생활을 엄격히 통제하기 시작했다. 산업사회의 근대적 시간에는 식민지 통치를 위한 수탈적 성격이 내포되어 있었다. 당시 시계는 태엽을 감아 작동되므로 시간이 정확하게 일치하지 않는 경우가 빈번했다. 서울역의 시계탑은 열차의 출발과 도착 시간을 알려줄 뿐 아니라, 일반인들에게 엄격한 시간 단위의 생활을 일께 워주었다.

매일 정오가 되면 사이렌을 크게 울려 낮 12시임을 널리 알렸는데, 이를 오정포午正砲라 했다. 사람들은 오정포를 표준으로 자신의 태엽시계 시간을 조정했다. 일제는 오정포가 울리면 일황이 거주하는 도쿄 방향으로 허리를 깊이 숙여 예를 표하도록 강요했다. 이것이 바로 궁성요배, 정오묵도로서 국가가 의례 시간을 정한 것이다.

경성역사의 시계탑은 항상 동경표준시를 정확히 가리켰고, 한국인의 모든 일상은 여기에 맞춰졌다. 표준시에 의해 일본제국의 시간은 철도를 따라 식민지 곳곳으로 퍼져나갔다. 근대 철도의 질서를 통해 식민지 한국의 시간을 일본의 시간과 동일하게 만들어갔던 것이다.[17] 조선총독부는 초등학교* 일본어 교과서인《국어독본》을 통해 기차 시간의 기계적 정확성과 획일성을 널리 알렸다.

이제 기차가 떠나려 하고 있습니다. 아직 건너편에서 서둘러 달려오는 사람도 있습니다. 저 사람은 도저히 시간에 대지 못하겠지요. 기차는 정해진 시

---

* 근대적 초등 교육기관은 갑오개혁 이후 1894년에 설립된 교동소학교가 최초다. 1895년 8월 1일 '소학교령'이 반포되면서 전국에 수많은 소학교가 설립되었다. 통감부가 설치된 후 일제는 1906년 8월 27일에 '보통학교령'을 반포하여 소학교의 명칭을 보통학교로 변경했다. 이후 1941년 3월 31일 '국민학교령'이 반포되어 학교의 명칭이 국민학교로 변경되었다. 해방 이후에도 국민학교라는 명칭이 유지되다가 1996년 3월 1일부터 초등학교로 명칭이 바뀌었다.

각에는 반드시 출발합니다. 늦은 사람을 기다리지는 않습니다.[18]

이러한 일제의 통제 속에서도 경성역은 독립운동의 주요한 현장이었다. 강우규 의사를 비롯해 수많은 지사들이 경성역을 통해 독립운동에 가담했다. 심지어 경성역 내부 직원마저 독립운동의 대열에 합류했다. 1926년 4월 경성역 출납계원 박인환은 동료 전신계원 김갑부와 함께 경성역의 공금 1만 8353원 55전을 빼내어 잠적했다. 수사 결과 그가 수년 전부터 해외 독립운동 단체와 비밀리에 접선하고 있었다는 사실이 밝혀졌다. 이들은 중국 봉천, 북경, 천진을 거쳐 상해로 들어가 대한민국임시정부에 9000원을 기부하기도 했다.[19]

일상을 파고든 서울의 랜드마크

경성역은 규모나 디자인 면에서 종래 한국인들이 일찍이 경험하지 못한 최신식 건축물이었다. 지방에서 서울로 올라오게 되면 으레 마중 나온 사람을 만나고 떠나오는 지점도 바로 경성역이었다. 경성역은 일약 서울의 랜드마크가 되었으며, 지방과 수도 서울이 소통하는 지점에 자리했다. 하루에도 수많은 사연의 만남과 이별이 경성역에서 일상적으로 이루어졌다. 다음 소설은 시골에서 올라온 친척 아저씨가 조카와 상봉하기까지의 우여곡절을 보여준다.

'28일 아침 한강 도착' 서울에 사는 형식은 시골아저씨로부터 벌써 열흘 전에 이와 같은 전보를 받았다. 전보를 열흘이나 앞서 칠 필요가 어디 있을까. 그러나 영민한 형식은 벌써 알아챘다. "이 양반이 생전 처음으로 서울구경을 하게 되니까 미리부터 서두시는구나. 매사를 앞에 맞닥뜨려 허겁지겁을 할 게 아니라 미리부터 해두자 하는 아저씨의 모토에서 나온 것이 분명하다."

그러나 전보문에 한 가지 미심쩍은 것은 '한강 도착'이다. 경성역이면 경성역이지 한강에 도착한다 하였으니 무슨 말인가. 촌양반이라 5전이나 혹은 10전을 아껴서 용산역이나 노량진역에서 내릴 모양인가. 그러려면 용산역이면 용산, 노량진역이면 노량진이라고 했을 터인데. 아니다. 모두 안 될 말이다. 경성이란 말보다 서울이란 말이 귀에 익은 아저씨가 용산이며 노량진을 알 리 만무하다.

28일 아침 한 시간이나 일찍 9시에 일어난 형식은 말쑥한 여름양복을 갈아입고 택시를 몰아 한강으로 달렸다. 일찍 일어난다는 꼴이 이 지경이 되었으니 어쩌면 좋은가. 가엾은 아저씨가 방황하지나 않을까. 경부선 열차의 경성역 도착이 8시 50분이니 아저씨가 용산서 내렸을지라도 만나기는 어렵게 생겼다. 용산역 앞을 지났으나 아저씨는 보이지 않았다.

한강철교를 막 지나칠 때 형식은 무심결에 반가운 소리를 "아-" 하고 질렀다. 아저씨가 당나귀 고삐를 잡은 채 한강다리 난간에 기대서서 자기를 기다리고 있는 것이었다.

형식은 차에 내리자마자 달려들면서 "아저씨, 몇 시 차에 내리셨어요. 어느 정거장에서 내리셨어요."

"아 형식이냐. 너를 여기서 한참 기다렸었다. 내가 열흘 전에 부친 전보는 받아 봤겠지. 서울길이 꼭 열흘 걸리는구나."

"당나귀를 타고 오셨군요. 어서 자동차 문 안으로 들어갑시다."

"자동차 탈 것이 무엇있나. 당나귀 타고 가지. 너는 양복 입은 나리니 차 타고 가라. 내가 끌고 가마." "아참, 당나귀가 문제군요. 자동차 꽁무니에 달고 갑시다." 오랜만에 만난 숙질 두 분은 반가운 얼굴로 자동차에 몸을 실었,

다. 다리 짧은 당나귀가 자동차에 매달려 숨 가쁘게 동동걸음을 친다. 당장에 시흥서 두 잔 마신 막걸리가 꼴딱꼴딱 넘어올 것 같았다.

"애야. 나는 걸어가겠다."

"왜 그러십니까."

"아마 내가 이런 탈것은 처음 타는데 이게 멀미인가 보다. 어째 속이 울렁거리고 어지러워 죽겠다. 처음에는 편하더니 더는 못 타고 가겠다."

남대문에 들어서지도 못해서 아저씨는 자동차에서 내리시고 말았다. 그럼어서 당나귀를 갈아타고 가십시다.

남대문 안을 들어서자 오고 가는 전차와 자동차, 우뚝 솟은 집, 말쑥한 사람들, 이것저것 눈이 휘둥그레지는 구경을 해가며 나귀 등에 올라 앉아 장죽에 연기를 픽픽 피우며 형식의 집에 도착하였다.

"여러 날 객지에서 고생하셔서 고단하실 터인데 오늘은 저의 집에 좀 쉬시고 내일부터 서울거리 구경을 하시지요."

"애야. 한가로운 소리 마라. 지금이 어느 때라고, 지금 시골은 경작지로 불이 나게 바쁜 토막(시간)이다. 서울구경을 하루 바삐 마치고 내일이라도 속히 내려가 보아야 할 형편이다. 어찌 한가로이 집에서 쉬고 있겠나. 이제부터 곧 구경을 떠나야 하겠다."

그리하여 하는 수 없이 시골아저씨를 데리고 거리구경을 떠나게 된 것이다.

"아저씨. 구경은 자동차로 하시지요" 하는 형식의 의견에 대해 "아니다. 나는 당나귀를 타고 구경을 할 테다"라고 하였다.[20]

시골에서 서울로 올라올 경우 으레 서울역이 만남과 이별의 장소가 되므로 형식은 아저씨가 서울역에 도착할 것이라 예측했다. 그러나 서울역이라 해도 경성역, 용산역, 노량진역이 있으니, 이 대목에서 혼동이 있었을 것이다. 그러나 시골아저씨는 기찻삯을 아끼기 위해 나귀를 타고 열흘 걸려 서울에 도착했다. 열흘 전에 전보를 쳐서 '한강 도착'이라고 한 것은 나름 정확한 정보였다. 아저씨는 나귀를 타고 열흘 만에 한강대교에 도착해 형식을 기다리고 있었던 것이다. 이 이야기는 경성역의 의미를 둘러싼 소통의 혼란을 보여주며 웃음을 자아낸다.

12
시민의 발이 된 전차의 추억

기차에 뒤이은 전차의 출현

기차는 19세기 중반에 영국을 넘어 미국과 유럽 각국에서 주요한 교통수단이 되었다. 전차는 기차보다 조금 늦은 1879년 독일 베를린 박람회에서 처음으로 모습을 드러냈다. 이 박람회에서 독일 지멘스 주식회사Siemens AG가 소형 전기기관차로 객차 3량을 견인해 운전했다. 이후 1881년 5월부터 베를린에서 전차가 일반 수송용으로 정식 운행을 개시했다. 특히 제1차 세계대전 중에 석탄 부족으로 인해 철도의 전철화가 급속히 진행되었다.[1] 유길준도 유럽과 미국에서의 견문을 기록한 《서유견문》에서 "베를린에서 운행되는 전차는 기계나 말의 힘을 빌리지 않고 전기로 가동된다"라고 소개한 바 있다.[2]

1888년에는 미국에서 전차가 시험 운행을 개시했다. 동아시아에서 전차의 운행은 일본에서 시작되었다. 1890년 일본 도쿄전등주식회사가 미국에서 전차를 수입해 도쿄 우에노공원에서 개최된 내국권업박람회에서 시험 운전한 것이 그 시작이다. 이후 1895년 1월 13일 동아시아 최초로 일본 교토의 시치로七條에서 후시미伏見에 이르는 구간에서 전차가 개통되어 정식으로 운행을 시작했다.

초대 주미공사였던 박정양은 미국의 실상을 살펴보고 남긴 견문기《미속습유》와《미행일기》에 전차와 관련된 기록을 다음과 같이 남겼다.

> 현재 날로 발전하여 항구와 도, 부 안의 도로에 이르기까지 철도를 설치하니, 이것이 바로 전차이다. 한 차에 수십 명을 태울 수 있으며, 가격이 매우 저렴하여 한 번 타는데 단지 5전만을 낸다. 오가기가 매우 편리하며 언제나 문을 나서기만 하면 탈 수 있는 까닭에, 걸어 다니는 사람을 구경하기 힘들다.[3]

> 전차는 증기나 마력을 사용하지 않고 전기를 끌어들여 운행하는데, 매우 빠르고 편리하다. 전차 모양은 기차와 비교하여 기통이 없고, 도로의 중앙에 수십 척 간격으로 장대를 세워 그 위에 전선을 가설하였다. 또 전차 위에 장대를 세워서 위로 전선에 잇대어 이로부터 전기를 받아서 바퀴를 돌린다.[4]

1887년 10월 10일자《독립신문》은 "개화된 사회에서는 말이 끄는 궤도마차와 전기철도가 거미처럼 오간다"라고 하며, 전차를 대표적인 근대적 교통수단으로 소개했다.[5]

서울에서 전차가 개통되다

우리나라는 일본 교토에 이어 동아시아에서 두 번째로 전차가 개통되었다. 1899년 5월부터 서울에서 전차가 운행을 시작하여 1968년 11월까지 약 70년 동안 서울과 부산, 평양 등에서 시민의 발이 되었다. 출퇴근 시간에는 러시아워가 나타날 만큼 교통이 혼잡했다.[6] 1945년 해방 직전 경성의 인구수는 총 100만 명 내외였는데, 하루 전차 이용객이 평균 50만 명에 달할 정도로 전차는 중요한 교통수단이었다.

전차는 공중에 설치된 전선에서 전력을 공급받아 운행되는 교통수단이다. 일찍이 유길준은 《서유견문》에서 전기를 '마귀불'이라 소개한 바 있다. 유길준은 "우리는 인간의 힘으로서가 아니라 악마의 힘으로 불이 켜진다고 생각했다"고 회고했다.[7] 1887년 3월에 조선 최초로 고종의 집무실인 경복궁 건천궁과 명성황후의 처소인 곤녕합과 주변 부속 건물에서 전기를 개통했고, 이를 바탕으로 전기를 동력으로 하여 달리는 전차가 1899년에 개통될 수 있었던 것이다.[8]

황현은 《매천야록》에서 명성황후의 묘가 있는 홍릉까지 자주 행차했던 고종이 교통의 편의를 위해 전차를 개통하게 되었다고 설명했다.[9] 실제로 고종은 명성황후의 묘가 있는 청량리 밖 홍릉에 빈번하게 행차했는데, 매번 10만 원이 넘는 거액이 소요됨에 따라 전차의 부설과 이용을 통해 이를 해결할 수 있을 것으로 기대했다.

1897년 대한제국의 성립을 선포한 고종은 한성을 전차가 종횡으로 달리는 근대적인 수도로 건설하려 했다. 특히 남대문과 종로, 동대문의 3대 시장을 연결하는 도로에 전차를 부설하려는 계획은 상공업 진흥책과도 불가분의 관계가 있었다. 전차의 부설을 통해 외세의 경제 침략에 대응하여 식산흥업의 기반을 확보하고 국내 상권을 보호하고자 시도한 것이다.

이와 같이 전차의 부설과 운행은 상공업 진흥을 위한 기간시설의 구축으로서 도시 근대화의 핵심적인 과제로 떠올랐다. 고종은 홍릉까지 행차하는 편의성뿐 아니라 상공업의 진흥, 나아가 한성부 부민들의 이용을 통해 편의를 도모함과 동시에 수익도 기대할 수 있다는 판단과 목적에서 전차를 부설한 것이었다.

전차를 운행하려면 전기를 생산하여 공급할 수 있는 발전소와 전기 회사를 설립하지 않으면 안 되었다. 이에 1898년 2월 1일 한성전기회사가 설립되었는데 1904년에 한미전기회사로 이름이 바뀌었다. 설립 당시 회사의 자본금은 150만 원으로, 사실상 고종이 전액을 출자했다. 1909년 6월에는 일본의 한일가스주식회사로 모든 권리를 매각했다. 초대 사장에는 주미 공사관의 번역관과 서리공사로 3년간 재직했던 한성판윤 이채연이 임명되었다.[10]

그러나 이 분야에 지식이 일천한 이채연은 미국인 회사인 콜브란 보스윅 상사Collbran & Bostwick Co에 전차 궤도 부설을 비롯해 발전소 건설과 설비 구입 등 일체의 공사를 청부하고, 1898년 2월 15일에 계약을 체결했다. 콜브란 보스윅 상사는 전차 운행을 담당할 기술자들을 일본 교토에서 초빙했고, 특별한 기술이 필요 없는 차장에는 한국인을 고용했다.

전차 노선의 부설은 교토전철을 설계한 마키 헤이이치로眞木平一郎가 주도했다. 1898년 9월 5일에 서대문-홍릉(청량리) 간의 궤도를 부설하기 위한 기공식을 갖고, 9월 14일 부설에 착수해 1899년 1월 완공했다. 1899년 4월 말까지 전차 궤도 부설, 발전소 건설, 전차 차량 도입과 이를 운영할 인력 확보 등 전차를 개통하기 위한 준비를 마쳤다. 전차를 가동하기 위한 발전소는 동대문 부근에 부지를 확보하여 3개월에 걸쳐 공사를 완료했다. 동대문발전소는 125마력의 보일러 1대, 115마력의 엔진 1대, 75킬로와

트의 직류발전기 1대를 설치했다.[11]

　1899년 봄 미국에서 프레임車臺과 운수설비運機를 구매하여 일본의 츠키시마月島제작소에서 제작된 전차는, 동대문 차고에서 한국의 실정에 맞게 다시 고쳐 조립되었다. 도입된 전차는 총 10량으로, 이 가운데 시민용 보통 차량이 8량이었고 그 밖에 황실 전용 차량, 특별 차량 2량을 도입했다. 보통 차량은 중앙에 닫힌 공간을 두어 창문과 셔터를 달았고, 그 양편은 개방식으로 하여 칸마다 양쪽으로 길게 5열의 좌석을 배치했으며 정원은 40명으로 정해졌다.[12]

전차를 처음 접한 사람들, 그리고 숱한 사고

1899년 5월 4일 한성전기회사는 발전소의 전기를 시동하고 동대문에서 흥화문(전 서울고등학교 자리) 앞 경교京橋*까지 시운전을 했다. 뒤이어 음력 4월 초파일, 양력으로 5월 17일에 동대문에서 개통식이 성대하게 거행되었으며, 남녀노소가 구름처럼 모여들어 북새통을 이루었다. 전차에 사람이 치일까 봐 군인 300명과 순검 250명이 배치되었다. 개통식을 마친 후 2주간의 시운전을 거쳐 5월 20일부터 일반인을 대상으로 동대문-종로-경교 구간의 운행을 개시했다.[13] 《독립신문》은 전차의 개통식을 다음과 같이 보도했다.

　전기거라 하는 것이 대한에 처음 생겨남이 아직도 개명 못된 인민의 안목에 어찌 구경스러운 물건이 아니라고 하리오. 그러한 고로 전기거 내왕하

＊　종로구 평동 서울적십자병원 앞에 있던 다리의 명칭. 경기감영 앞에 있었기 때문에 경구교京口橋라 했고 익명 경교다리라 불렸다.

는데 구경들 하려고 남녀 노소 상하 없이 다투어 타기도 하고 구경도 하는데.[14]

전차 개통식 당일의 풍경을 다음과 같이 묘사한 잡지도 있다. 전차를 의인화하여 초기 전차의 운행 풍경을 그려낸 점이 재미있다.

> 내가 처음 탄생해 가지고 동대문에서 땡글땡글 종을 울리며 처음에는 아주 점잖게 몸을 움직여서 이윽고 달음박질해 갈라치면 조수같이 급히 모여든 사람들이 나를 둘러싸고 와! 와! 고함을 지르며 따라오지 않겠나. 처음에는 득의양양했지만 나중에는 어떻게 쉬파리처럼 모여들어 덤벼쌌는지 참 귀찮아 죽을 뻔 했네. 나중에는 순경들이 방망이를 들고 와서 고래고래 소리를 질러 길을 내주어서야 머뭇머뭇하다가는 달리곤 했다네. 내가 동대문과 청량리 사이를 하루에도 몇 번씩 왔다갔다 하며 사람들을 실어내고 실어들이고 했다네.[15]

1899년 서대문에서 청량리까지 8킬로미터에 걸친 구간에서 전차가 개통되자 서울의 공간 구성은 획기적으로 바뀌었다. 더욱이 전차는 서울의 생활권을 사대문 밖 마포, 서대문, 청량리 등의 교외로 확산시킨 일등공신이었다. 전차는 교통과 물류의 흐름을 바꾸어놓았고, 일상생활에서 경성 부민이 가장 애용하는 교통수단으로 자리매김했다. 일제강점기 동안 전차는 식민지 수도의 주요한 교통수단이었다.

개통 당시 전차는 전기철도, 전기거, 전거 등으로도 불렸다. 전차를 직접 본 사람들은 다양한 이미지로 전차를 받아들였다. 상여를 닮아 불길하게 생겼다고도 하고, 어떤 이는 쇠막대기로 전기를 잡아먹고 그 힘으로

서울의 번화가 남대문통(남대문로) 앞을 달리는 전차. 전차가 달리는 왼쪽 건물은 일제강점기 조선은행으로 지금은 한국은행 화폐박물관으로 사용되고 있다. 오른쪽에 마주한 건물이 구한 말 설립된 우정총국을 일본이 접수해 설립한 경성우편국으로, 현재 중앙우체국 자리다. 남대 문로에는 조선저축은행(현재 SC제일은행), 미스코시백화점 경성점(현재 신세계백화점) 등도 자리하여 상업과 금융의 중심지였다. 따라서 이 거리를 '경성 월스트리트'라고 부르기도 했다.

달리는 괴물, 전기불을 잡아먹고 달린다고 묘사했다.[16] 처음 전차를 타는 사람들은 생활 습관대로 신발을 벗고 전차에 탑승하고는, 종점에 도착해서야 신발을 잃어버렸다는 사실을 알아채기도 했다.[17]

1899년 개통 당시 한성전기회사는 전차의 배차 간격을 12분으로 하고 8시부터 18시까지 운행했는데, 전차 선로의 확장과 승객의 증가에 따라 1900년 4월부터는 22시까지 운행 시간을 연장했다. 전차의 연장 운행이 시작되면서 전차역과 선로 주변을 중심으로 가로등이 설치되기 시작했다. 이것이 도시에 설치된 최초의 가로등이자 야간 경관이 되었다.

당시 전차는 서울 일렉트릭SEOUL ELECTRIC이라 새겨진 원형 마크를 달고 서대문에서 청량리 사이를 시속 15킬로미터의 속도로 질주했다. 이 속도는 시속 200킬로미터 이상으로 달리는 현재의 고속철도 KTX와 비교하면 아무것도 아니지만, 가마나 나귀, 도보에 의존하던 당시 사람들에게는 엄청나게 빠른 속도로 받아들여졌다. 다음 기록은 일제강점기 번화가에서 전차와 자동차의 빠른 속도와 이에 쉽게 적응하지 못하는 사람들의 모습을 잘 묘사하고 있다. 질주하는 전차, 기차와 근대적 질서에 익숙하지 않은 사람들과의 조우로 무수한 교통사고가 발생하기도 했다.

> 큰 거리로 나갔다. 고루대하(높은 건물)에 오고가는 자동차며 전차, 길 지나는 행인, 모든 것이 번개불같이 눈부시고 시계 속같이 복잡하다. 수십만의 사람과 수만의 거마(전차)가 번거로웁게 내왕하는 바람에 길이 나서 반들반들해진 줄 알았더니 이제 보니 무엇을 깐 것이 확실하다. 잔듸풀 뗏장뜨듯이 슬며시 몇장 떠가지고 걸레질 고이하여 방에 깔았으면 만년장판지로 십상 좋게 생겼다. 길건너 백화점이라 써붙인 집이 크기도 하다. 구경을 좀 하자니까 전차, 자동차, 자전거 등살에 길 건너기가 큰일이다. 좌우를 둘러보며 2, 3분 동안 겨누다가 와락 달음질 쳐서 길을 건넜다. 건너놓고 생각하니 열적기란 짝이 업고 행인의 시선 때문에 얼굴이 확 단다.[18]

1899년 홍릉까지 전차가 개통된 후 교통사고로 목숨을 잃는 사람이 적지 않았다. 초기 전차는 구경 인파에 막혀 가다 서다를 반복하기도 했고, 전차에 치어 죽는 아이가 하루에도 여러 명 있었다. 전차는 철도에 비해 좁은 도심을 달리기 때문에 사고가 더욱 빈번할 수밖에 없었다.

1899년 5월 26일(음력 4월 18일) 개통된 지 일주일 만인 주말 오후 경교를 출발하여 경희궁 홍화문 앞을 거쳐 동대문을 향해 달리던 전차가 종로를 지날 즈음에 전차 선로 맞은편에서 아버지가 손짓하는 대로 전차 선로를 건너던 다섯 살 된 아이가 전차에 치어 즉사했다. 분노한 아이의 아버지가 도끼로 전차를 부수고 구경꾼들이 합세해 전차를 전복하여 파괴하고 기름을 뿌려 불태웠다. 운전사와 차장은 겁을 먹고 그대로 달아나고 말았다. 1894년에 주한프랑스학교장으로 부임한 에밀 마텔은 그 당시의 상황에 대해 다음과 같이 회고했다.

전차, 전등, 수도 등 계약한 일을 시작한 것은 1898년 9월이다. 1899년 5월에 처음으로 전차가 동대문 쪽으로부터 움직였다. 조선교통상에 크나큰 전환시기가 온 것이다. 마침 그때 동대문 부근은 장이 서는 것으로 시골사람이 많이 온다. 그러므로 전선이 적지않은 문제거리였다. 더구나 얼마 아니있다가 처음으로 전차에 아이가 치었다. 이 참사는 군중에게 큰 노염을 샀다. 그리하여 전차는 고만 석유를 뿌려 태워버렸다. 그때 생각을 하면 문화정도도 대강 알 수 있었다.[19]

이 사고가 발생한 바로 다음 날, 고종은 "매우 놀랍고 참혹하다"며 "다시는 차에 치어 다치는 폐단이 없도록 하라"고 명령했다. 사흘 후 의정부 참정 신기선은 이 사고의 관련자인 농상공부 대신 민영기의 견책과 한성전기회사 사장의 처벌을 고종에게 요청해 재가를 받았다.[20]

날로 치솟은 적대감

구한말 의료 선교사로 활동했던 셔우드 홀은 "한때 전차는 한국인들에게 저주의 대상이었으며 서양 마귀의 발명품으로 지탄받았다. 전차가 처음 운행되었을 때 운이 나쁘게도 오랜 가뭄이 지속되었다. 점술인들은 비가 내리지 않는 이유가 전차 때문이라고 했다. 이로 인해 사람들의 마음속에

서 전차에 대한 적개심이 커져갔다"라고 회상했다.[21]

당시 한국인들은 땅에 박힌 철로와 공중의 전깃줄이 번갯불을 일으켜 하늘과 땅의 불기운을 빨아들여 가뭄이 들게 되었다고 굳게 믿기도 했다.[22] 전차가 개통한 지 얼마 되지 않아 교통사고가 발생하자 당시 군중의 일부는 동대문발전소로 몰려가 설비를 부술 채비에 나섰다. 조선시대까지 한국인들은 용을 비와 바람을 관장하는 수신으로 여겨 용의 그림이나 토룡을 만들어 기우제를 지내곤 했다. 한성에서 동대문은 위치로 보건대 용의 등에 해당되는데, 이곳에 발전소를 건설해서 극심한 가뭄이 들었다는 소문이 널리 퍼졌기 때문이었다. 점점 불어난 군중이 발전소로 몰려들자 한미전기회사 사원들은 무장하고 공포를 발사했고, 경무청의 순검까지 파견되었다. 사태가 진정될 기미가 보이지 않자 급기야 발전소 둘레에 철조망을 치고 600볼트의 고압전류를 흘려보내어 가까스로 불의의 사고를 피할 수 있었다.[23]

전차 사고가 빈번히 발생하자 전차에 대한 사람들의 원망 소리가 날로 높아져갔다. 신문은 전차로 인한 사망 사고를 "전차가 살인을 저질렀다"라고 보도했다. 한 예로, 1920년 4월 2일 오후 5시 30분경 전차가 연지동으로 향하던 중 인의동에 사는 박형진의 세 살 난 딸이 선로를 가로질러 건너다가 차에 치였는데, 다행히 구조망 위에 얹혔다. 그 즉시 정차만 했더라면 무사했을 터인데, 운전수는 아이가 치었다는 행인들의 부르짖음을 듣지 못하고 아이를 구조망에 얹은 채 여전히 전속력으로 달렸다. 그 바람에 결국 구조망에서 아이가 다시 떨어져 바퀴 속으로 들어가 머리가 두 쪽으로 깨어져 즉사하고 말았다.

셔우드 홀의 기록에 따르면, 조선인들은 전찻길을 더운 여름날 시원한 목침 정도로 여겨 차가 다니지 않는 늦은 밤에 베고 잠들곤 했다. 1899년 여름 이른 아침에 첫 전차가 짙은 안개로 사람들이 철도 침목을 베고 잠든 것을 미처 발견하지 못하고 지나가는 바람에 이들의 목이 잘려 나가는 참사가 발생했다. 해가 떠오르자 군중은 승무원을 공격하고 전차까지 전복시킨 후 불을 질렀다.[24] 저명한 세계여행가로서 1901년 당시 서울의 모습을 상세히 기술한 버튼 홈스도 전차 사고를 다음과 같이 기록했다.

우리는 가끔 하얀 옷을 입은 사람들이 시원하고 편안한 레일에 목을 베고 쉬면서 황홀경에 빠져 코를 고는 모습을 쉽게 볼 수 있다. 하루는 밤 11시 30분 심야통행 전차가 연착하였다. 사람들은 전차가 아직 지나가지 않았다는 사실을 모른 채 평소처럼 쉬고 있었다. 비극적인 결과로 두 명의 목이 잘리고 소동이 벌어졌다. 이후 회사는 전신주마다 어떤 사람도 전차 궤도에서 잠을 자서는 안 되며, 궤도는 공공의 베개가 아니라고 고지하는 방을 붙였다. 그러나 이후에도 주민들은 전기단두대와 같은 차가운 스틸 위에 용감하게도 그들의 목을 올리고 밤공기를 계속 즐겼다.[25]

전차 운행을 빌미로 훼손된 서울의 경관

서울은 원래 사대문과 그로부터 이어진 성벽으로 둘러싸인 성곽도시였다. 1392년 조선이 건국되어 1394년 한양으로 천도한 다음 해인 1395년에 《주례》에 실린 〈고공기〉의 도시 건설 원칙과 음양오행의 원리에 근거하여 종묘와 사직, 궁궐과 사대문, 사소문 등이 갖추어진 도시의 기본 구조가 완성되었다.

오행의 원리는 동대문의 인(흥인지문), 서대문의 의(돈의문), 남대문의 예(숭례문), 북대문의 지(홍지문, 숙정문), 그리고 보신각의 신으로 구현되었다. 또한 사대문 사이에 각각 사소문을 열어 통행의 불편을 해소하고자 했다

동북의 동소문(홍화문, 중종 6년 혜화문으로 개칭), 동남의 광희문(수구문), 서남의 소서문(소덕문, 이후 소의문으로 개칭), 서북의 자하문(창의문)을 사대문과 합쳐 팔대문이라 했다. 이와 같이 한성은 사대문, 사소문을 지나지 않고 통행할 수 없도록 성곽으로 둘러싸인 극히 폐쇄적이고 방어적인 도시였다.

따라서 전차는 동대문, 남대문 등의 홍예문(문의 윗부분을 무지개 모양으로 반쯤 둥글게 만든 문)을 통해 왕복할 수밖에 없었다. 사람의 통행을 비롯해 우마, 물류 역시 좁게 열려 있는 사대문의 홍예문 외에는 통행로가 없었다. 당초 전차의 운행도 사대문의 한가운데인 홍예문을 통해 운행하도록 설계되었다.

이러한 연유로 전차는 개통 직후부터 크고 작은 사고가 끊이지 않았다. 비좁은 통로에서 사람과 마소, 전차가 엉키면서 사람이 죽거나 다치는 일이 비일비재했다. 이에 조정의 대신들은 고종에게 성벽 양 측면의 일부를 철거하여 전차의 우회 통행로로 삼고, 사대문의 홍예문으로는 사람과 마소만 통행하게 하자고 건의했다. 고종이 이러한 건의를 받아들여 동대문 등 사대문 양 측면의 일부를 철거한 것이 계기가 되어 사대문 주변의 성벽이 급격히 사라지게 되었다.

초대 통감 이토 히로부미는 1906년 '한국 시정 개선에 관한 협의회'에서 "농업은 교통의 편리함에 의해 비로소 발달하며, 물산이 있어도 이를 수송할 방도가 없다면 불가하다"라고 하며 도로의 확장과 발전을 역설했다.[26] 1907년 3월 30일에 의정부 참정대신 박제순, 내부대신 이지용, 군부대신 권중현 등은 서울의 성벽을 철거해야 한다고 주장했다. 특히 동대문과 남대문이 큰 거리와 연결되어 사람이 붐비고 우마가 드나드는 상황에서 전차가 그 한가운데를 지나기 때문에 접촉사고를 피할 수 없다는 이유였다. 따라서 성벽의 철거가 이러한 교통사고를 피할 수 있는 유일한 방책이라고 고종에게 건의한 것이다.

이에 따라 동대문과 남대문의 좌우 성벽을 8간(약 14.5미터)씩 헐어서 전차가 우회 통행할 수 있도록 선로를 만드는 방안을 고종에게 올렸다. 고종은 이를 받아들여 동대문의 양쪽 성벽을 8간씩 헐고 전차가 통행할 수 있도록 했다. 그리고 홍예문은 보행로로서만 사용하도록 제한했다.

고종의 뒤를 이어 1907년 즉위한 순종은 7월 30일 내각령 제1호, '성벽처리위원회에 관한 안건'을 이완용으로부터 보고받고 이를 윤허한 후 즉시 반포하게 했다.

내각령 제1호, '성벽처리위원회에 관한 안건'

제1조. 성벽처리위원회는 내부, 탁지부, 군부 세 대신의 지휘 감독을 받아서 성벽을 헐어 철거하는 일과 그 밖에도 이와 관련한 일체 사업을 처리한다.

제2조. 회장은 내부, 탁지부, 군부의 차관 중에서 당해 3부의 대신이 협의한 뒤에 이를 선임한다. 특별한 필요가 있는 경우에는 전 항의 정원 외에 임시위원을 선임할 수 있다.

제3조. 회장은 위원회가 의결한 사항을 집행한다. 그리고 또 위원회에서 미리 위임한 사항은 이를 전담하여 집행한다.

제4조. 위원회에 관한 서무에 종사하게 하기 위하여 이원(吏員) 2명을 둔다.

제5조. 본령은 반포일부터 시행한다.

　　　　－《조선왕조실록》순종실록 1권, 순종 1년(1907년) 7월 30일

무엇보다도 경부선, 경의선 등의 부설로 인해 남대문역의 유동 인구가 크게 증가하자, 남대문 성벽의 철거와 전차의 우회 운행은 피할 수 없게

되었다. 이에 일본인으로 구성된 도시계획위원회가 조직되어 도로의 확장·개량을 포함한 전반적인 도시 정비 계획을 수립했고, 1907년 이러한 계획의 일환으로 성벽처리위원회가 설립되었다. 이와 같은 상황에서 순종은 성벽처리위원회의 활동을 승인하지 않을 수 없었던 것이다.

성벽을 철거하여 교통로를 확대한다는 방침은 근대 일본의 주요한 도시정책 가운데 하나였다. 일찍이 일본은 자국 내에서 1873년에 폐성령을 반포하여 성벽 관련 시설을 근대화를 방해하는 장벽으로 간주하여 철거를 단행했다. 이러한 일본의 인식에 친일파 관료들이 영향을 받아 성벽 철거가 근대화의 불가피한 과정이라 공감했던 것이다.

'헤이그 밀사 사건'의 배후로 거론되었던 고종으로서는 이토 히로부미와 친일파 대신들의 압력 속에서 이와 같은 정책 건의를 받아들이지 않을 수 없었다. 이후 동대문, 남대문의 성벽이 헐리고 평지에 위치한 성벽은 대부분 철거되고 말았다. 1914년에는 총독부 관사 건립을 명목으로 서소문과 부근 성벽이 철거되었고, 1915년에는 전차 복선화 공사를 위한 도로 확장을 명목으로 돈의문(서대문)마저 철거되었다. 1910년 한일강제병합 이후에는 읍성철거령이 반포되어 제주도를 비롯한 전국의 읍성 성벽이 철거되고 말았다.

성벽처리위원회는 내부 차관인 기노우치 주시로木內重四郎가 위원장을 맡는 등 구성원이 대부분 일본인이었기 때문에 서울의 성벽을 유서 깊은 문화재로 바라보기보다는 기능적인 면에서 서울의 원활한 교통을 저해하는 장애물로 인식할 수밖에 없었다. 1907년 성벽처리위원회가 설립되고 대한제국의 군대가 해산된 데 이어 고종은 퇴위의 길로 들어섰다.

조선시대 서울의 사대문 밖에는 연못이 조성되어 있었다. 남대문 밖에는 남지南池, 동대문 밖에는 동지, 서대문 밖에는 서지가 있었는데, 모두 연

꽃이 흐드러지게 피어 아름다운 연못으로 명성이 높았다. 남지에는 연정蓮亭이 세워져 있었고, 서지에는 천연정天然亭이 있었다. 일본인과 친일파 관료들은 위생상의 문제를 들어 남지와 동지를 매립하기로 결정했다.

1907년 9월 성벽처리위원회는 남대문 북측의 성벽을 철거하고 남대문 앞에 있던 남지를 매몰했다. 남대문의 문루는 그대로 남겨두고 좌우 성벽을 헐어 폭 8간의 새 길을 내었다.[27] 1908년 3월부터 남대문의 남측 성벽, 그리고 동대문 북측의 성벽과 남쪽의 오간수문이 헐리고 파괴되었다. 1926년 경성운동장(동대문운동장의 전신)을 건립하기 위해 동대문 북측과 남측의 성벽이 대부분 철거되고 말았다.

1908년에는 소의문 성벽이 철거되었으며, 광희문 양쪽의 성벽도 왕십리행 전차의 통행을 위해 철거되고 말았다. 혜화문 성벽은 혜화동에서 돈암동에 이르는 전차 노선을 부설하기 위해 철거되었다. 이처럼 전차의 부설과 운행은 대표적인 성곽도시인 서울의 모습을 크게 바꿔놓았다.

202쪽의 두 그림은 이러한 상황을 잘 보여주고 있다. 위쪽 그림은 돈의문(서대문)의 양쪽 성벽이 철거되기 전에 한가운데 홍예문을 통해 운행되는 전차의 모습을 묘사하고 있다. 아래 그림은 양쪽 성벽이 철거된 후 동대문을 우회하여 전차가 운행되는 모습이다.

전차에 대한 사람들의 불신과 증오는 점차 사라지고 마침내 전차는 경성과 부산 등에서 시민들이 가장 애용하는 교통수단으로 시민의 발이 되어가고 있었다. 시민들의 이러한 인식 변화는 셔우드 홀의 회고에도 담겨 있다.

큰 길 궤도 위로 지나가는 전차 안에는 사람들이 빽빽이 들어차 있었다. 계단의 손잡이를 잡고 매달려 가는 승객도 있었고 어떤 소녀들은 지붕 위에

돈의문(서대문)의 홍예문을 통과하여 주행하는 전차

동대문을 우회하여 달리는 전차

까지 올라타려고 했다. 이것은 30년 전 전차가 처음 조선에 들어왔을 때와
는 전혀 다른 풍경이었다. 나는 전차가 대중에게 인기가 없었던 지난날을
기억하고 있다. 한때 전차는 조선사람들에게 저주의 대상이었으며, '외국
마귀들의 발명품'이라고 지탄을 받기도 했었다. 시간은 흘러가고 사람들의
생각은 시간을 좇아 발전하는 것, '외국 마귀들의 발명품'이라고 두려워하
고 저주했던 지난날의 감정을 떨쳐버리고 시간의 흐름에 따른 당연한 결과
로 지금 전차는 조선사람들을 가득 싣고 달린다.[28]

전차를 둘러싼 민족적 대립

전차의 부설과 운행은 사실상 교토전차를 부설한 일본인에 의해 진행되
었다. 전차의 운전수는 교토에서 운전해본 경험이 있는 일본인이 독점했
고, 특별한 기술을 요하지 않는 차장에는 한국인이 임명되었다. 이와 같이
전차를 둘러싸고도 한국과 일본의 민족적 대립이 가로놓여 있었다.

이광수의 《무정》에는 다음과 같이 일제 식민지 치하에 일상화된 왜색
풍조가 잘 드러나 있다. "전차가 동대문 종점에 이르면 차장은 '도다이몬
(동대문) 슈텐(종점)! 동대문이올시다'라고 목청을 높였다. 또 기차가 평양
역에 도달하자 '헤이조오(평양)'라 외치는 역부의 고함소리와 딸깍딸깍하
는 나막신 소리가 차가 다 서기도 전부터 들린다."

전차는 서울, 평양, 부산에서 운행되었다. 부산에서는 부산일본인상업
회의소가 조선가스주식회사와 전차를 부설하기 위한 협상에 들어갔다.
1915년 부산에서 부산진과 초량을 잇는 노선이 처음 개통된 후 시내 전
역으로 노선이 확장되었다. 부산에서 전차는 가장 일상화된 대중 교통수
단으로, 이용객이 매년 급증하여 1930년대를 지나면 연 승차 인원이 천만
명을 오르내렸다. 부산에서도 전차를 둘러싸고 일본인과 한국인 사이에

민족적인 갈등이 조성되기도 했다. 언론은 이러한 상황을 다음과 같이 보도했다.

불친절한 부산 전차

부산 영주동에 사는 이금숙이라는 여학생은 지난 18일 오후 9시 55분경 부산진에서 전차를 타고 영주동 입구 정류장에 와서 내리게 해 달라고 일본인 운전수에게 간청하였으나 들은 체도 안 하고 그대로 달려감으로 여학생은 급한 마음에 차에서 그대로 뛰어내리다가 왼편 머리에 깊이 한 치나 되는 상처를 입었다. 중하지는 아니하나 약 1주일 정도 치료를 받아야 한다는 바, 회사 종업원들은 다른 곳 운전수와 달리 안하무인 행동을 승객에게 예사로 한다 하며, 정류장 이름을 외칠 때에는 반드시 일어로만 부르는 고로 조선 촌부인들은 어디가 어딘지를 모르고 몇 정류장을 더 가게 되는 폐해가 없을 때가 없다 한다. 따라서 차삯 5전을 더 주게 되므로 이러한 죄상을 회사 당국자에게 말하였으나 종시 듣지 않고 갈수록 심하므로 시민 일반은 그 회사 당국자의 무책임한 행동을 꾸짖는 동시에 선후책을 강구하라는데 운전수 중에는 조선인도 많지만 대개 일본사람 같이 보인다더라.[29]

위험천만했던 초기 전차

초기 전차는 속도가 빠르지 않아 정해진 정거장이 없고 매표소가 정해져 있지 않았던 까닭에, 운행 도중에 길에서 수시로 세우고 차장이 직접 요금을 받는 형태로 운영되었다. 당시 차표는 없었고, 차장의 목에 계수기가 걸려 있었다. 승객이 계수기 주머니에 돈을 넣으면 차장이 계수기에 달린 줄을 잡아당겼다. 그러면 찌렁하는 소리가 울리며 몇 명째라는 숫자가 나

타났다.[30]

　승객이 원하면 아무 곳에서나 타고 내릴 수 있는 비승飛昇과 비강飛降*
이라는 새로운 풍속이 만들어졌고, 순경도 이러한 관행을 묵인했다. 그러
다 보니 어떤 때에는 종로에서 동대문까지 가는 데 1시간 이상이 걸리기
도 했다. 이후 정해진 정거장에서만 전차에 탑승할 수 있도록 변경되었고,
이에 따라 매표소가 설치되었다.[31] 이러한 사정은 1901년 서울을 방문한
미국인 버튼 홈스의 다음 기록에서도 잘 알 수 있다.

　　　우리는 전차를 타고 도시를 횡단하였다. 전차 승객은 표를 살 수 있는 역에
　　　서만 차를 탈 수 있도록 되어 있었다. 왜냐하면 코리아의 차장들은 현금 운
　　　임을 받는 것이 허락되지 않았기 때문이다. 차장들이 운임으로 받은 코리
　　　아의 백동전을 중간에 가로채는 일이 빈번히 발생하자, 관리자는 단일한
　　　50전 천공 승차표 제도를 도입하였다. 모든 서울사람들은 이러한 사실을
　　　잘 알고 모두 노란 전차표를 소지하고 있었다.[32]

　초기 정거장이 정해져 있지 않은 상태에서 전차에 치어 사망하거나 부
상을 당하거나 혹은 비승과 비강의 과정에서 교통사고가 무수히 발생했
다. 교통사고는 통상 4월에 가장 많았고, 1920년대 초 통계를 보면 한 해
200명가량이 사망하거나 부상을 당했다.[33] 이후 새로운 전차형이 보급되
면서 승강구에 손잡이가 사라지고 문을 닫고 출발하면서 사고가 점차 사
라지게 되었다.[34]

---

*　jumping on and off train. 기차나 전차가 운행하는 중에 승객이 뛰어 타거나 뛰어내리는 것을
가리킨다

일상으로 파고든 전차

초기 전차가 어떻게 운행되었는지는 1929년 《별건곤》에 실린 전차 차장 서계원의 경험담과 관련된 인터뷰 기사에서 확인할 수 있다. 서계원은 1929년 인터뷰 당시 전차 차장을 한 지 이미 20년이 지나 초기 전차 운행에 대한 여러 모습을 회고하며 설명했다. 그의 기억에 따르면 초기 전차는 지붕이 없이 개방된 형태로 운행되었다. 전차 선로와 전깃줄은 단선으로 도로 중앙에 가설되었으며, 종로 일대는 도로가 포장되지 않아 전차가 지나면 먼지가 크게 일어났다. "초기 전차는 참 우스웠습니다. 선이 단선이었지요. 그리고 현재와 같은 지붕이 없었기 때문에 비가 오면 손님들이 전차 안에서도 우산을 펴들어야 했습니다."

그의 회고에 따르면 경성부민의 발로서 승객이 급증하여 전차의 인기가 매우 높았고, 사람들은 전차 타는 것을 자랑거리로 여겼다. "전차를 타는 손님이 급증하였는데, 그중에도 학생과 회사 출근하는 사람이 아주 겁나게 붙었습니다. (중략) 그 때의 전차라면 지금의 자동차만큼이나 인기가 있어서 전차를 타고 어디를 다녀오면 큰 자랑거리가 되었습니다. 그만큼 차장이나 운전수도 코가 우뚝했지요."[35]

또 다른 기사에서는 전차와 기차, 자동차를 다음과 같이 비교했다.

기차와 전차를 비교하여 보면, 웅장한 품이 기차가 몇 곱이나 위이다. 그러나 아무리 기차 자신은 웅장하여도 보는 사람의 눈에는 그림같이 한가하여 보인다. 넓은 들로 기차가 지나가는 것을 보고 웅장하다고 할 사람은 없다. 그 대신 전차는 작기는 하지만 우루렁거리고 종로로 달리는 것이 썩 세차 보인다. 자동차는 타는 사람은 좋고 편할 뿐 아니라 보기에도 기차나 전차보다는 애교가 있지만, 높은 데서나 멀리서 바라보면 꼭 그저 좀도적이

살살살살 달아나는 것같이 보인다.[36]

초기 전차는 구간에 따라 요금을 부과했다. 한 구간에 2전 5푼, 3전을 받다가 구간이 없어지고 차표제로 전환되면서 승객들에게 일률적으로 5전을 받았다.[37] 전차 운임은 상등과 하등으로 나누어 받았다. 5세 이하 어린이가 어른과 함께 타면 요금을 받지 않았다. 상등 요금은 경교부터 동대문까지 엽전 5전, 경교부터 종로까지는 2전 5푼, 종로에서 동대문까지 3전 5푼, 경교부터 홍릉(청량리)까지는 3전 5푼, 동대문에서 청량리까지 3전이었다.[38] 《매일신보》는 당시 입장료를 내지 않으려고 나이를 낮추어 말하는 아이들의 모습을 다음과 같이 전하고 있다.

애, 너 나이 몇 살이냐

무슨 나이 말씀이오니까

나이도 여러 가지 종류가 있느냐

네, 내 나이는 세가지야요

학교에서는 여덟 살

집에서는 일곱 살이오

전차를 타거나 활동사진 구경을 갈 때에는 네 살이야요[39]

전차를 이용하는 시민들이 날로 증가하면서 승객 중 임산부가 산기를 참지 못하고 전차 안에서 아이를 분만하는 사건도 적지 않게 일어났다.

1927년 11월 19일 오후 여덟 시경 마포로 가는 전차 제99호가 죽첨정 3정목 37번지 앞에 다다랐을 때 승객 중의 한 사람이 27-28세가량 되어 보이는 여자가 진통을 일으키자 말자 전차좌석에 엎드려 어렵지 않게 딸을 낳았음으로 즉시 전차를 멈추고 산모와 영아를 그 부근 고려의원에 입원시켰는데 산후 경과가 모녀 다 같이 건강하다고 한다. 이와 같이 전차 속에서 해산하게 된 까닭은 진위군에 본적을 두고 시내 다옥정 138번지 김모 집 김금보의 며느리로 그 행랑방을 빌려서 부모와 남편과 같이 근근이 살아오던 터에 해산기가 임박하자 그 집주인 김모는 자기 집에서 해산하는 것이 상서롭지 못하니 애를 낳기 전에 다른 데로 옮겨가라고 강요하여 부득이 방금 해산될 듯한 배를 부둥켜안고 시모와 가치 시외 공덕리에 얻어놓은 집으로 이사하여 가던 길에 그같이 해산하여 버린 것이라더라.[40]

이처럼 1899년 서울에서 운행을 시작한 전차는 어느새 '시민의 발'이 되어 있었다. 낯선 전차에 적응하는 과정에서 숱한 사고와 저항이 일어났고, 전차 통행을 위해 서울의 경관이 훼손되는 문제도 있었다. 그럼에도 전차는 사람들의 땀내, 삶의 애환을 싣고 오랜 시간 이 땅에서 달리고, 또 달렸다.

13
철도 투신에 이른 고단한 삶

도시의 흥망을 결정지은 철도

증기기관과 철도가 이끌어낸 서구의 근대는 세계 곳곳으로 퍼져나갔고, 마침내 '고요한 아침의 나라' 한국에 이르렀다. 철도는 한반도를 종횡으로 가로지르며 근대적인 공간과 시간을 만들어냈다. 부산역에서 출발한 기차는 경성역을 거쳐 신의주에 이르며 한반도를 관통했다. 경성(서울)의 종로와 남대문 거리, 그리고 부산, 평양 등 대도시에서는 전차가 분주히 오갔다. 전차 소리, 기차의 기적 소리는 이제 익숙한 일상의 소리가 되었다. 종로와 황금정(현재 을지로)은 밤에도 네온사인 불빛이 휘황찬란했다.

철도가 놓이면서 기차역을 중심으로 도시가 형성되었고, 철도 노선이 지나는지 여부가 전통적인 도시의 성쇠, 도시의 형성과 발전을 결정지었

1899년 경부철도 실측 답사 노선도

다. 대표적인 예로 대전은 한밭이라 불리던 한적한 시골 마을에 불과했지만, 경부선 철도가 개통되고 기차역이 들어서면서 신흥 도시로 발전했다. 1904년 이 지역에 일본 군인, 경찰, 이민자 들이 물밀듯이 들어오면서 운수업, 상업, 건축업 등이 발전하기 시작했다. 이곳은 경부선과 호남선의 환승역이 되고 역전에 은행과 상가가 들어서면서 대도시로 변모했다.

일본은 경부철도를 부설하기 위한 답사와 측량을 여러 번 실시했다. 위에 있는 경부철도 노선도는 1899년 3월에 일본 자본 경부철도주식회사의 주도하에 실시된 실측 노선으로, 조선시대 유통 경제의 중심 지역을 관통하고 있다. 말하자면 이 노선은 한국의 경제적 선진 지역을 장악하려는 일본 측의 의도를 명확히 반영하고 있다. 그러나 1900년 일본군과 경부철도주식회사가 합동으로 실시한 답사와 러일전쟁 직전에 실시된 측량에서는 러시아와의 전쟁에 대비해 서울과 부산을 최단 거리로 연결하는 현재 노선으로 결정함으로써 군사적 성격을 강하게 반영하게 된다.[1]

이러한 과정에서 최초 노선도에 포함되었던 전통적인 물류 유통의 중심지이자 충청남도 도청이 있던 공주가 철도 노선에서 소외되면서 급속히 쇠락의 길로 접어들었다. 경부선과 호남선이 관통하는 대전, 논산, 조치원 등이 발전하자 공주는 전통적인 상업 중심지로서의 기능마저 상실하고 말았다. 백제의 수도이자 1931년까지 도청 소재지였던 공주는 경부선과 호남선에서 소외되면서 2009년에 이르면 인구 12만 6440명의 소도시로 전락했다.

반면에 1932년 일본이 충청남도 도청 소재지를 공주에서 대전으로 이전하면서 대전은 상업, 운송 등 경제의 중심지뿐 아니라 행정의 중심지로 떠올랐다. 대전은 1905년 경부철도, 1914년 호남선 개통에 따라 발전이 가속화되었다. 이 밖에도 경부선의 천안, 호남선의 익산, 경의선의 신의주 등이 철도 개통으로 크게 발전했다. 철도의 개통으로 도시화가 진전되면서 도시의 인구도 늘어났다. 1925년 전체 인구의 4퍼센트였던 도시의 인구는 1944년에 13퍼센트로 증가했다.[2] 행정적으로는 1914년에 대전군이 신설되었고, 1917년에는 대전면, 1931년에는 대전읍으로 승격되었으며, 1935년에는 대전부로 승격되었다.[3]

이러한 사례는 강경과 군산의 성쇠에서도 잘 나타난다. 강경 지역은 바다를 통해 해산물이 집산되고 금강 수로를 통해 물산이 모여들던 물류의 중심지였다. 일단 강경에 모여든 물산은 다시 군산과 공주, 전주, 대전으로 운송되었다.

하지만 경부선과 호남선이 개통되면서 금강의 수운이 철도 운송으로 대체되자 강경은 예전의 활력을 급속히 잃고 말았다. 강경을 대신해 새로운 운송의 집산지로 부상한 지역이 바로 군산이었다. 호남선의 종착지인 군산과 목포는 한반도 전역에서 생산된 쌀이 모여들었다가 일본으로 반출되는 중심 항이 되었다.[4] 특히 분단 뒤 경부선의 서울-대전-대구-부산의 축에 여객과 화물 운송의 절대 다수가 집중되면서 철도가 한반도에서 공동체를 갈라놓으며 지역 대립을 심화시키는 제도적 틀로 작용하게 되었다.[5]

철도의 부설과 도시의 출현, 발전이 구래의 농촌을 변화시키고 심지어 마을이 송두리째 사라져버리는 경우도 비일비재했다. 이러한 상황은 1929년 한설야의 〈과도기〉라는 글에도 묘사되어 있다.

> 고향은 알아볼 수가 없게 변하였다. 변하였다기 보다 없어진 듯했다. 그리고 우중충한 벽돌집, 쇠집, 굴뚝들이 잔뜩 들어섰다. 철도길이 고개를 갈라먹고 창리 포구에 어선이 끊어졌다. 구수한 흙냄새 나는 마을이 없어지고 매운 쇠냄새 나는 공장과 벽돌집이 거만스러히 배를 부치고 있다. 소수래가 끊어지고 부수래(기차)가 왱왱거린다. 농군은 산비탈 으슥한 곳으로 밀려가고 노가다(노동자)패가 제노라고 쏘댄닌다.[6]

같은 경성 하늘 아래 대비된 삶

철도는 근대의 상징이자 근대화를 추동하는 불가결한 문명의 이기로 간주되었다. 신문에는 철도 등 근대적 교통수단의 조속한 도입을 근대화의 첩경으로 선전하는 기사가 넘쳐났다. 《독립신문》도 철도, 전차의 부설과 운행을 근대화를 위한 관건으로 여겨 조선이 강하고 외국에 대접을 받으려면 나라에 철도를 거미줄같이 늘어놓아야 하며, 열차가 개미같이 왕래

해야 한다고 주장했다.[7]

고향에서 평생 머물다가 생을 마감하던 사람들은 이제 기차를 타고 도회로, 다른 지역으로 여행할 수 있는 시대를 맞았다. 철도역을 중심으로 도시가 발전했고, 상점에는 온갖 신문물이 선을 보였다. 미국 영화나 일본 영화를 상영하는 극장, 재즈가 흘러나오는 카페, 서구 스타일의 문화적 기호로 가득 찬 다방, 구매 욕구를 부추기는 백화점 등 소비와 향락의 공간이 확산되었다. 서울에는 서양 사람처럼 꾸미고 거리를 활보하는 모던보이, 모던걸이 등장했다. 이렇게 근대의 신문물이 전파되면서 사람들의 관념과 제도도 바뀌어갔다.

1920년대부터 서울로의 인구 집중 현상이 두드러지게 나타났다. 지주의 토지 수탈, 일제의 토지 겸병 등으로 시골을 떠난 사람들이 경성으로 대거 몰려들면서 거지, 지게꾼, 일용잡부 등 도시 빈민층을 형성했다. 일본인들의 유입도 크게 늘어났다.

일제강점기 황금정에는 일본인들이 모여 살며 근대적 건물이 우후죽순으로 세워지면서 전통적인 상업 중심지였던 종로보다도 번화한 거리로 발전했다. 1894년 청일전쟁 이전에 일본인들은 주로 진고개*를 중심으로 거주하고 활동했으며, 종로와 남대문 일대에는 주로 중국 상인들이 큰 세력을 형성하고 있었다. 그러나 청일전쟁에서 일본이 승리하면서 한국에서 중국 상인의 세력이 약화되었고, 더욱이 러일전쟁 이후 일본인과 일본 군

---

* 진고개는 현재 충무로 2가 뒤편 세종호텔 부근에 위치하여 남산 줄기가 뻗어 내려오면서 형성된 지형이다. 비가 오면 땅이 무척 질어 통행에 불편했기 때문에 진고개라 불렸고, 남산골이라고도 했다. 이곳에 사는 선비들은 진흙을 피해 나막신을 신고 딸깍딸깍 다녔다 하여 남산골 딸깍발이, 남산골 샌님이라고도 불렸다. 이 말은 불의에 타협하지 않는 고지식하고 꼿꼿한 선비정신을 가리키기도 한다.

인이 한국에 물밀듯이 밀려오면서 거주지를 확대해나갔다. 1906년 한국에 거주하는 일본인은 약 1만 명에 달했고, 1910년 한일강제병합 당시에는 약 3만 명으로 급속히 늘어났다.

한국을 식민지로 전락시킨 후 일본인들은 서울과 부산 등 대도시를 중심으로 거주지를 확대해나갔다. 서울의 경우 일본인 거주지는 교통의 요충지에 자리하여 상업과 금융 시설이 밀집한 번화가로 발전했다. 일제는 인구가 밀집한 구역에 정町(마치)이라는 행정 명칭을 붙였다. 일본인 밀집 지역인 본정(충무로), 남산정(남산동), 욱정(회현동), 황금정(을지로), 대화정(필동), 명치정(명동), 영락정(저동) 등은 서울의 중심 지역으로 발전했다. 특히 일본인 상권의 핵심은 본정과 명치정, 남대문통 등으로 경성의 남촌이라 불렸고, 종로를 중심으로 하는 북촌과 대립했다.[8]

한국인이 집단으로 거주하는 종로 이북의 북촌과 외곽 지역에는 동洞이라는 명칭으로 행정구역을 구분했다. 이에 따라 정은 근대적 도시 공간으로 번화하고 발전한 이미지가 형성되었고, 동은 '골'로도 불리며 상대적으로 발전이 더딘 지역으로 인식되었다.

이렇게 서울의 근대화, 발전의 이면에는 거만하게 활보하는 일본인과 피지배 한국인이 공존하고 있었다. 한성에서 경성으로 명칭이 바뀌었지만 시중에는 일본식 발음인 게이조(경성)가 훨씬 많이 사용되었다. 이러한 상황을 언론은 "융성하여 가는 경성이 어찌 조선사람의 경성이랴. 조선사람은 집을 팔아먹고 땅을 팔아먹고 도망하되, 일본사람들은 그 반대로 사고 얻고 하여 일본인이 물밀듯이 경성에서 발전, 팽창한다"고 묘사했다.[9]

일본인 거주자가 늘어나고 일본 세력 범위가 확대됨에 따라 왜색 문화와 왜색 풍조가 사회 전반에 널리 확산되었다. 이러한 경향은 "경성에서 부산, 인천, 목포 어디든 좋다. 모든 생활은 일본식으로 변해가고 있다. 아니, 일본식이 아니면 일종의 치욕을 느껴가고 있다. 중국 산동성의 청도 함락* 소식을 접하고 '일본인이 이겨서 조선인도 어깨를 폅니다'라고 말하는 조선인도 있다"라는 기록에서도 확인할 수 있다.[10]

전국 도처에 공장이 들어서고 굴뚝에는 연기가 끊이지 않았다. 일본인 공장주는 근대화라는 미명 아래 저렴한 가격으로 토지를 수탈하다시피 수용하여 공장을 지은 후, 수많은 한국인들을 헐값에 노동자로 고용하여 쉴 새 없이 기계를 돌렸다. 큰 공장에는 으레 허름한 기숙사 시설이 들어서 좁은 공간에 수많은 인원을 수용했다. 방직공장의 여공은 70~80퍼센트가 기숙사에서 생활했는데, 노동의 효율을 극대화하기 위한 조치였다.

한 울타리 안에서 노동자들이 기숙사, 작업장, 식당의 동선을 따라 부지런히 움직였다. 새벽에 기상 사이렌이 울리면 노동자들은 서둘러 일어나 밥을 먹고 일터로 향했다. 점심시간도 30분에 불과했다. 하루 노동시간은 12시간에서 15시간 정도였으며, 잠시의 휴식 시간도 허락되지 않는 가혹한 노동 환경이었다. 더욱이 공휴일조차 없는 공장이 전체의 30퍼센트를 차지했다.

그러나 철도나 전차는 결코 출신이나 성별, 연령 등에 따라 승객을 차별하지 않았다. 차표에는 출발지와 도착지, 날짜와 시간, 요금만이 표기될 뿐이었다. 다만 승차권의 유무와 가격에 따른 구분이 있을 뿐이었다.

한국 최초로 개통된 경인철도의 객실 요금은 3등급으로 구분되었다. 1원 50전을 내야 하는 1등실은 주로 외국인과 귀족이 이용했다. 요금이 80전인 2등실은 주로 내국인이, 요금이 40전인 3등실은 주로 여성과 서민이

---

* 제1차 세계대전이 일어난 후 영일동맹의 한 축인 일본은 영국과 함께 독일이 점거하고 있던 산동반도 교주만을 공격하여 1914년 11월 7일 청도를 함락시켰다.

이용했다. 물가 시세로 환산해보면, 면포 한 필이 1원 4전으로 1등실 요금보다 저렴했고, 2등실 요금인 80전은 계란 100개를 구매할 수 있는 금액이었다. 3등실 요금 40전은 닭 두 마리 가격과 같았다. 따라서 일반 서민들의 처지에서 경인철도를 이용하는 것은 경제적 부담에서 보자면 그리 간단한 일이 아니었다.[11] 저렴한 3등실 승객은 대부분 한국인이 이용했기 때문에 일본인 승무원은 종종 이들에게 막말을 하고 불친절하게 대했다. 이와 같은 요금에 따른 차별은 민족 차별로 이어질 수밖에 없었다.

철도, 전차와 함께 들어온 근대 문명

철도와 더불어 전차는 단순한 대중교통 수단이 아니라 근대 문명의 전도사였다. 일정한 시간에 운행하는 규칙성은 도시 사람들에게 근대의 생존 법칙을 가르쳐주었다. 부산경찰서는 '전차도덕의 노래'라는 팸플릿을 만들어 차례대로 승차하고, 침을 뱉지 말고, 고성방가를 삼가며 차내 품위를 준수하는 등의 규율을 승객들에 배포했다.[12] 1920년대 신문에도 '전차 타실 때 주의하실 몇 가지'라는 제목 아래 앞사람을 먼저 타게 하고, 남의 발등을 밟으면 사과하고, 자리 양보를 받으면 고맙다는 인사를 하라는 등의 계도성 기사가 실렸다.[13]

전차 안팎에 붙은 광고판은 자본주의 상업 문명을 일반인들에게 널리 퍼뜨리는 매개체가 되었다. 시민들은 전차 광고를 접하면서 자연스레 근대 자본주의 체제로 급속히 편입되었다. 경성의 전차 풍속도를 묘사한 내용 가운데 전차 광고는 다음과 같이 기록되어 있다.

전차를 턱 타면 먼저 눈에 띄는 것은 광고판이다. 요사이 웬일인가 전차를 타면 병원선이나 탄 것처럼 그렇다. 그도 그럴 것이 광고라는 것이 거의 모두가 약 광고이다. 기침약, 감기약, 보약, 위장약, 설사약, 안약, 각기약, 심지어는 임질약까지 뚜렷이 도안을 곁들여 있고 간간히 성병과 병원의 지도안내를 곁들인 친절한 색광고가 있다.[14]

전차 공간 속에서 남녀칠세부동석으로 표상되는 고루한 유교적 도덕률은 발을 붙일 수 없었고, 자본과 이해관계에 따른 인간관계가 뿌리 내렸다. 전차는 기차와 더불어 근대와 개화를 교육하는 학교였다고 할 수 있다.

동성同性끼리도 무엇한데 더구나 모르는 남성이 유심히 이쪽을 노리고 보는 데는 죄없이 머리가 숙여지고 가슴이 울렁거리는 것입니다. 콧잔등에 밥풀이나 한 알 붙지 않았나 하고 새끼손가락으로 얼굴을 갉작갉작하는 체하다가 얼굴을 옆으로 돌려 슬쩍 쓰다듬어 보았으나 손바닥에 걸리는 것조차 없었습니다.[15]

최남선은 《경부철도가》(1908)에서 기차 안에서의 평등한 관계를 다음과 같이 묘사했다.

늙은이와 젊은이 섞여 앉았고
우리네와 외국인 같이 탔으나
내외 친소 다같이 익혀 지내니
조그마한 딴 세상 절로 이뤘네[16]

서울(경성)의 밤거리는 종로나 황금정(을지로), 본정(충무로)을 중심으로 네오사인이 휘황한 불빛을 내뿜었다. 1920년대 서울은 작은 도쿄처럼 번화했다. 실제로 1920~1930년대 한국인들 사이에 저녁나절 뚜렷한 목적 없이 진고개와 본정 거리의 상점가를 배회하는 풍습이 생겨나기도 했다.[17] 수많은 신식 학교가 설립되어 학생들은 다방이나 제과점을 다니고 서양식 교육을 받았으며, 교복을 입고 기차나 전차로 통학하는 모습이 일상화되었다.

종로와 황금정에는 모던걸, 모던보이가 서양식 신문물을 몸에 휘감고 거리를 활보했다. 대표적인 모던걸로는 여학생과 교직원, 의료, 언론 계통의 소수 전문직 여성들이 있었고, 이 밖에도 백화점, 호텔, 극장, 카페 등 새로운 소비문화의 공간에 고용된 신종 직업여성들도 이 대열에 합류했다. 이들은 데파트걸, 엘리베이트걸, 헬로걸(전화 교환수), 버스걸(버스 안내양), 타이피스트, 스틱걸*, 마네킹걸**, 티켓걸(극장 표 판매원), 카페걸 등으로 불렸다.[18] 새로운 직업군을 형성한 이들은 많은 여성들에게 선망의 대상이 되었다.

신문 지상에서는 뚜렷한 목적이나 행선지도 없이 황금정이나 본정 등 번화가를 배회하는 모던걸, 모던보이의 이미지를 다음과 같이 묘사했다.

안국동 네거리를 활개치며 내닫는 모던보이와 모던걸, 햇빛에 번쩍이는 복사빛 파라솔과 봄바람에 날리는 노랑빛 넥타이, 그리고 구두뒤축에 질겅질겅 씹히는 곤세루 바지와 정강이 위에 펄렁거리는 사지치마, 불이나케 달아나는 모던보이의 손에는 발을 뗄 때마다 바이올린이 앞뒤로 왔다 갔다.

---

* 노인 등 남자를 부축해주는 직업.
** 백화점에서 의복 등 상품을 홍보, 판촉하거나 직접 거리로 나와 마네킹처럼 움직이지 않은 상태로 제품을 홍보하는 직업.

저년놈들이 왜 저렇게 불이나게 여기를 지나다니나 벌써 몇 번째야 대관절, 요새 사람들은 저렇게 다녀야 밤이 내린다우.

아이고 배고파. 인제 그만 들어갑시다.

무거운데 왜 바이올린을 들고 다녀요. 할 줄도 모르면서.

쉬쉬 에잇 창피하게, 그런데 당신은 왜 빽을 들고 다니우.

이 시대의 젊은이를 상징하는 두 남녀는 다시 안국동으로 들어섰다.

오! 세기말적 퇴폐![19]

모던걸, 모던보이는 일제강점기 민족주의 진영의 물산 장려 운동 등 경제 자립 운동이 전개되면서 부정적인 이미지가 강화되었다. 모던걸과 모던보이를 유혹하는 광고 속 상품들은 대부분 일본 제품이었고, 이는 일본 경제의 상품 소비 시장으로서 한국의 식민지적 특성을 잘 보여주었다. 또한 모던걸과 모던보이는 암울한 식민지 현실과 극명하게 대비되었다. 이들은 소비 욕구에 대한 적대감과 일본문화 모방에 대한 자괴감을 불러일으켰다.

모던걸이 나오면 피아노나 활동사진관이 따라 나오고, 모던뽀이를 말하면 기생집이나 극장이 따라 나오는 것은 사실이다. 내 자신도 모던걸 하면 현숙한 맛은 쑥 들어가고 화사하고 요염한 계집-딴스장에 나가는 여배우 비슷한 계집에게서 받는 듯한 느낌을 어렴풋이나마 받게 된다. 그와 같이 모던뽀이에게서는 일 없이 히야까시*나 하고 빤질빤질 계집의 궁둥이나 쫓아다니는 어떤 그림자 같아서 건실하고 강직한 느낌은 못 받는다. 딴은 모

---

* 길거리에 지나가는 여성에게 휘파람을 불거나 희롱하면서 집적대는 행위.

던껄, 모던뽀이라는 말을 일본이나 조선서는 불량소녀, 불량소년 비슷한 의미로써 쓰는 까닭에 그렇게도 느껴지겠지만, 그 자체가 우리에게 주는 느낌도 현숙하고 건실하다는 느낌이 아닌 것만은 사실이다.

나는 영어를 모르니 그 참뜻이 어떤 것은 모르지만 영문 아는 이의 해석을 들으면 모던이라는 것은 근대, 또는 현대라는 뜻이라 한다. 그러면 모던껄, 모던뽀이는 근대소녀, 근대소년이니 속어로 말하자면 시체계집애, 시체사내들이 될 것이다. 그렇다면 어째 시체 것을 그렇게 좋지 못한 의미로 쓰는지, 심한 이는 못된껄(모던껄), 못된뽀이(모던뽀이)라고까지 부르며 어떤 이는 그네들 정조에까지 불순한 말을 한다.[20]

근대를 따라잡기 벅찬 삶

근대의 이기가 유입되며 사회 관념을 바꾸기 시작했지만, 사람들은 여전히 근대를 따라잡기 벅찬 삶을 힘겹게 꾸려가고 있었다. 일반 사람들은 여전히 전통과 근대의 기묘한 동거 속에서 혼란과 가난에 허덕이며 어렵게 생계를 이어가고 있었다. 미국 시카고대학 교수이자 여행가인 버튼 홈스는 전차로 상징되는 근대와 가마로 상징되는 전통의 기묘한 혼재를 다음과 같이 기록했다.

전차 선로와 전차는 중세풍의 아치(홍예문)를 통과하고 있고 아치 너머로 전신과 전화선이 이어져 있다. 근대 기업이라는 거미가 이 잠자는 동양의 거대 도시에 철로 된 거미줄을 치고 있는 중이었다. 그러나 쨍그랑쨍그랑 울리면서 덜커덩거리는 전차가 문을 통과하고 거만하게 돌진하는 한편으로는 관료가 타는 차(가마)가 조용히 그리고 천천히 위엄을 부리며 운반된다. 이것들은 전기의 출현에도 불구하고 서울, 이 기묘한 도시에 중세의 생

활 풍속과 방식이 아직도 지속되고 있음을 말해 준다. 그 대조는 정말 극적이다.[21]

사회에는 여전히 왕조 시대의 봉건적 유습이 만연했고, 근대와 과거가 한자리에 판을 벌여놓고 있었다. 사람들은 근대를 경이로운 시선으로 바라보면서도 상대적으로 뒤처져가는 자신의 삶을 돌아보며 혼돈과 깊은 좌절을 경험했다. 이광수는 《무정》에서 근대로부터 소외된 수많은 일상의 삶을 다음과 같이 묘사했다.

> 철도가 생기기 전에는 지나가는 손님도 있어서 술도 팔고 떡도 팔더니 지금은 장날 아니면 사람 그림자도 보기 어렵다. 저 노인도 갑오 전 한창 서슬이 퍼렜을 적에는 평양 강산이 다 나를 위하여 있고, 천하 미인이 다 나를 위하여 있다고 생각하였으리라. 그러나 갑오년 을밀대 대포 한 방에 그가 꿈꾸던 태평시대는 어느덧 깨어지고 마치 캄캄한 밤에 번개가 번쩍하는 모양으로 새 시대가 돌아왔다. 그래서 그는 세상에서 버려진 사람이 되고 세상은 그가 알지도 못하던, 또는 보지도 못하던 젊은 사람의 손으로 돌아가고 말았다. 그는 철도를 모르고 전신과 전화를 모르고 더구나 잠행정이나 수뢰정을 알 리가 없다. 그는 영원히 이 세상이 무엇인지를 깨닫지 못하리니, 그는 이 세상에 살아 있으면서 이 세상 밖에 있음과 같다.

《무정》에는 "종로 야시에는 '싸구려' 하는 물건 파는 소리와 기다란 칼을 내두르며 약 광고하는 소리도 들린다. 아직도 장옷을 쓴 부인이 계집아이에게 등불을 들리고 다니는 이도 있다. 우미관에서 소위 '대활극'을 하느지, 서양음악대의 소요한 소리가 들리고, 청년회관 2층에서는 알굴리기

(노름)를 하는지 쾌활하게 왔다 갔다 하는 청년들의 그림자가 어른어른하다"라고 하여, 장옷을 쓴 부인의 전통적 모습과 서양 음악대의 신문물이 혼재하는 모습을 묘사하고 있다.

이렇듯 근대는 일상의 삶 속에 이미 성큼 다가섰지만, 민초의 삶은 여전히 고단하고 곤궁했다. 기차는 벽촌에서도 기적을 울리고 달리며 함경도 '신고산 처녀'의 마음을 설레게 했지만, 이들이 먹고사는 현실의 삶은 근대와는 너무도 큰 격차가 있었다. 경성 등 일부 지역을 제외하고는 사회 전반에 걸쳐 극도의 가난과 경제적 어려움, 농촌의 붕괴와 해체가 진행되고 있었으며, 도탄에 빠진 농민들은 아무런 희망도 없이 하루하루를 연명하고 있었다.

조선 후기 실학자 성호 이익은 토지를 잃은 농민의 어려운 처지를 빗대어 "송곳 하나 꽂을 땅 한 뙈기도 없다"라고 묘사했다.* 19세기 후반 제국주의 열강의 경제적 침탈, 일제에 의한 국권 상실을 겪으며 백성의 삶은 더욱 고단해졌다. 일제는 1908년 식민지 수탈 기구인 동양척식주식회사를 창설해 한국의 토지 겸병에 적극 나섰다. 일제는 토지 조사 사업을 통해 소유관계를 파악한 후 일본에서 오는 이민자들에게 토지를 불하했고, 각지에 일본인 촌락을 조성해 식민지의 거점으로 삼았다. 토지를 불하받은 일본인은 지주로서 한국인을 소작인으로 부려 농업 경영에 나섰다. 일본인 지주는 5할에서 8할까지 소작료를 거둬들여 격렬한 쟁의가 일어나기도 했다.[22]

일제강점기 한국의 가경지 면적은 논이 약 155만 정보, 전이 약 284만

---

* 이 표현은 원래《장자》에 나온 "요순 임금은 천하를 지배했으나, 그 자손들은 송곳 하나 꽂을 만한 땅置錐之地도 가지지 못하였다"라는 구절을 인용한 것이다.

정보, 화전이 약 14만 정보로 총 453만 정보에 달했다. 1923년 말의 통계에 따르면 동양척식주식회사가 보유한 토지는 논이 5만 1297정보, 전이 2만 1357정보, 잡종지가 3324정보, 산림이 1만 2344정보로 총 8만 8334 정보에 달했고, 당시 가격으로 약 1792만 9243원에 상당했다.[23] 1920년대 중반 언론은 동양척식주식회사에 의한 토지 수탈 상황을 다음과 같이 보도했다.

> 살을 뜯어먹고 뼈를 갉아먹는 그 무엇이 있다 하면 동양척식회사 이상이 어디 또 있으랴. 아- 조선인의 악귀인 동척아 어쩌면 이다지도 혹독하냐. 조선의 토지는 얼마나 가졌느냐. 조선인의 생명은 얼마나 빼앗았느냐. 앞으로 100년 되는 날에는 100만 정보가 저 독귀의 손아귀에 들 것이다. 전 조선의 전 땅덩어리가 저의 독수에 들고 말 것이다. 그렇게 되기까지 아무 변동이 없을 리도 만무하지만은[24]

토지를 빼앗긴 농민들은 만주로 땅을 찾아 이민 길에 나섰는데, 1945년 당시 총 150만 명에 달했다. 이석훈은 《이주민열차》에서 한국이 일본의 상품 시장으로 전락하고 농민들이 토지로부터 유리되는 상황을 다음과 같이 서술했다.

> 김서방은 본래는 철도 연변의 어떤 지방에서 상당한 자작농으로 과히 남부럽지 않은 생활을 하고 있었다. 그러나 전기가 들어오고 자동차가 달리고 인조견과 고무신이 트랙터에 실려들어와 퍼지는 등 세상은 놀랄만큼 변천되는 사이에 자기들이 힘들여 지은 곡식값과 고치값은 굉장히 떨어지것만 가종 공과금, 과세금은 늘어가는 판에 어느덧 김서방은 금융조합의 빚

으로 해서 땅마지기나 있는 것은 모두 빼앗겨버리고 가난한 소작농으로 떨어져 버렸다. 노자조차 변통할 수 없는 지경이라 처자를 이끌어 가지고 산골로 흘러들어간 것이었다.[25]

1934년 11월 전라도와 충청도 수재민 110호 총 674명은 새로운 토지를 찾아 개척에 나섰다. 이들은 열차에 몸을 싣고 경성역을 지나 만주 영구營口 지방으로 이주의 길에 올랐다. 1939년 9월에는 만주 북안성北安省 개척민 가운데 선발대 72명이 경성역을 출발했고, 다음 달 10월에는 다시 600명을 선발하여 열차편으로 경성역을 출발했다. 이듬해 봄에는 약 4000명의 이주가 계획되어 있었다.[26] 이렇게 토지를 찾아 고향을 등진 이주민과 열차는 소설 《두만강》에 다음과 같이 묘사되어 있다.

남대문역(경성역) 3등 대합실에는 사람들이 빼곡이 들어찼다. 벤치의 자리를 얻지 못한 남녀노유들은 날바닥에 그냥 앉았다. 객지에서 병이 난 노인들과 어린 아이들은 홑이불뙈기를 깔고 그 위에 누워 있다. 시멘트를 바른 땅바닥이 돌과 같이 차가웠다. 그들은 할 수 없이 곱아 오르는 추위를 무릅쓰고 맨땅 위에서 그냥 누워 있었다. 이 많은 승객들은 동북 만주로 이사 가는 농민들 같았다.[27]

경성 시내에는 전차가 종횡으로 달리는 가운데 모던걸, 모던보이가 활보했고, 밤이면 네온사인의 화려한 불빛이 어둠을 환하게 밝혔다. 그러나 경성의 화려한 외양과 달리 청년들은 일자리를 찾지 못하고 미래에 대한 목표 없이 활력을 잃어갔다.

넓고 큰 만주에서 살다가 경성을 들어서면 마치 반간 방 속에다가 잡아놓고 사방 창을 잠그는 것 같은 기분이 생긴다. 경성시가에는 쏙쏙 뽑은 청년 양복쟁이가 전보다 많아진 것 같고 또 대모테 안경* 안 쓴 사람이 없는 것 같이 보인다. 여학생의 치마 길이는 작년보다 조금 길어진 것 같고 여교사 같은 숙녀 처놓고 왜사,** 적삼,*** 생수 겹저고리**** 아니 입은 이가 별로 없는 것 같다. 점점 사치스러워 가는 것은 대단히 좋은 일이나 청년마다 노라리오 사람마다 살 수 없어 죽겠다는 형편에 비하면 웬 셈인지 알 수가 없다. 하여간 왜 그리 노는 사람이 많고 그렇게 모두 살 수 없어서 어떻게 할런지 우리 사는 곳은 이에 대하면 별천지 같다. 이렇게 살다가는 조선사람은 다 죽게 되겠다. 큰일 난 일이다. 길가에 다니며 보노라면 작년보다 요리집이 많아진 것 같고 낫선 변호사사무소라고 쓰여진 말뚝이 여러 군데 보인다. 그리고 작년에 보지 못하든 안국동행 전차와 영추문행 전차를 보고 깜짝 놀랐다.[28]

근대와 전근대가 혼재하는 식민지 시대에 수많은 민족적 갈등과 저항이 일상화되었고, 거대한 혼돈이 사회를 휩쓸었다. 최남선은 근대화와 식민지의 중압에 억눌려 타율적 삶을 살아가는 한국의 민초를 다음과 같

---

* 대모玳瑁는 바다거북의 한 종류로, 대모 등껍질로 만든 안경테를 대모테 안경 또는 귀갑테 안경이라 했다. 주로 중국에서 수입된 이 안경은 장수를 상징하는 거북의 등껍질로 제작되어 재질이 단단했고 주로 고관대작들이 즐겨 사용했다. 대모테 외에도 소뿔이나 옥, 나무, 철, 구리 등으로 안경테를 만들었다. 《한겨레신문》 2017년 10월 18일.

** 왜사倭紗는 발이 잘고 고운 사(실)의 하나로, 주로 여름 옷감에 많이 사용된다.

*** 윗도리에 입는 홑옷.

**** 솜을 두지 않고 거죽과 안을 맞추어 지은 저고리.

이 묘사했다. 이 대목에서 그는 기차 역시 일본의 식민지 지배의 주요 수단임을 생각하며 굴절된 근대화의 길에서 아슬아슬하게 줄타기하는 동족을 한탄했다.

> 이 기차의 주인을 물어보는 생각이라
> 너는 뉘 차를 타고 앉은 줄 아느냐
> 나는 마음이 편치 못하여 뜻이 기껍지 못하오[29]

철도 주변에는 일본인이 집중적으로 거주했고, 교통과 통신의 거점인 철도역은 조선어로 의사소통조차 어려운 장소가 되어갔다. 이렇게 기차역을 중심으로 형성된 왜색 문화는 이해조의 소설《고목화》에 다음과 같이 묘사되었다.

> 큰 길에 나서며 일본 사람들이 득시글득시글하다. 여기가 어디냐 물어볼 수도 없고 일본말을 하지 못하니 전신대 나란히 서 있는 그 밑에다가 철로를 놓았는데 집모양만 보아도 정거장 같기는 하나 지명은 알 수 없더니, 청주집이 전신대에 써붙인 글자를 보고, 여보, 여기가 문산포인가 보오라고 하였다.[30]

급격한 사회 변화에 미처 적응하지 못하고 철도에 몸을 던져 목숨을 끊는 사건도 수없이 일어났다. 일제강점기라는 상황에서 오는 무력감도 한국인들을 짓누르고 있었다. 통계상 어느 정도였는지 정확히 알 수는 없지만, 철도 사고는 날마다 신문에 빠지지 않고 실렸다. 심지어 어떤 날은 신문 한 면에 모두 5건의 철도 자살 사건이 지면을 빼곡 채울 정도였다. 직업을 구하지 못하고 생계가 어려운 형편에서 방황하던 사람들, 사회로부터 소외된 걸인이나 죄수, 노인 등이 숱하게 철도에 몸을 던졌다.

1922년 8월 16일 오전 5시경에 청주역을 떠나 조치원으로 향하던 열차가 청주읍 부근을 지날 때에 선로 위에 사람이 누워있는 듯하였다. 이를 발견한 기관사가 놀라 즉시 열차를 멈추고 현장을 조사하였다. 조사 결과 그곳을 통행하던 급행열차에 이미 사람이 치어 머리와 기타 여러 곳을 상하여 사망한 상태였다. 야밤이라 이것을 미처 알지 못하고 열차가 그대로 통과한 것으로 보였다. 이에 기관사는 이러한 사실을 청주역에 보고하고는 다시 열차를 출발시켰다. 보고를 접한 청주역에서는 경찰을 현장에 급파하여 상세히 조사를 실시하였다. 그 결과 사망한 사람은 청주읍 대리정에 사는 박무림이라는 자로서, 평소 가세가 빈한하여 여러 방면으로 직업을 구하려 하였으나 마땅한 직업을 얻지 못하였다. 그리하여 생활이 점점 어려워지면서 그의 아내와 사이마저 악화되자 집안에 풍파가 떠날 날이 없었다. 그는 필경 이를 비관하고 이와 같이 자살한 것으로 판명되었다.[31]

1927년 8월 8일 오전 평양발 진남포행 열차가 강선역을 지나 초리면 보봉리 앞을 지날 때에 어떤 노인이 철도 레일 위에 누워있다가 기차에 치어 오른쪽 팔이 떨어져 나갔다. 그는 이보철이라는 노인으로 자신의 둘째 아들 이병휘와 동거하던 중, 아들의 학대에 못 견디어 기양시에 있는 맏아들 집으로 갈 목적으로 철도로 향하고 있었다. 때마침 기차 소리가 들리고, 자신의 처지를 생각함에 비참하기 그지없었다. 마침내 그와 같이 아들에게 학대받느니 차라리 죽는 것이 낫겠다는 생각으로 자살하려다 그만 팔만 떨어진 것이라 하더라.[32]

섣달그믐, 동지 등에 빚을 갚을 수 없어 철도에 뛰어드는 사람도 적지 않았다. 명절이나 절기에 맞춰 빚을 청산하는 관습 때문이었다. 우리나라에서는 전통적으로 동지를 작은설이라 하여 설 다음가는 명절로 여겼다. 빚을 진 사람들은 동지 전에 모든 빚을 갚았다. 또한 섣달은 한 해의 마지막 달이므로 대부분 묵은빚을 남김없이 청산했다. 이러한 관습 때문에 섣달그믐에는 설 준비를 포함해 여러모로 바쁜 가운데에도 한밤중까지 빚을 받으러 다니는 경우가 허다했다. 그러나 빚을 갚기 어려운 사람들은 어떻게 해서든 이날을 무사히 넘기려 했다. 대개 자정이 지나면 정월 보름까지는 빚을 독촉하지 않았기 때문이다.*

1926년 12월 30일 새벽 경성역 뒤 아현터널 어귀에서 자살인지 타살인지 불명한 청년이 기차에 치어 죽은 주검으로 발견되었다. 서대문경찰서에서 청년의 신분과 원인을 조사한 결과 그는 마포 도화동에 거주하는 최기조라는 청년으로, 자살로 판명되었다. 자살한 원인은 양력 세모에 빚쟁이들의 독촉이 더욱 심함으로 가뜩이나 생활도 곤란한데 세모를 넘기기 심히 어려울 줄 알고 자살을 감행한 것이다.[33]

이처럼 근대 문물이 초래한 혼란, 암울한 식민지 현실 속에서 수많은

---

* 이러한 관습은 중국에도 오래전부터 있었다. 중국 상인들에게 주요 절기는 빚을 갚고 결산하는 날이었다. 중국에서는 '빚은 5월 단오절과 8월 중추절에 반드시 갚아야 한다'는 관습이 있어, 이를 절기결산이라 불렀다. 특히 추석은 1년 중 가장 중요한 결산일이었으며, 결산 이후 계약을 연장하거나 기존 계약을 종료하게 된다. 채무자들은 어떻게 해서든 절기를 무사히 넘기기를 소망했다. 상점에 고용된 사람들은 저녁 연회 전에 다음 날부터 출근하지 말라는 말을 들을까 전전긍긍하기도 했다. 이처럼 채권자와 채무자 사이에서 명절이나 절기는 그리 즐거울 수 없었으며, 명절을 보내는 일이 관문을 통과하는 것 같다고 하여 이를 '명절 통과하기'라고 부르기도 했다.

사람이 철도에 몸을 던져 스스로 삶을 마감했다. 철도는 근대 이후 출현했으니, 철도 자살은 전근대에는 존재하지 않았던 근대적 현상이라 할 수 있다. 문명의 이기, 철도에 깃든 고단한 삶을 되새겨보게 된다.

14
가슴 아픈 사랑의 종착점, 철도

전통적 가족제도에 불어온 근대화의 바람

조선의 유교적 가족 제도에도 근대화의 바람이 일었다. 《독립신문》은 조혼 제도에 대해 다음과 같이 지적했다. "조그마한 어린아이들을 강제로 혼인시켜 살라 하니 이 아이들이 어렸을 적에는 혼인이 무엇인지 모르고 부모가 하라는 대로 하였거니와, 지각이 난 이후에는 후회하는 경우가 많다." 1910년대 중반 이후에는 '자유 이혼'이 적극 제기되기 시작했다. 특히 일본에서 유학한 학생들이 귀국하면서 유교적 가족 윤리 전반에 대한 비판이 본격적으로 대두되었다. 그럼에도 불구하고 많은 여성들이 전통적 가족 제도의 속박에서 쉽게 벗어나지 못했다. 조혼하고 장애인 남편과 살게 된 여성이 삶을 비관해 철두에 몸을 던진 사례도 있었다.

1924년 12월 6일 정주로 향하던 제66호 혼합열차가 남시역을 17분 늦게 출발하여 오후 4시 20분경 월산군 서림면 작현동 부근 구비를 돌아나가고 있었다. 이때에 물이 뚝뚝 흐르는 옷을 입고 머리는 풀어 산발을 한 여자가 선로를 따라 열차 정면으로 뛰어들어 오른배가 터져 죽었다.

상세한 내용을 들어보니, 이 여자는 일산군 서림면 천석동 190번지에 사는 이달희의 처 김성녀였다. 그녀는 어렸을 적에 이달희의 집 민며느리로 그 집에 와 있다가 몇 해 전에 성례를 하였다. 친척의 집으로 바느질을 하러 갔다가 그날 오후 3시경 자신의 집으로 돌아와 지어온 옷을 농에 집어넣고 곧 부엌으로 내려가 무엇을 하는 체하며 집안 사람들의 눈을 속이고 집을 나와 철로에서 오래동안 기차가 지나가기를 고대하였으나 오지 않았다.

이에 기차길 옆의 못에 빠져 죽으려고 뛰어들었으나, 물이 옅을 뿐 아니라 마침 그날이 남시 장날이므로 도로에 통행하는 사람이 매우 많았다. 이에 심히 고심하던 중 마침 기차가 오는 소리를 듣고 달려 나와 그와 같이 무참히 죽은 것이다.

그녀가 자살한 원인을 자세히 알 수는 없으나 인근 사람들의 말에 따르면, 가세가 심히 빈곤할 뿐만 아니라, 나이 마흔 되는 남편이 장애인으로서 장래를 비관한 듯하다고 하였다. 이 부근에 사는 사람들은 불과 3일 만에 한 자리에서 둘이나 치어 죽었다고 하며, 매우 불쌍히 여긴다 한다.[2]

자유연애와 신여성

1919년 3·1운동 이후 사상계의 개조론과 문화운동의 흐름 속에서 가족의 개조와 신가정의 건설이 사회의 주요한 이슈로 부각되었다. 구래의 조혼 풍습과 강제 결혼에 대한 비판이 제기되면서 애정에 기초한 새로운 부부 윤리가 형성되었다. 이러한 흐름 속에서 이른바 '연애의 시대'라고 할 정도로 자유연애 사상이 전국에 걸쳐 널리 확산되었다. 신문은 연일 결혼 상담을 위해 투고한 기사로 넘쳐났다.

> **문**) 스무 살 난 처녀인데 나 혼자 몰래 사랑하는 남자가 있는데 퍽 이쁩니다. 부모는 혼처를 구하는데 나는 다른 데로는 가기 싫습니다.
>
> **답**) 얼굴이 이쁜 것만으로 당신이 그 남자를 사랑한다 하면 위태한 일입니다. 사랑이란 것은 얼굴보다도 서로의 인격과 성질과 이해로써 성립되는 것입니다. 참말로 인격적으로 그를 사랑한다 하면 부모에게 그것을 고백하여 통혼을 함도 무방하겠습니다.[3]

이 무렵 새로운 직업이 다수 생겨나면서 교직원, 의료인, 언론인으로 활동하는 소수의 전문직 여성과 함께 백화점, 호텔, 극장, 카페 등 새로운 소비 공간에 고용된 신여성들이 나타났다. 자기 직업을 갖고 경제적 독립성을 확보하는 일은 주체적으로 살아가려는 여성들에게 무엇보다 중요한 문제였다. 이 때문에 많은 여성들이 새로운 직업을 구하고자 신문사에 질문을 보냈다.

타이피스트가 되고 싶어요

> **문**) 나는 금년에 모여자고등보통학교를 졸업한 여자입니다. 다른 사람처럼 상급학교도 못 가고 그렇다고 또 취직도 못 하였습니다. 말을 들으니 '타이피스트'가 되면 여자의 직업으로 수입이 상당하다 하오니 그 내용을 좀 가르쳐 주십시오. 또 타이피스트 양성소는 어디 있습니까? 지금도 양성소에 들어갈 수 있을까요?
>
> **답**) 멍치정이라는 전차정류장에서 내려 식산은행에서 주급을 나가면 단층

집으로 '일본타이피스트양성소'라고 써 있습니다. 그곳에 가서 자세한 내용을 물어보시면 아실 것입니다. 그러나 조선여자의 직업으로 이것이 적당할런지 의문입니다. 조선에서는 타이피스트를 쓰는 회사나 은행이 별로 없기 때문입니다.[4]

환영받는 조선인 전화 교환수

경성우편국에서 전화 교환수로 조선여자를 채용한다는데 학식은 보통학교 졸업 정도이면 족하겠으나 제일 긴한 것은 일어이다. 학식이 아무리 넉넉하여도 일본말이 능하지 못하면 될 수가 없는 일이며, 처음 들어가서 3개월 동안 견습하는 중에 일급으로 51전을 주며 졸업 후에는 60전 이상의 일급을 주는데 그 외에 근면수당까지 합하면 한 달에 24-25원 가량은 될 것이오. 교환사무에 종사하는 시간만 하여도 45분 동안 마다 15분 간식, 휴식을 하게 되었음으로 하루 동안 아무리 일을 많이 하여도 여덟 시간이 넘지를 못한다. 이미 이 일에 종사하고 있는 조선여자 세 사람은 도무지 야근을 싫어하는 듯한데, 그것은 자기 자신이 싫어하는 것이 아니라 아직 세상 형편을 알지 못하는 부모들이 어린 여자를 밤중에 내놓는 것을 위태롭게 여겨서 반대하는 듯하다.[5]

슬픈 사랑 끝에 철도에 투신한 사람들

자유연애가 젊은이들 사이에서 뜨거운 이슈가 되었지만, 한국 사회에는 여전히 유교적 규범과 가치가 확고한 가운데 중매결혼이 많았다. 일제강점기 혼인법상 남자는 만 30세, 여자는 만 25세 이상일 경우 부모의 승낙 없이도 결혼할 수 있었지만 실제로 그 규정이 관철되는 경우는 드물었다. 경성부 호적계에서 근무하는 이종현은 다음과 같이 설명했다.

현재의 법률상으로는 남자가 만 30세, 여자가 만 25세에 달하면 부모의 승낙이 없이도 결혼을 할 수 있다 한데 대하여, 법률상으로는 그처럼 제정이 되어 있으나 조선서는 특수한 관습이 있음으로 아무리 남녀가 연령이 많더라도 부모가 생존하면 그 승낙이 없이는 법률상 정식결혼을 성립할 수 없습니다. 또 부모가 아닌 사람이 호주가 될 적에는 그 호주의 승낙이 반드시 필요합니다. 이것이 법률과 관습의 차이올시다.[6]

이처럼 현실의 벽이 강고한 가운데, 전통적인 결혼 제도에 묶여 좌절하는 사람들이 많았다. 이들이 철도에 몸을 던져 생을 마감한 안타까운 사연들이 당시 신문이나 잡지에 자주 실렸다.

안주군 용화면 용두리에 사는 김성녀는 작년 봄에 자기 친정부모가 강제로 평원군 석암면 석암리에 사는 최기원이란 자에게 시집을 보냈다. 그러나 부부 간에 늘 뜻이 맞지 않아, 세 차례나 자신의 친정으로 도망한 일이 있었다. 1924년 9월 19일에도 김성녀가 친정으로 도주하였음으로 또다시 남편이 데리고 자신의 집으로 돌아가던 중, 오후 6시경 신안주역에서 약 6리 떨어진 철도연변에서 서로 가자거니 안 가겠다거니 하며 다투었다. 김성녀는 뜻없는 시집으로 가느니 차라리 자살하는 편이 낫다고 하며, 마침 지나가던 남행기차에 뛰어들어 무참히 즉사하였다 한다.[7]

조선시대라고 사랑하는 남녀가 현실에 좌절해 목숨을 끊는 일이 없지는 않았겠지만, 1920년대 일제의 통치 아래 무기력한 사회 분위기 속에서 정사情死 사건은 세기의 유행처럼 온 사회를 휩쓸었다. 일본에서는 메이지 중기 이후 서구의 개인주의적 가치관이 들어오면서 지식인들이 동반자살을 찬미하거나 동정하는 사조가 나타났다. 당시 정사는 현실에서 허용될 수 없는 결혼이나 사회 제도에 대한 항의로 받아들여지기도 했다.[8] 근대 초 일본에서는 유명인이나 예술가가 정사한 사건이 많았고 이를 소재로 한 예술, 문학 작품도 많은 편이었다. 따라서 한국의 정사는 기본적으로 일본에서 들어왔다고 해도 무방할 것이다.

한국에서는 정사를 결행한 여성 가운데 기생, 창기, 작부, 여급 등 자본주의적 인간관계에 편입된 여성 종사자가 전체의 절반을 넘었다는 점이 일본과의 차이라면 차이라 할 수 있겠다. 남성을 접할 기회가 많았던 직업여성이 일부일처제에 편입되지 못하고 좌절하는 경우가 많았을 것이다. 실제로 본처가 있는 남자와 미혼 여성이 함께 자살한 정사가 상당 부분을 차지했다.[9]

> 1935년 5월 1일 오후 8시경 밀양군 삼랑진면 미전리 부근에서 기차에 깔려 죽은 청춘 남녀의 시체를 오후 5시경에 마침 이곳을 지나던 선로인부가 발견하였다. 두 남녀는 정사한 것으로 판명되었고, 산산조각으로 무참히 세상을 등졌다. 조사 결과 남자는 부산에 주소를 둔 모 상선회사의 선원이었으며, 여자는 부산에 적을 둔 창기로 판명되었다. 친척과 주민들은 즉시 달려와 흩어진 시신을 일일이 수습하였다. 그러나 별다른 유서를 찾지는 못하였다. 꽃 같은 두 청춘이 철도의 이슬로 사라진 사정을 자세히 알수 없지만, 가족들의 말을 빌리자면 이들 사이에는 남모를 사정과 불꽃같은 연애관계가 있었다고 하였다.[10]

이렇게 비극적인 연애가 만연한 가운데 이혼도 쉽지 않았다. 우리나라에서는 유교적 윤리가 강화된 조선시대부터 이혼이 엄격히 제한되었고,

조강지처를 버려서는 안 된다는 관념이 강하게 형성되었다. 그러나 남성에게는 축첩畜妾이라는 탈출구가 마련되어 있었다. 이혼은 일제강점기에 제도화가 모색되기 시작했지만,* 일본 민법의 영향으로 한국에서는 축첩이 이혼 사유가 될 수 없었다. 이 때문에 처첩 간의 갈등으로 인한 철도 투신 사건이 종종 일어났다.

> 1939년 10월 5일 오전 7시경 진주 도착 열차가 개양역과 진주역 사이 중간 쯤 되는 지점을 통과하면서 철도에 뛰어들어 자살한 시체를 발견하였는데, 진주에 사는 김경권의 처 황계점으로 판명되었다. 두 사람은 약 4, 5년 전에 결혼하여 아들까지 낳고 단란한 가정을 이루어 왔다. 그런데 금년 봄부터 남편되는 김경권이 우연히 첩을 얻어놓고 외출하게 되므로 황계점은 남편을 사랑하는 뜻에서 남편의 마음을 돌릴 마지막 방법으로 친정에 돌아가 머물러 있었으나 여전히 개심한 바가 보이지 않아 이와 같이 자살한 것으로 보인다.[11]

이처럼 아픈 사랑을 겪은 수많은 남녀가 철도에 몸을 던졌다. 그들은 스러졌지만 지금도 철도는 그들의 하고많은 사연을 다 품고 있는 듯하다.

---

* 1915년 여성의 이혼청구권이 인정되었으며, 부모는 동의권만 가질 뿐 이혼의 주도자가 될 수는 없었다. 1922년 협의이혼과 여성의 이혼청구권이 명문화되었으며, 이혼 사유는 일본 민법이 규정한 이혼 사유와 동일하게 규정되었다. 1923년 7월 1일부터 적용되기 시작한 민법이 규정한 이혼 사유는 1) 배우자의 중혼, 2) 배우자의 간통, 3) 배우자의 처형, 4) 배우자에 대한 동거할 수 없을 정도의 학대나 중대한 모욕, 5) 배우자로부터 악의의 유기를 당한 경우, 6) 배우자의 직계존속으로부터의 학대나 중대한 모욕, 7) 배우자의 직계존속에 대한 학대나 중대한 모욕, 8) 배우자의 생사가 3년 이상 불분명할 때 등이다. 조선총독부의 통계에 따르면, 1911년부터 1929년 사이에 이혼 건수는 매년 5천 건에서 1만 건에 달했다.

주

1 기차와 마주한 한국인의 첫 경험

1) 빌 로스, 이지민 옮김, 《철도, 역사를 바꾸다》, 예경, 2014, 11~12쪽.

2) 크리스티안 월마, 배현 옮김, 《철도의 세계사》, 다시봄, 2019, 25~35쪽.

3) 노형석, 《한국 근대사의 풍경: 모던 조선을 거닐다》, 생각의나무, 2005, 27쪽.

4) 김기수, 이재호 옮김, 《일동기유》 2권 완상 22칙, 1977, 한국고전번역원DB.

5) 위의 책, 2권 완상 22칙.

6) 강명관, 《조선에 온 서양 물건들》, 휴머니스트, 2015, 20~21쪽.

7) 위의 책, 49쪽.

8) 위의 책, 54쪽.

9) 위의 책, 56쪽.

10) 〈안경 썼던 조선 임금 4명은 누구?〉, 《한겨레신문》 2017년 10월 18일.

11) 강지혜, 〈근대전환기 조선인의 세계기행과 철도 담론〉, 《문화와 융합》 39-3, 2017. 306쪽.

12) 박정양, 한철호 옮김, 《미행일기》, 푸른역사, 2015, 152쪽.

13) 유길준, 허경진 옮김, 《서유견문》, 서해문집, 2004, 493쪽.

14) 위의 책, 491쪽.

15) 위의 책, 494쪽.

16) 안재철, 〈근대 기계문명으로서 전차의 인식 변화와 도시 산책도구로서의 문화성〉, 《대한건축학회연합논문집》 19권 4호, 2017, 67쪽.

17) 유길준, 앞의 책, 483~484쪽.

18) 이용상 외, 《한국 철도의 역사와 발전》 I, BG북갤러리, 2011, 144쪽.

19) 유길준, 앞의 책, 300~301쪽.

20) 김득련, 허경진 옮김, 《환구음초》, 평민사, 2011, 35쪽.

21) 김기수, 위의 책, 4권 착수시.

22) 위의 책, 2권 완상 22칙.

2 철길 따라 피어난 슬픈 꽃

1) 버튼 홈스, 이진석 옮김, 《1901년 서울을 걷다》, 푸른길, 2012, 38쪽.

2) 丸山晚霞, 〈畵眼に映したる朝鮮の印象〉, 《朝鮮及滿洲》 16권 123호, 1917. 윤소영, 〈일본어잡지 『朝鮮及滿洲』에 나타난 1910년대 경성〉, 《지방사와 지방문화》 9권 1호, 2006, 5쪽에서 재인용.

3) 《독립신문》 1899년 9월 19일.

4) 〈경부철도노래〉, 《육당최남선전집》 5, 현암사, 1974, 347쪽.

5) 《대한매일신보》 1906년 5월 15일.

6) 《중외일보》 1930년 8월 25일.

7) 황현, 조준호 옮김, 《매천야록》, 지식을만드는지식, 2012, 139~140쪽.

8) 정재정, 《일제침략과 한국철도》, 서울대학교출판부, 1999, 247쪽.

9) 위의 책, 248쪽.

10) 위의 책, 292쪽.

11) 장원정, 〈철도: 식민조선의 애환을 싣고 근대를 달리다〉, 《민족 21》, 2007, 132쪽.

12) 노주석, 《제정러시아 외교문서로 읽는 대한제국 비사》, 이담북스, 2009, 23~24쪽.

13) 황현, 앞의 책, 81쪽.

14) 박경수, 《잊혀진 시인, 김병호 시와 시세계》, 새미, 2004, 97쪽.

15) 노형석, 《한국 근대사의 풍경: 모던 조선을 거닐다》, 생각의나무, 2006, 30~31쪽.

16) 박석정, 〈일본 간 언니〉, 《별나라》 제11호, 1945.120 15., 21쪽.

3 한반도에서 불붙은 철도 궤간 전쟁

1) 볼프강 쉬벨부쉬, 박진희 옮김, 《철도여행의 역사》, 궁리, 1999, 9쪽.

2) 이기훈, 〈근대 철도의 또 다른 얼굴: 사고, 재난과 민중 통제〉, 《문화과학》 86, 2016, 437쪽.

3) 서사범, 〈레일을 중심으로 한 철도의 기원 및 발전 과정〉, 《철도저널》 2-3, 1999, 18쪽.

4) 서사범, 〈철도의 기원과 궤도의 발달〉, 《대한토목학회지》 42-6, 1994, 54쪽.

5) 김지환, 〈러시아의 제국주의와 동방정책의 역사적 고찰: 동청철도를 둘러싼 중러관계의 변화를 중심으로〉, 《중국학보》 50권, 2004, 163~164쪽.

6) 오승명, 김지환 옮김, 《구중국 안의 제국주의 투자》, 고려원, 1992, 48~49쪽.

7) 정재정, 〈근대로 열린 길, 철도〉, 《역사비평》 2005년 봄호, 2005, 223~224쪽.

8) 정재정, 《일제침략과 한국 철도》, 서울대학교출판부, 1999, 82쪽.

9) 정재정, 〈역사적 관점에서 본 남북한 철도연결의 국제적 성격〉, 《동방학지》 129, 2005, 245쪽.

10) 최강희, 〈한국의 철도 일백년 2〉, 《대한토목학회지》 44-2, 1996, 90쪽.

11) 김지환, 〈안봉철도 개축과 중일협상〉, 《중국근현대사연구》 59집, 2013, 49쪽.

12) 버튼 홈스, 이진석 옮김, 《1901년 서울을 걷다》, 푸른길, 2012, 94쪽.

13) 조성면, 〈경인선 철도를 통해서 본 한국의 근대문학〉, 《인천학연구》 4, 2005, 371쪽.

14) 이항준, 〈한국 철도 궤간 문제와 경인철도 이권 획득을 둘러싼 뽀꼬찔로프의 인식과 러시아정부의 정책〉, 《사학연구》 135, 2019, 97쪽.

15) 노주석, 《제정러시아 외교문서로 읽는 대한제국 비사》, 이담북스, 2009, 57쪽.

16) 위의 책, 59쪽.

4 대륙 침략의 발판, 한국 철도

1) 이용상 외, 《한국 철도의 역사와 발전》I, BG북갤러리, 2011, 144쪽.

2) 김지환, 《중국근대 철로관리와 국가》, 인터북스, 2019, 224~225쪽.

3) 일본외무성, 〈일한협정서〉, 《日本外交年表竝主要文書》, 原書房, 1965, 223~225쪽.

4) 김종헌, 〈20세기 초 철도부설에 따른 우리나라 도시 구조의 변화에 관한 연구〉, 《한국철도학회논문집》9권 4호, 2006, 380쪽.

5) 김지환, 〈안봉철도 개축과 중일협상〉, 《중국근현대사연구》59집, 2013, 49쪽.

6) 노형석, 《한국 근대사의 풍경: 모던 조선을 거닐다》, 생각의나무, 2006, 30~31쪽.

5 철도, 러일전쟁의 승패를 가르다

1) 박경수, 〈근대 철도를 통해 본 식민지 조선 만들기〉, 《일본어문학》53집, 2012, 256쪽.

2) 박흥수, 《달리는 기차에서 본 세계: 기관사와 떠나는 철도 세계사 여행》, 후마니타스, 2015, 284쪽.

3) 김지환, 〈러시아의 제국주의와 동방정책의 역사적 고찰: 동청철도를 둘러싼 중러관계의 변화를 중심으로〉, 《중국학보》50권, 2004, 163~164쪽.

4) 위의 글, 176쪽.

5) 윤병석, 《안중근전기》, 국학자료원, 2011, 45쪽.

6) 〈안중근 사건 공판 속기록〉, 《삼천리》17호, 1931, 20쪽.

6 손기정 선수의 여정 속 압록강철교

1) 손기정, 〈베를린伯林 올림픽 대회를 바라보며〉, 《삼천리》8권 1호, 1936, 177~178쪽.

2) 심훈, 〈오오 조선의 남아여〉, 《조선중앙일보》, 1936년 8월 11일.

3) 조선총독부 철도국, 《압록강교량공사개황》, 1914, 2쪽.

4) 위의 책, 3쪽.

5) 김지환, 〈안봉철도 부설과 중국동북지역 신유통망의 형성〉, 《중국사연구》87집, 2013, 317쪽.

6) 조선총독부 철도국, 앞의 책, 8쪽.

7) 센코카이, 최영수·서홍 옮김, 《조선교통사》1, BG북갤러리, 2012, 366쪽.

8) 이용상, 《한국 철도의 역사와 발전》I, BG북갤러리, 2011, 28쪽.

9) 센코카이, 최영수·서홍 옮김, 《조선교통사》2, BG북갤러리, 2017, 386쪽.

7 관부연락선과 국제철도 네트워크

1) 부산세관, 〈곤륜산으로 날아간 관부연락선〉 (http://busan.customs.go.kr)

2) 김동철, 〈근대 부산의 교통 발달과 기록〉, 《한국기록관리학회지》 11권 1호, 2011, 257쪽.

3) 위의 글, 258쪽.

4) 이용상 외, 《한국 철도의 역사와 발전》 I, BG북갤러리, 2011, 39쪽.

5) 센코카이, 최영수·서홍 옮김, 《조선교통사》 2, BG북갤러리, 2017, 174~175쪽.

6) 難波可水, 〈朝鮮行〉, 《朝鮮及滿洲》 46호, 1912. 윤소영, 〈일본어잡지 『朝鮮及滿洲』에 나타난 1910년대 경성〉, 《지방사와 지방문화》 9권 1호, 2006, 167쪽에서 재인용.

7) 센코카이, 최영수·서홍 옮김, 앞의 책, 52~53쪽.

8) 위의 책, 372~373쪽.

9) 위의 책, 385~386쪽.

10) 이병주, 《관부연락선》 하, 기린원, 1986, 14쪽.

11) 조선총독부 철도국, 윤현명·김영준 옮김, 《조선의 풍경 1938》, 어문학사, 2018, 23쪽.

12) 〈회고수기〉, 《삼천리》 10권 11호, 1938, 90쪽.

13) 이병주, 《관부연락선》 상, 기린원, 1986, 124~125쪽.

14) 이수광, 《경부선: 눈물과 한의 철도 이야기》, 효형출판, 2010, 136쪽.

15) 이병주, 《관부연락선》 하, 기린원, 1986, 13쪽.

16) 이병주, 《관부연락선》 상, 기린원, 1986, 126쪽.

17) 심훈, 〈현해탄〉, 《그날이 오면》, 맥, 2013, 132~135쪽.

18) 《동아일보》 1934년 2월 8일.

19) 박경수, 앞의 책, 97~98쪽.

20) 〈연락선連絡船 레뷰〉, 《동아일보》 1929년 11월 5일.

8 이토 히로부미에게 돌을 던진 안양역 의거

1) 박천홍, 《매혹의 질주, 근대의 횡단》, 산처럼, 2002, 90~91쪽.

2) 김동식, 〈신소설과 철도의 표상〉, 《민족문학사연구》 49, 2012, 108쪽.

3) 《중외일보》 1927년 8월 9일. 이기훈, 〈근대 철도의 또 다른 얼굴 사고, 재난과 민중 통제〉, 《문화과학》 86, 2016, 449쪽에서 재인용.

4) 《동아일보》 1939년 12월 23일.

5) 이수광, 《경부선: 눈물과 한의 철도 이야기》, 효형출판, 2010, 35쪽.

6) 에구치 칸지江口寬治, 《조선철도야화朝鮮鐵道夜話》, 二水閣, 1936, 49쪽.

7) 《동아일보》 1924년 2월 24일.

8) 《동아일보》 1928년 6월 23일.

9) 《조선중앙일보》 1934년 4월 14일.

10) 에구치 칸지, 앞의 책, 26~27쪽.

11) 김동식, 〈신소설과 철도의 표상〉, 《민족문학사연구》 49권, 2012, 108쪽.

12) 《공립신보》 1906년 7월 30일.

13) 日本外務省, 《韓国駐劄軍参謀長より伊藤大使遭難の況報告の件》, 1905. 11.

14) 春畝公追頌會編, 《伊藤博文傳》 下, 東京春畝公追頌會, 1940, 702쪽.

9 안중근 의사의 하얼빈 의거

1) 김지환, 〈中東鐵路出售的經濟背景〉, 《근대사연구》 2014年 5期, 86쪽.

2) 〈안중근 사건 공판 속기록〉, 《삼천리》 17호, 1931, 20쪽.

3) 안중근, 《안중근 의사 자서전》, 범우사, 2012, 97쪽.

4) 〈안중근 사건 공판 속기록〉, 20~21쪽.

5) 홍웅호, 〈안중근의 이토 사살 사건과 러일관계〉, 《사학연구》 100호, 2010, 677쪽.

6) 안중근의사기념사업회 편, 《안중근과 그 시대》, 경인문화사, 2009, 388쪽.

7) 〈안중근 사건 공판 속기록〉, 21쪽.

8) 윤병석, 《안중근전기》, 국학자료원, 2011, 90쪽.

9) 김구 저, 배경식 편, 《백범일지》, 너머북스, 2010, 94~95쪽.

10) 신용하, 《안중근유고집》, 역민사, 1995, 31쪽.

11) 윤병석, 〈안중근 의사의 하얼빈 의거의 역사적 의의〉, 《한국학연구》 21, 2009, 356~357쪽.

12) 황종열, 〈안중근 토마스의 동양평화론과 가톨릭 신앙〉, 《신학전망》 178, 2012, 135쪽.

10 조선총독에게 폭탄을 던진 노인

1) 박경리, 《토지 10》(3부 2권), 마로니에북스, 2015, 66~67쪽.

2) 박환, 〈강우규의 의열투쟁과 독립사상〉, 《한국민족운동사연구》 55, 2008, 121~122쪽.

3) 《동아일보》 1959년 11월 25일.

4) 사망자와 중경상자 명단은 박환, 〈강우규의 의열투쟁과 독립사상〉, 《한국민족운동사연구》 55, 2008. 136쪽 참조.

5) 유광열, 〈기자생활 10년 비사〉, 《동광》 37호, 1932년 9월 1일, 62쪽.

6) 유광열, 〈기자생활 10년 비사〉 2, 《동광》 38호, 1932년 10월 1일, 18~19쪽.

7) 유광열, 〈신문기자시대에 접촉한 각계인물인상기〉, 《동광》 40호, 1933, 23쪽.

8) 진주강씨중앙종친회, 《순국선열 강우규》, 1982, 62쪽.

9) 《동아일보》 1920년 4월 16일.

10) 위와 같음.

11) 《동아일보》 1920년 5월 21일.

12) 《동아일보》 1920년 5월 28일.

13) 《동아일보》 1920년 5월 4일.

14) 《동아일보》 1920년 5월 28일.

15) 《동아일보》 1920년 8월 11일.

16) 《동아일보》 1920년 5월 28일.

17) 《동아일보》 1959년 11월 25일.

18) 〈경신년庚申年의 거듦〉 하, 《개벽》 7호, 1921, 97쪽.

19) 위와 같음.

20) 〈천태만상〉, 《개벽》 52호, 1924, 79쪽.

11 서울의 랜드마크 경성역과 시계탑

1) 배은선, 《기차가 온다》, 지성사, 2019, 190쪽.

2) 위의 책, 195쪽.

3) 연세대학교 산학협력단, 《구 용산철도병원 본관 기록화조사보고서》, 문화재청, 2012, 21쪽.

4) 황민혜, 〈사진으로 본 구 용산역사 외관의 양식 절충성에 관한 연구〉, 《한국 철도학회논문집》 21권 5호, 2018, 506쪽.

5) 박천홍, 〈경성역 잡감〉, 《철도저널》 18-2, 2015, 93쪽.

6) 배은선, 앞의 책, 196쪽.

7) 박천홍, 앞의 글, 94쪽.

8) 센코카이, 최영수·서홍 옮김, 《조선교통사》 2, BG북갤러리, 2017, 177~178쪽.

9) 박돌이, 〈경성은 일년간 얼마나 변했나〉, 《개벽》 64호, 1925, 74쪽.

10) 박천홍, 앞의 글, 94쪽.

11) 위의 글, 94~95쪽.

12) 유길준, 허경진 옮김, 《서유견문》, 서해문집, 2004, 494쪽.

13) 《독립신문》 1899년 9월 16일. 배은선, 앞의 책, 204쪽에서 재인용.

14) 윤소영, 〈일본어잡지 『朝鮮及滿洲』에 나타난 1910년대 경성〉, 《지방사와 지방문화》 9권 1호, 2006, 167쪽.

15) 김동식, 〈신소설과 철도의 표상〉, 《민족문학사연구》 49권, 2012, 105쪽.

16) 박경수, 〈근대 철도를 통해 본 식민지 조선 만들기〉, 《일본어문학》 53집, 2012, 261~262쪽.

17) 위의 글, 263쪽.

18) 위의 글, 262~263쪽.

19) 박천홍, 앞의 글, 18-2, 2015, 98쪽.

20) 웅초熊超 김규택, 〈시골아저씨의 서울구경〉, 《별건곤》 제53호, 1932, 34~35쪽.

12 시민의 발이 된 전차의 추억

1) 서사범, 〈레일을 중심으로 한 철도의 기원 및 발전 과정〉, 《철도저널》 2-3, 1999, 17쪽.

2) 유길준, 허경진 옮김, 《서유견문》, 서해문집, 2004, 566~567쪽.

3) 박정양, 한철호 옮김,《미속습유》, 푸른역사, 2018, 137쪽.

4) 박정양, 한철호 옮김,《미행일기》, 푸른역사, 2015, 152쪽.

5) 남문현,〈대한제국 근대화 정책의 상징 전차·전등사업 I〉,《전기의 세계》64-4, 2015. 4, 39쪽.

6) 최인영,〈일제시기 경성의 도시공간을 통해 본 전차노선의 변화〉,《서울학연구》41, 2010, 53쪽.

7) 이영호 외,《서울 2천년사》25, 서울특별시시사편찬위원회, 2014, 84쪽.

8) 위의 책, 79~80쪽.

9) 황현, 조준호 옮김,《매천야록》, 지식을만드는지식, 2008, 130쪽.

10) 남문현, 앞의 글, 40쪽.

11) 편집부,〈근대조명: 한성전기회사의 전차사업〉,《전기저널》, 2014, 8쪽.

12) 남문현, 앞의 글, 43쪽.

13) 위와 같음

14) 이영호 외, 앞의 책, 131~132쪽.

15)〈청량리전차 신세타령〉,《별건곤》59호, 1932, 46~47쪽.

16) 안재철,〈근대 기계문명으로서 전차의 인식 변화와 도시 산책도구로서의 문화성〉,《대한건축학회연합논문집》19권 4호, 2017, 67쪽.

17) 위와 같음.

18) 웅초 김규택,〈소대가리 경성 시골학생이 처음 본 서울〉,《별건곤》50호, 1932, 19쪽.

19) 에밀 마텔,〈구한국의 외교外交와 문화文化〉,《삼천리》4권 10호., 1932, 56쪽.

20)《조선왕조실록》고종실록 39권, 고종 36년(1899년) 5월 27일, 5월 30일.

21) 셔우드 홀, 김동열 옮김,《조선회상》, 좋은씨앗, 2003, 312쪽.

22) 안재철, 앞의 글, 67쪽.

23) 박천홍,《매혹의 질주, 근대의 횡단》, 산처럼, 2002, 141쪽.

24) 셔우드 홀, 앞의 책, 312쪽.

25) 버튼 홈스, 이진석 옮김,《1901년 서울을 걷다》, 푸른길, 2012, 118~119쪽.

26) 조병로 외,《조선총독부의 교통정책과 도로건설》, 국학자료원, 2011, 16쪽.

27) 박은숙,〈개항 후 서울 도시 공간의 재편과 성곽 철거〉,《내일을 여는 역사》33, 2008, 181쪽.

28) 셔우드 홀, 앞의 책, 311~312쪽.

29)《동아일보》1925년 5월 22일.

30) 박천홍, 앞의 책, 29쪽.

31) 남문현,〈대한제국 근대화 정책의 상징 전차·전등사업 II〉,《전기의 세계》64-5, 2015. 5, 29쪽.

32) 버튼 홈스, 앞의 책, 53~54쪽.

33) 서울특별시사편찬위원회,《서울육백년사》4, 1981, 977쪽.

34) 조풍연, 〈전차〉,《서울잡학사전》, 정동출판사, 1991, 241쪽.

35) 서계원, 〈전차감독으로 본 10년 조선〉,《별건곤》22호, 1929, 59쪽.

36) 임인林寅, 〈기차·전차·자동차〉,《별건곤》27호, 1930, 28~29쪽.

37) 서계원, 앞의 글, 59쪽.

38) 남문현, 앞의 글(2015. 5), 29쪽.

39)《매일신보》1913년 3월 6일. 안재철, 〈근대 기계문명으로서 전차의 인식 변화와 도시 산책도구로서의 문화성〉,《대한건축학회연합논문집》19권 4호, 2017, 69쪽에서 재인용.

40)《동아일보》1927년 11월 21일.

13 철도 투신에 이른 고단한 삶

1) 정재정, 〈근대로 열린 길, 철도〉,《역사비평》70, 2005, 235~236쪽.

2) 이용상 외,《한국 철도의 역사와 발전》I, BG북갤러리, 2011, 40쪽.

3) 위의 책, 146쪽.

4) 장원정, 〈철도: 식민조선의 애환을 싣고 근대를 달리다〉,《민족 21》, 2007, 132~133. 박천홍,《매혹의 질주, 근대의 횡단》, 산처럼, 2002, 214~216쪽.

5) 노형석,《한국 근대사의 풍경: 모던 조선을 거닐다》, 생각의나무, 2005, 27쪽.

6) 한설야, 〈과도기〉,《조선지광》84호, 1929, 174쪽. 유문선, 〈한국 근대문학과 철도〉,《한중인문학연구》64집, 2019, 97쪽에서 재인용.

7)《독립신문》1896년 10월 10일.

8) 박찬승, 〈러일전쟁 이후 서울의 일본인 거류지 확장 과정〉,《지방사와 지방문화》5-2, 2002, 136쪽.

9)《동아일보》1923년 3월 6일.

10) 윤소영, 〈일본어잡지『朝鮮及滿洲』에 나타난 1910년대 경성〉,《지방사와 지방문화》9권 1호, 2006, 195쪽.

11) 박천홍,《매혹의 질주, 근대의 횡단》, 산처럼, 2003, 22쪽.

12) 김동철, 〈근대 부산의 교통 발달과 기록〉,《한국기록관리학회지》11권 1호, 2011, 269쪽.

13)《동아일보》1926년 5월 13일.

14) 손정목,《일제강점기 도시사회사 연구》, 일지사, 1996, 404쪽.

15) 〈우리가 본 그이들, 각계 명사 암찰록各界各士暗察錄: 서대문행 전차 속에서〉,《별건곤》62호, 1933, 4쪽.

16) 김동식, 〈철도의 근대성: 경부철도노래와 세계일주가를 중심으로〉,《돈암어문학》15, 2002, 55쪽.

17) 노형석,《한국 근대사의 풍경: 모던 조선을 거닐다》, 생각의나무, 2006, 45쪽.

18) 서지영, 〈식민지 조선의 모던걸〉,《한국여성학》22, 2006, 201~202쪽.

19)《동아일보》1928년 4월 19일.

20) 최학송, 〈데카단의 상징, 모-던걸·모-던뽀-이 대평론〉,《별건곤》10호, 1927, 118쪽.

21) 버튼 홈스, 이진석 옮김,《1901년 서울을 걷다》, 푸른길, 2012, 47쪽.

22) 이수광,《경부선: 눈물과 한의 철도 이야기》, 효형, 2010, 99쪽.

23) 〈동척 기타 일본인이 가진 조선의 토지〉,《개벽》57호, 1925, 59쪽.

24) 위와 같음.

25) 이석훈,《이주민열차》, 1933. 이정은, 〈일제의 복선 개척사업과 당대 소설의 대응 양상〉,
《현대소설연구》57, 2014, 359쪽에서 재인용.

26) 박천홍, 〈경성역 잡감〉,《철도저널》18-2, 2015, 98쪽.

27) 박천홍,《매혹의 질주, 근대의 횡단》, 산처럼, 2002, 252~253쪽.

28) 정월品月 나혜석, 〈일 년만에 본 경성의 잡감雜感〉,《개벽》49호, 1924, 86쪽.

29) 김종철, 〈근대 기행 담론 속의 기차와 차내 풍경〉,《우리말글》2005-4, 317쪽.

30) 김동식, 〈신소설과 철도의 표상〉,《민족문학사연구》49권, 2012, 111~112쪽.

31)《동아일보》1922년 8월 20일.

32)《중외일보》1927년 8월 10일.

33)《동아일보》1927년 1월 1일.

14 가슴 아픈 사랑의 종착점, 철도

1)《독립신문》1896년 6월 6일.

2)《시대일보》1924년 12월 10일.

3)《동아일보》1926년 8월 6일.

4)《동아일보》1926년 5월 1일.

5)《동아일보》1920년 4월 12일.

6)《동아일보》1927년 3월 30일.

7)《시대일보》1924년 9월 23일.

8) 서지영, 〈근대적 사랑의 이면: 정사를 중심으로〉,《한국문화》49, 2010, 301쪽.

9) 1921년부터 1940년까지《동아일보》에 실린 정사 관련 기사 가운데 기생, 창기, 작부, 여급
이 전체의 56.7퍼센트를 차지할 정도로 큰 비중을 차지했다. 위의 글, 308쪽.

10)《동아일보》1935년 5월 5일.

11)《동아일보》1939년 10월 9일.

참고문헌

사료

《조선왕조실록》

일본외무성 사료

《공립신보》, 《도쿄일일신문》, 《도쿄조일신문》, 《독립신문》, 《동아일보》, 《만주일보》, 《시대일
보》, 《오사카매일신문》, 《제국신문》, 《조선중앙일보》, 《중외일보》

《개벽》, 《동광》, 《별건곤》, 《삼천리》

《만철조사월보》, 《외교시보》

단행본

해외 도서

姜明清,《鐵路史料》, 國史館, 1992.

曾鯤化,《中國鐵路史》, 文海出版社, 1924.

沼田市郎,《日露外交史》, 大阪屋號書店, 1943.

日本參謀本部,《機密日露戰史》, 巖南堂書店, 1977.

咸鏡北道會寧商業會議所,《會寧吉林間鐵道について》, 1927.

高橋秀直,《日清戰爭への道》, 東京創元社, 1996.

高橋泰隆,《日本植民地鐵道史論》, 日本經濟評論社, 1995.

堀竹雄,《露國の眞相》, 博文館, 1904.

朝鮮總督府鐵道局,《鴨綠江橋梁工事概況》, 1914.

江口寬治,《朝鮮鐵道夜話》, 二水閣, 1936.

春畝公追頌會編,《伊藤博文傳》下, 東京春畝公追頌會, 1940.

老川慶喜,《日本鐵道史. 幕末·明治篇》, 中央公論新社, 2014.

국내 도서

강만길,《일제시대 빈민생활사 연구》, 창작사, 1987.

강명관,《조선에 온 서양 물건들: 안경, 망원경, 자명종으로 살펴보는 조선의 서양 문물 수용
사》, 휴머니스트, 2015.

강성학, 《시베리아횡단철도와 사무라이》, 고려대학교출판부, 1999.

권기봉, 《서울을 거닐며 사라져가는 역사를 만나다》, 알마, 2008.

기무라 간, 김세덕 옮김, 《대한제국의 패망과 그림자》, 제이앤씨, 2017.

김구, 배경식 엮음, 《백범일지》, 너머북스, 2010

김기수, 《일동기유》(민족문화추진회, 《해행총재》 10권, 1984).

김득련, 허경진 옮김, 《환구음초》, 평민사, 2011.

김삼웅, 《의암 손병희 평전》, 채륜, 2017.

김지환, 《중국근대 철로관리와 국가》, 인터북스, 2019.

김지환, 《중국근대 철로의 조직과 경영》, 인터북스, 2019.

김지환, 《철도로 보는 중국역사》, 학고방, 2014.

김지환, 《철로가 이끌어낸 중국사회의 변화와 발전》, 동아시아, 2019.

김지환, 《철로의 등장과 청조 봉건체제의 붕괴》, 동아시아, 2019.

김태수, 《꽃가치 피어 매혹케하라》, 황소자리, 2005.

노주석, 《제정러시아 외교문서로 읽는 대한제국비사》, 이담, 2009.

노형석, 《한국 근대사의 풍경: 모던 조선을 거닐다》, 생각의나무, 2006.

단국대 동양학연구원, 《개화기에서 일제강점기까지 근대 제도와 일상생활》, 채륜, 2012.

박경리, 《토지 10》(3부 2권), 마로니에북스, 2015.

박계형, 《서울성곽의 역사》, 조은, 2008.

박상하, 《경성상계》, 생각의나무, 2008.

박정양, 한철호 옮김, 《미속습유》, 푸른역사, 2018.

박정양, 한철호 옮김, 《미행일기》, 푸른역사, 2015.

박천홍, 《매혹의 질주, 근대의 횡단》, 산처럼, 2002.

박흥수, 《달리는 기차에서 본 세계: 기관사와 떠나는 철도 세계사 여행》, 후마니타스, 2015.

배은선, 《기차가 온다: 증기기관차에서 KTX까지 한국철도 120년》, 지성사, 2019.

버튼 홈스, 이진석 옮김, 《1901년 서울을 걷다》, 푸른길, 2012.

볼프강 쉬벨부쉬, 박진희 옮김, 《철도여행의 역사》, 궁리, 1999.

서기재, 《조선여행에 떠도는 제국》, 소명, 2011.

서선덕 외, 《한국철도의 르네상스를 꿈꾸며》, 삼성경제연구회, 2001.

서울특별시사편찬위원회, 《서울육백년사》 4, 삼화인쇄주식회사, 1981.

석화정, 《러시아의 동아시아 정책》, 지식산업사, 2002.

센코카이, 최영수·서홍 옮김, 《조선교통사》 1·2, BG북갤러리, 2017.

셔우드 홀, 김동열 옮김, 《조선회상》, 좋은씨앗, 2003.

손정목, 《일제강점기 도시사회사 연구》, 일지사, 1996.

신용하, 《안중근유고집》, 역민사, 1995.

신운용 외, 《안중근과 그 시대》, 경인문화사, 2009.

안중근, 《안중근 의사 자서전》, 범우사, 2012.

안중근의사기념사업회 엮음, 《안중근과 그 시대》, 경인문화사, 2009.

연세대학교 산학협력단, 《구 용산철도병원 본관 기록화조사보고서》, 문화재청, 2012.

염복규, 《서울의 기원 경성의 탄생》, 이데아, 2016.

오승명, 김지환 옮김, 《구중국 안의 제국주의 투자》, 신서원, 1992.

유길준, 허경진 옮김, 《서유견문》, 서해문집, 2004.

윤명숙, 《대한영웅》, 국가보훈처, 1995.

윤병석, 《안중근전기》, 국학자료원, 2011.

윤병석, 《안중근전기전집》, 국가보훈처, 1999.

윤상원, 《동아시아의 전쟁과 철도》, 선인, 2017.

윤현명 외, 《조선의 풍경 1938》, 어문학사, 2018.

이광수, 《무정》, 태학사, 2019.

이노우에 유이치, 박양신 옮김, 《동아시아 철도 국제관계사》, 한국개발연구원, 2005.

이병주, 《관부연락선》 상·하, 기린원, 1986.

이상현, 《하얼빈의 총소리》, 영림카디널, 2007.

이송순, 《한국철도, 추억과 희망의 레일로드》, 선인, 2016.

이수광, 《경부선: 눈물과 한의 철도 이야기》, 효형출판, 2010.

이용상 외, 《한국 철도의 역사와 발전》 I, BG북갤러리, 2011.

정재정, 《일제침략과 한국철도》, 서울대학교출판부, 1999.

정태헌, 《한반도철도의 정치경제학》, 선인, 2017.

조병로 외, 《조선총독부의 교통정책과 도로건설》, 국학자료원, 2011.

조선총독부 철도국, 윤현명·김영준 옮김, 《조선의 풍경 1938》, 어문학사, 2018.

조선총독부철도국, 《압록강교량공사개황》, 1914.

조성운, 《시선의 탄생: 식민지 조선의 근대관광》, 선인, 2011.

조지형 외, 《지구화 시대의 새로운 세계사》, 혜안, 2008.

조진구 외, 《동아시아 철도네트워크의 역사와 정치경제학》 I, 리북출판사, 2008.

크리스티안 월마, 배현 옮김, 《철도의 세계사: 철도는 어떻게 세상을 바꿔놓았나》, 다시봄,
    2019.

홍선표 외, 《근대의 첫 경험》, 이화여자대학교출판부, 2006.

황현, 조준호 옮김, 《매천야록》, 지식을만드는지식, 2008.

후징초·첸강, 이정선·김승룡 옮김, 《유미유동》, 시니북스, 2005.

논문

해외 논문

金志煥,〈中東鐵路出售的經濟背景〉,《近代史硏究》2014年 5期, 2014.

張九如,〈傳記: 安重根遺事〉,《心》1920年 19期.

국내 논문

강지혜,〈근대전환기 조선인의 세계기행과 철도 담론〉,《문화와 융합》39-3, 2017.

구완서,〈도마 안중근 의병참모중장의 생애와 사상〉,《대학과 복음》14집, 2009.

권정희,〈현진건의 '그립은 흘긴 눈'과 정사〉,《한국문학이론과 비평》21-3, 2017.

기무라 겐지,〈관부연락선이 수송사에서 차지하는 위치〉,《한국민족문화》28, 2006.

김경복,〈한국현대시에 나타난 관부연락선의 의미〉,《인문학논총》13-1, 2008.

김동식,〈신소설과 철도의 표상〉,《민족문학사연구》49권, 2012.

김동식,〈철도의 근대성: 경부철도노래와 세계일주가를 중심으로〉,《돈암어문학》15, 2002.

김동철,〈근대 부산의 교통 발달과 기록〉,《한국기록관리학회지》11권 1호, 2011.

김백영,〈러일전쟁 직후 서울의 식민도시화 과정〉,《지방사와 지방문화》8권 2호, 2005.

김수태,〈안중근과 천주교의 관계에 대한 비판적 검토〉,《한국독립운동사연구》38, 2011.

김용해,〈안중근 거사와 카톨릭의 평화론〉,《종교교육학연구》59, 2019.

김종헌,〈20세기 철도 부설에 따른 우리나라 도시 구조의 변화에 관한 연구〉,《한국철도학회
논문집》9권 4호, 2006.

김중철,〈근대 기행 담론 속의 기차와 차내 풍경〉,《우리말글》33, 2005.

김지혜,〈광고로 만나는 경성의 미인, 모던걸 모던보이〉,《미술사논단》43, 2016.

김지환,〈러시아의 제국주의와 동방정책의 역사적 고찰: 동청철도를 둘러싼 중러관계의 변
화를 중심으로〉,《중국학보》50권, 2004.

김지환,〈안봉철도 개축과 중일협상〉,《중국근현대사연구》59집, 2013.

김지환,〈안봉철도 부설과 중국동북지역 신유통망의 형성〉,《중국사연구》87집, 2013.

김창수,〈왈우 강우규 의사의 사상과 항일의열투쟁〉,《이화사학연구》30, 2003.

김춘호,〈살인하지 마라는 계명의 사회적 차원〉,《Catholic Theology and Thought》35, 2001.

김현주,〈제국신문에 나타난 혼인제도와 근대적 파트너십〉,《한국근대문학연구》23, 2011.

남문현,〈대한제국 근대화 정책의 상징 전차전등사업〉1,《전기의 세계》64-4, 2015.

노동은,〈식민지 근대화와 신여성 최초의 여가수 윤심덕〉,《역사비평》, 1992.

노승욱,〈1930년대 전차체험과 박태원 소설의 전차 모티프〉,《인문콘텐츠》21, 2011.

노재식,〈The Chinese Recorder에 나타난 근대 중국의 혼인문제 인식 연구〉,《중국사연구》
87집, 2013.

박경, 〈조선시대 처첩질서 확립에 대한 고찰〉,《이화사학연구》27집, 2000.

박경수, 〈근대 철도를 통해 본 식민지 조선 만들기〉,《일본어문학》53집, 2012.

박은숙, 〈개항 후 서울 도시 공간의 재편과 성곽 철거〉,《내일을 여는 역사》33, 2008.

박준형, 〈용산 지역 일본인 사회의 형성과 변천(1882~1945)〉,《서울과 역사》98호, 2018.

박찬승, 〈러일전쟁 이후 서울의 일본인 거류지 확장 과정〉,《지방사와 지방문화》5-2, 2002.

박천홍, 〈경성역 잡감〉,《철도저널》18-2, 2015.

박현, 〈일제시기 경성의 창기업 번성과 조선인 유곽 건설〉,《도시연구》14, 2015.

박환, 〈강우규의 의열투쟁과 독립사상〉,《한국민족운동사연구》55, 2008.

서사범, 〈레일을 중심으로 한 철도의 기원 및 발전 과정〉,《철도저널》2-3, 1999.

서사범, 〈철도의 기원과 궤도의 발달〉,《대한토목학회지》42-6, 1994.

서지영, 〈근대적 사랑의 이면: 정사를 중심으로〉,《한국문화》49, 2010.

서지영, 〈식민지 조선의 모던걸: 1920-30년대 경성 거리의 여성 산책자〉,《한국여성학》22-3, 2006.

소현숙, 〈강요된 자유이혼, 식민지 시기 이혼문제와 구여성〉,《사학연구》104, 2011.

소현숙, 〈근대 전환기 동아시아에서 이혼법의 변화: 한중일 비교〉,《역사와 담론》94, 2020.

신운용, 〈한국가톨릭계의 안중근 기념사업 전개와 그 의미〉,《역사문화연구》41집, 2012.

신주백, 〈용산과 일본군 용산기지의 변화〉,《서울학연구》29, 2007.

안재철, 〈근대 기계문명으로서 전차의 인식 변화와 도시 산책도구로서의 문화성〉,《대한건축학회연합논문집》19권 4호, 2017.

염복규, 〈교통사고: 근대의 재해, 도시의 재해〉,《문화과학》87, 2016.

유문선, 〈한국 근대문학과 철도〉,《한중인문학연구》64집, 2019.

윤병석, 〈안중근 의사의 하얼빈 의거의 역사적 의의〉,《한국학연구》21, 2009.

윤소영, 〈일본어잡지『朝鮮及滿洲』에 나타난 1910년대 경성〉,《지방사와 지방문화》9권 1호, 2006.

이기훈, 〈근대 철도의 또 다른 얼굴 사고, 재난과 민중 통제〉,《문화과학》86, 2016.

이민주, 〈조선 후기의 패션 리더 기생〉,《한국민속학》39, 2004.

이상우, 〈열차가 만든 근대의 풍경 근대 철도의 빛과 어둠〉,《월간교통》, 2014.

이성임, 〈조선시대 양반의 축첩현상과 경제적 부담〉,《고문서연구》33호, 2008.

이송순·정태헌, 〈한말 정부관료 및 언론의 철도에 대한 인식과 수용〉,《한국사학보》50, 2013.

이용상·정병헌, 〈한국, 일본, 만주의 철도현황 비교연구: 1920년대 중반 일제강점기를 중심으로〉,《한국철도학회논문집》18권 2호, 2015.

이정은, 〈일제의 복선 개척사업과 당대 소설의 대응 양상〉,《현대소설연구》57, 2014.

이항준, 〈한국철도 궤간 문제와 경인철도 이권 획득을 둘러싼 뽀꼬쩰로프의 인식과 러시아

정부의 정책〉,《사학연구》 135, 2019.

임철호, 〈민요에 설정된 처첩간의 갈등과 반응〉,《국어문학》 39, 2004.

장원정, 〈철도: 식민조선의 애환을 싣고 근대를 달리다〉,《민족 21》, 2007.

전미경, 〈개화기 축첩제 담론분석: 신문과 신소설을 중심으로〉,《한국가정관리학회지》 19-2, 2001.

전희진, 〈제이부인이라는 근대적 긴장: 식민지기 결혼제도의 근대화와 여성지위의 재규정〉, 《사회이론》 49, 2016.

정시구, 〈일제강점기의 조선통감부와 조선총독부의 역할 연구〉,《한국행정사학지》 41호, 2017.

정은주, 〈한양 도성의 동문, 흥인지문과 주변 이야기〉,《미술사와 문화유산》 5, 2016.

정재정, 〈근대로 열린 길, 철도〉,《역사비평》 70, 2005.

정재정, 〈역사적 관점에서 본 남북한 철도연결의 국제적 성격〉,《동방학지》 129, 2005.

정지영, 〈1920-30년대 신여성과 첩/제이부인〉,《한국여성학》 22-4, 2006.

정지영, 〈근대 일부일처제의 법제화와 '첩'의 문제〉,《여성과 역사》 9집, 2008.

조성면, 〈경인선 철도를 통해서 본 한국의 근대문학〉,《인천학연구》 4, 2005.

조풍연, 〈전차〉,《서울잡학사전》, 정동출판사, 1991.

지현숙, 〈신청년에 나타난 여성담론 연구〉,《중국사연구》 67, 2010.

천정환, 〈정사, 사라진 동반자살〉,《내일을 여는 역사》 41, 2010.

최강희, 〈한국의 철도 일백년〉 2,《대한토목학회지》 44-2, 1996.

최성민, 〈공간의 인식과 식민담론〉,《한국근대문학연구》 6-1, 2005.

최인영, 〈일제시기 경성의 도시공간을 통해 본 전차노선의 변화〉,《서울학연구》 41, 2010.

편집부, 〈근대조명: 한성전기회사의 전차사업〉,《전기저널》, 2014.

하경숙, 〈환구음초에 나타난 지식인의 근대 문명 인식과 특질〉,《온지논총》 54집, 2018.

홍웅호, 〈안중근의 이토 사살 사건과 러일관계〉,《사학연구》 100호, 2010.

황민혜, 〈사진으로 본 구 용산역사 외관의 양식 절충성에 관한 연구〉,《한국철도학회논문집》 21권 5호, 2018.

황수현, 〈조선후기의 첩과 아내: 은폐된 갈등과 전략적 화해〉,《한국고전여성문학연구》 12-12, 2006.

황종열, 〈안중근 토마스의 동양평화론과 가톨릭 신앙〉,《신학전망》 178, 2012.

황종열, 〈평신도 희년에 안중근의 영성을 생각하다〉,《가톨릭평론》 14, 2018.

찾아보기

모던 철도

근대화, 수탈, 저항이 깃든 철도 이야기

1판 1쇄 2022년 6월 27일
1판 2쇄 2023년 5월 10일

지은이 | 김지환

펴낸이 | 류종필
편집 | 이은진, 이정우, 권준
마케팅 | 이건호
경영지원 | 김유리
표지·본문 디자인 | 박미정
교정 교열 | 정헌경

펴낸곳 | (주)도서출판 책과함께
　　　　주소 (04022) 서울시 마포구 동교로 70 소와소빌딩 2층
　　　　전화 (02) 335-1982
　　　　팩스 (02) 335-1316
　　　　전자우편 prpub@daum.net
　　　　블로그 blog.naver.com/prpub
　　　　등록 2003년 4월 3일 제2003-000392호

ISBN 979-11-91432-67-1 03910

* 이 저서는 2019년 대한민국 교육부와 한국연구재단의 지원을 받아 수행된 연구임.
　(NRF-2019S1A6A3A02102843)